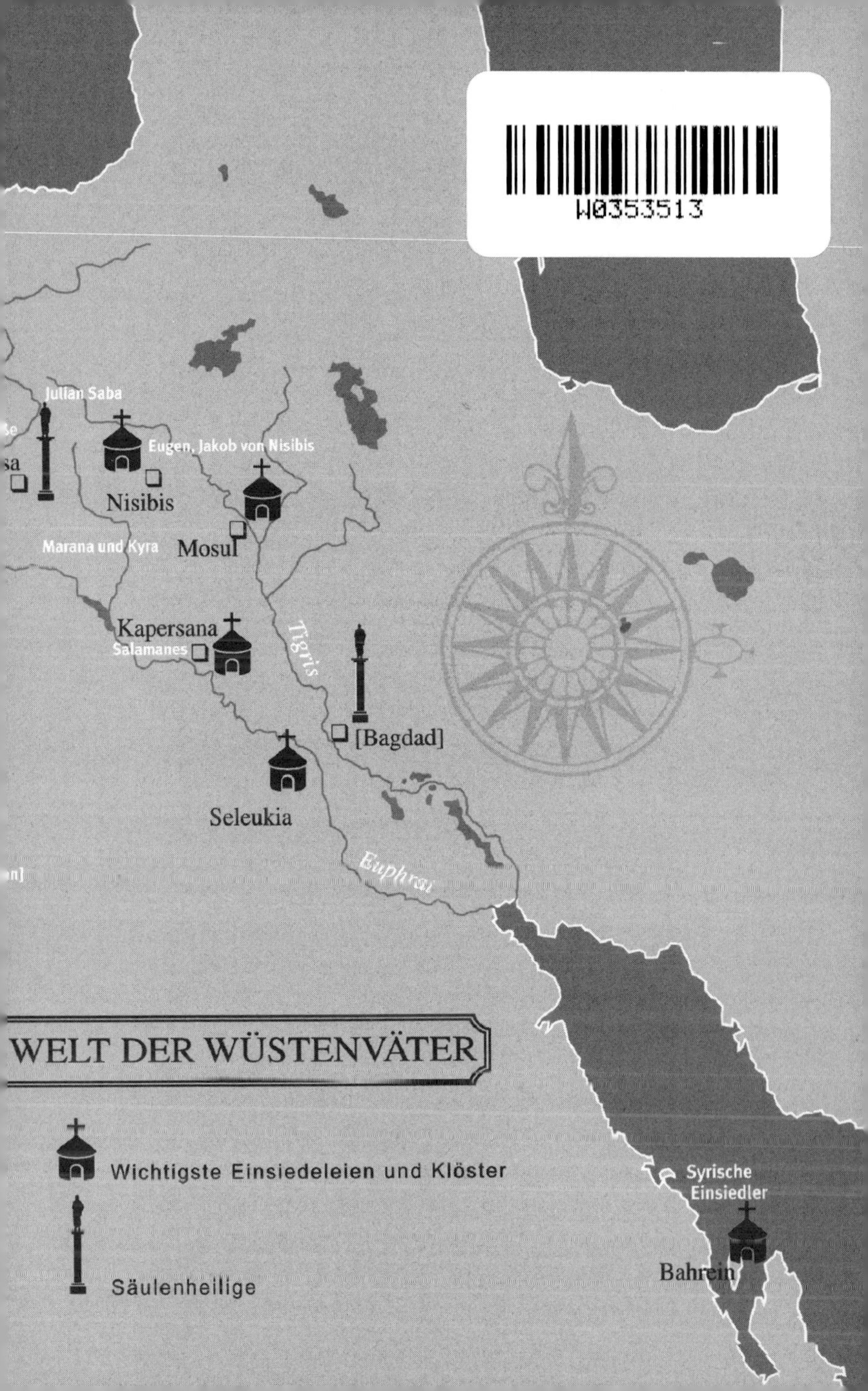
Julian Saba
Eugen, Jakob von Nisibis
Nisibis
Mosul
Marana und Kyra
Kapersana
Salamanes
Tigris
[Bagdad]
Seleukia
Euphrat
WELT DER WÜSTENVÄTER
Wichtigste Einsiedeleien und Klöster
Säulenheilige
Syrische
Einsiedler
Bahrein

KiWi

833

Über das Buch:
So spannend wie heute das Internet oder der Sport war für die Menschen der späten Antike die Religion. Und nichts hat sie so fasziniert wie die Abenteuer der »Stars ihrer Zeit, der »Wüstenväter«. Zu Tausenden waren diese Aussteiger hinausgezogen in die Wüsten Ägyptens und Syriens, um in einer Landschaft, die zuvor als tödlich galt, zu meditieren und »bei sich selber zu sein« (secum esse).
Die Sensation war so groß, daß rund um die Einsiedelei des Ägypters Antonius eine regelrechte »Wüstenstadt« von Fans und Jüngern entstand. Und in Syrien umbrandete ein »Ozean von Menschen« die zwanzig Meter hohe Säule, auf die sich der Wüstenvater und »Säulenheilige« Simeon vor seinen Verehrerinnen und Verehren gerettet hatte ...
Der Leser erfährt alles Wissenswerte über diese Gründerväter des christlichen Mönchtums, aber z. B. auch über die höllischen erotischen Anfeindungen der einsamen Männer in der Wüste, die wir aus den berühmten Gemälden des Hieronymus Bosch und des Mathias Grünewald kennen. Dies ist Europas klassische religiöse Unterhaltung.

Der Autor:
Hans Conrad Zander stammt aus einer Familie von schweizerischen Kaufleuten und deutschen Beamten. Er war Mönch im Dominikanerorden, Reporter des »Stern« (Egon-Erwin-Kisch-Preis 1983). Bekannt geworden ist er als Autor des Westdeutschen Rundfunks (»Zeitzeichen«) und als Verfasser von Sachbüchern und Satiren zur Religionsgeschichte (»Zehn Argumente für den Zölibat«).

Weitere Titel bei K&W:
»Joachim mir graut's vor Dir. Von der unwiderstehlichen Komik der Religion«, 2004.

Daniel
Lukas
Byzanz [Konstantinopel
Istanbul]
Alypius
Berg Athos
Chalkedon
Hadrianopolis
Nicäa
Ankyra
KAPPADOKIEN
Nysa
Cäsarea
Nazianz
Jakob von
Simeon
Ephesus
Antiochia
Simeon der
Jüngere
Alep
Kaiserin Eudokia
auf allen Meeren
Nach Trier zu Wulflaicus
Nach Paris zu Genovefa
von Rom
Paula, Marcella, Melania
MITTELMEER
Damas
Melania, Eremiten
am Ölberg
Zosimus
Jericho
Jerusalem
[Maria von
Origenes, Athanasius
Alexandria
Bethlehem
Paula mit Hieronymus
NITRISCHE WÜSTE
WADI NATRUN
3 Macariusse
Amun
Moses
Poimen
Arsenius
Paula mit Hieronymus
[Kairo]
Der älteste Simeon
Julius Saba
Sinai
Qeman
Antonius
Pispir
Antonius
Kolzim
Antonius
Nil
Klöster des Pachomius
Theben
[Luxor]

Hans Conrad Zander

Als die Religion noch nicht langweilig war

Die Geschichte der Wüstenväter

Kiepenheuer & Witsch

1. Auflage 2004

Umschlaggestaltung: Barbara Thoben, Köln
Umschlagmotiv: © MNAC – Museu Nacional d'Art de Catalunya.
Barcelona. 2003
Karte: © Wieslaw Prus
Satz: Kalle Giese, Overath
Druck und Bindearbeiten: Clausen & Bosse, Leck
ISBN 3-462-03396-4

Inhalt

Vorwort: Wir Wüstenväter

Wie es denn komme, fragt Montalembert, daß ihn, einen liberalen Menschen des 19. Jahrhunderts, das antike Abenteuer der Wüstenväter genauso packe und bewege wie einst die griechischen und römischen Zeitgenossen. Und er gibt sich eine paradoxe Antwort: »Dieses Leben der Einsamkeit und der Askese, dem Anschein nach so ganz im Widerspruch zu allen Neigungen des Menschen, hat nichtsdestoweniger seine Wurzeln in der menschlichen Natur. In einem bestimmten Moment seines Lebens hat jeder wohl diesen geheimnisvollen und mächtigen Zug zur Einsamkeit in sich gefühlt.«

Ich und du und alle Menschen, wir sind einander verbunden durch die denkbar stärksten Bande menschlicher Gesellschaft und Gemeinschaft; am stärksten aber verbindet uns, paradoxerweise, das gemeinsame Empfinden, daß in jedem von uns etwas ist, was nicht gesellschaftlich, sondern göttlich, einzigartig und unantastbar ist. »Sie können mich töten«, sagt Sokrates über seine Ankläger in Athen, »aber schaden können sie mir nicht.« Doch eben diesen Satz über »den Gott«, über das Einzigartige und Unzerstörbare in ihm selber, spricht der sterbende Sokrates nicht stumm in sich hinein. Im »Dialog« spricht Sokrates ihn aus zu allen Menschen. Zu uns, Jahrtausende danach.

Milliarden Kinder der Moderne haben, alle gleich, ihre frühesten und innersten Sehnsüchte in Daniel Defoes »Robinson Crusoe« verkörpert gefunden. Generationen von amerikanischen College-Studenten haben Hermann Hesses »Steppenwolf« gelesen wie den Spiegel der eigenen einsamen Seele. »Und kann ich nur einmal recht einsam sein«, lernten einstmals die Deutschen bei Goethe, »dann bin ich nicht allein.«

Schöne Literatur für schöne Seelen. Das Abenteuer der Wüstenväter ist von stärkerem Kaliber. Weil es unliterarisch ist. Dies ist das klassische Experiment des »secum esse« (»zu sich selber kommen«), nicht erträumt und nicht erschrieben, sondern unternommen. Von antiken Analphabeten erlebt. Materiell und wirklich. »Und Antonius zog hinaus in die große Wüste.«

Doch schon in der ersten Generation zerfällt die ägyptisch-syrische Wüstenväterszene in eine atemberaubende Vielfalt von unvorhergesehenen und radikal verschiedenen Versuchen mit der Einsamkeit. Drei klassische Archetypen schildert dieses Buch.

Als heroischer Einzelgänger geht der Ägypter Antonius voraus in eine Einsamkeit, die zuvor, ganz physisch, als tödlich galt. Rasch kommt er zur Einsicht, daß nichts so sehr gelernt sein muß wie die Einsamkeit. Doch darf, so lehrt Antonius, in den göttlichen Dingen kein Alter einem Jungen auch nur ein einziges Wort der Belehrung sagen, solange der Junge ihn nicht fragt.

Tatsache ist, daß von den ersten Abenteurern der Wüste so viele ums Leben oder um den Verstand gekommen sind, daß schon nach wenigen Jahren ein zweiter Ägypter, Pachomius, das Experiment des Antonius auf den Kopf stellt. Pachomius veranstaltet Einsamkeit pädagogisch. Er organisiert Einsamkeit militärisch. So entsteht am Nilbogen bei Theben (Luxor) das erste Kloster der katholischen Kirche.

Kaum scheint sich dieses Modell als einziges durchzusetzen, da kommt ein Dritter, Simeon der große Syrer, bricht aus dem pädagogisch-militärischen Einsamkeitsbetrieb des Klosters wieder aus und stellt sich, nach einer Serie von immer barockeren Experimenten, auf eine hohe Säule: Einsamkeit als Schau. Als Fernseh-Spektakel für einen »Ozean von Menschen«, die sich unter Simeons Säule zu Tode trampeln. Nach Ägypten kommen derweil »ganze Schiffsladungen« von reichen Römerinnen gesegelt, alle beseelt vom kollektiven Wunsch aller Menschen, bei sich selbst zu sein. Ganz allein.

Noch habe ich das Wort »Religion« nicht ausgesprochen. Wo sie gesund ist, da ist sie etwas Bescheidenes und Wichtiges. Religion ist das Gedächtnis der Menschheit. In ihren Riten und Legenden hält sie die Erinnerung fest an frühe Erfahrungen, die für alle wichtig sind. Die Geschichte der Wüstenväter ist eine der großen, kostbaren Erinnerungen unserer Religion.

Gnade der frühen Geburt: Als junger Mönch im Orden des heiligen Dominikus habe ich selber noch das Leben eines Wüstenvaters geführt. In mumifizierter, spätkatholisch verengter Form gewiß, aber dennoch in ungebrochener Tradition habe ich die beiden wichtigsten Erfahrungen der Wüstenväter gemacht: den Bruch mit der Familie und die schweigende Hinwendung zu jenem Gott der Wüste, der »reines Feuer« ist. Und mit dem klassischen Erlebnis, zu mir selbst zu kommen, gleichzeitig, die paradoxe Intuition: Das ist etwas, was ich allen sagen muß. Weil es jeden angeht. Jeden ganz allein.

Trotzdem schreibe ich nicht in der Sprache der spirituellen Anbiederung. Genauso unverzichtbar wie die Religion gehört zu unserem westlichen Gedächtnis die Aufklärung. Es ist meine Meinung, daß aufgeklärter Spott den göttlichen Dingen besser bekommt als esoterische Anstaunung.

Schon habe ich selber zuviel Tiefsinn aufgetischt. Dabei lautet doch das beste Prinzip protestantischer Theologie »Scriptura sese explicans«. Das heißt auf deutsch: »Der Sinn soll sich aus dem Bericht selbst erschließen« – von selber und für jeden anders. Und selbst für den, dem sich kein tiefer Sinn erschließen mag, bieten die Wüstenväter ein Erlebnis, das nicht zufällig, von Mathias Grünewald bis zu Salvador Dalí, die großen Maler alle magisch angezogen hat: Das Abenteuer der Wüstenväter ist Europas klassische religiöse Unterhaltung.

Teil I

Antonius –
Einsamkeit als Abenteuer

1. Kapitel: Wüstensafari in der Antike

»Siebenmal standen wir im Angesicht des Todes.« So schildert ein Teilnehmer die Gefahren jener religiösen Expedition in die ägyptische Wüste, zu der im Jahr 394 eine verwegene Gruppe von Griechen und Römern von Palästina aus aufgebrochen war. An Ort und Stelle, mitten in der Wüste, wollten sie selber nachsehen, was wirklich dran war an den unglaublichen Gerüchten, die ganz Europa in Bann schlugen, den griechischen Osten und den lateinischen Westen. Ob es sie wirklich gebe, jene religiösen Abenteurer, denen in der tiefsten Einsamkeit der Wüste Ägyptens Erlebnisse nachgesagt wurden, wie sie so extrem nie zuvor ein Mensch an Leib und Seele erfahren hatte.

Die Wüstenväter!

Sie in Fleisch und Blut zu sehen und sie ganz persönlich zu interviewen war das erklärte Ziel der siebenköpfigen Expedition. Doch vor dem Ziel kam der Weg. Er erwies sich, wie so häufig in der Religion, als zum Verzweifeln lang und schwer. Rufin von Aquileja, der die lateinische Fassung des Expeditionsberichts besorgt hat, hält wörtlich fest:

»Das erste Mal gerieten wir in Todesgefahr, als wir fünf Tage und fünf Nächte lang zu Fuß hin und her durch die Wüste zogen. Fast wären wir da an Hunger und an Durst gestorben.« Doch schlimmer als die Sandstürme waren die Salzdünste der Wüsten westlich vom Nil: »Das zweite Mal war es, als wir in einem Salz-Sumpf den Weg verloren. Wie zu Pfählen ist dieses Salz versteinert, und zwar so spitz, daß es uns die Füße aufschlitzte. Grauenhaft schmerzten unsere Wunden, und wir waren nahe daran, das Leben zu verlieren.«

In der nächsten Salzpfanne half nur noch Beten. »Beim dritten Mal versanken wir bis zu den Hüften im stinkenden, fauligen Morast. Dem Tode nahe schrien wir wie David: ›Herr, komm zu Hilfe, die Wasser gehen uns ans Leben. Wir gehen unter im tiefen Schlamm, und unsere Kraft versagt.‹«

Von Menschenbrüdern kein Beistand in der Not: »Das vierte Mal gerieten wir in Todesgefahr, als wir der Küste entlang einen Weg suchten und dabei Räubern in die Hände fielen. Mit ihren Schwertern uns zu töten gelang ihnen nicht. Doch wir starben fast an den Erschöpfungen der Flucht. Mehr als zehn Meilen weit rannten die Banditen hinter uns her.«

Auch hatte niemand die sieben Griechen und Römer gewarnt, wie leicht der Reisende in Ägyptens Wüste ein nasses Grab findet: »Das fünfte Mal war es, als wir in jener Wasserwüste fast ertranken, die von der Flut des Nils zurückzubleiben pflegt. Drei Tage brauchten wir, bis es uns unter äußerster Not gelang, den Wassermassen wieder zu entkommen.« Auch der Gedanke, die Wüstenfahrt zu Schiff fortzusetzen, erwies sich rasch als Fehlentscheidung: »Das sechste Mal gerieten wir auf dem Nil selber in Todesgefahr, als das Boot, mit dem wir segelten, kenterte.«

Die falsche Jahreszeit war es auch: »Anfang Januar wollten wir, östlich von Alexandrien, den Mariotis-See überqueren. Da drohte uns ein siebtes Mal der Tod. Zwischen allen Papyrus-Stauden ließ uns ein Orkan auf einer einsamen Insel stranden. Drei Tage und drei Nächte saßen wir dort hilflos unter freiem Himmel im eiskalten Sturm.«

»Siebenmal im Angesicht des Todes.« Das, so fährt Rufin in modern anmutender Ironie fort, »müßte eigentlich reichen«. Doch da war ein achtes Mal. Das war der Schrecken schlechthin.

Beim achten Mal kamen die Krokodile.

»Eine Höhle war da, die voll Wasser stand. Am Rand dieser Höhle aber sonnten sich drei ungewöhnlich große Krokodile.« So reglos lagen sie da, daß die Reisegruppe dem frommen Irrtum verfiel, die Reptilien seien tot: »Wir schlichen also näher auf sie zu, um die maßlose Größe dieser Bestien zu bestaunen. Doch die Geräusche, die wir dabei machten, weckten sie. Und mit gewaltiger Kraft rannten sie hinter uns her.«

Wieder rannte die Expedition um ihr Leben. Doch diesmal rannte sie in die richtige Richtung. Dort nämlich, wo selbst Krokodile schaudernd kehrtmachten, tief im Wadi Natrun, und tiefer noch in der Wüste, wohin selbst Räuberbanden die Fremden zu verfolgen sich nicht mehr getrauten, planlos herumirrend und doch von Gottes Vorsehung wunderbar geleitet, erreichte die griechisch-römische Expedition im Jahr 394 ihr ägyptisches Ziel:

Die Wüstenväter!

Die Augen liefen ihnen über, den sieben Griechen und Römern, so verblüffend übertraf gleich bei der ersten Begegnung die Wirklichkeit der Wüstenväter alle Phantasie. Gewiß sahen die ägyptischen Eremiten so aus, wie man sie sich in den großen Städten rings ums Mittelmeer vorstellte: knochenhager, schmutzstarrend und zerlumpt. Doch zu gleicher Zeit waren sie, ganz augenscheinlich, bei fabelhafter Gesundheit. So kerngesund wie der heilige Kopres. Obwohl schon neunzig Jahre alt, empfing er die Expedition nicht nur in heiterster Laune, sondern auch in bester Form. In derart jugendlicher Form war der Wüstenvater Kopres, daß er nicht nur vor seinen staunenden Gästen ein Wunder nach dem andern wirkte, sondern ganz nebenbei noch etwa fünfzig junge Möchtegern-Wüstenväter im Wüsten-Survival – materiell und spirituell – trainierte.

Abraham sei auferstanden, dachte die Expedition zuerst, als sie den heiligen Johannes von Diolcus traf. So biblisch alt sah er aus. Mit einem Bart so lang und schön wie Aarons Bart. Dabei wirkte er ebenso munter und gesund wie Kopres. Und auch er war damit beschäftigt, zahlreiche lerneifrige Jünglinge im Wüsten-Survival zu trainieren.

Woran lag das, die verblüffende Gesundheit von Männern, die sich doch allen Entbehrungen der Einsamkeit aussetzten, und das in einer Landschaft von äußerster Menschenfeindlichkeit?

Es hatte etwas mit der Ernährung zu tun. Obwohl sie untereinander über die richtige Diät stritten, waren die ägyptischen Einsiedler alle eines: radikale Vegetarier. Der Wüstenvater Elias zum Beispiel erzählte der Expedition, er sei 110 geworden und werde noch viel älter, weil er, seit vielen Jahren schon, täglich nur drei Unzen

Brot esse und, als Nachtisch, drei Oliven. Der Wüstenvater Or dagegen, trotz seinem »schneeweiß leuchtenden Bart« erst neunzig, schrieb seine Gesundheit der ausschließlichen Ernährung mit »Kräutern und süßen Wurzeln« zu. Radikaler noch war der Wüstenvater Johannes, den die Expedition nur mit Mühe fand, weil er, versessen auf bestimmte Kräuter und Gräser, den festen Wohnsitz aufgegeben hatte und quer durch die Wüste, wie ein Hirsch, »weidete«.

Nicht daß sich die Wüstenväter selber als »Vegetarier« bezeichnet hätten. Ihrer Zeit entsprechend sprachen sie von »askesis«. Der Sinn dieses griechischen Wortes hat sich seit dem Mittelalter zur »Askese« verengt und verdünnt. Damals, in der späten Antike, war »askesis« aber noch ein alltägliches Wort. Es hieß soviel wie »Training«. Einübung also in irgendein Können, vor allem sportliches Training. Erklärter Zweck des christlichen Trainings in der Wüste war es, Körper und Geist zu trainieren für die Erfahrung der göttlichen Wirklichkeit.

Sinn und Ziel jeglichen Trainings ist der Erfolg. Wie aber konnte die griechisch-römische Expedition überprüfen, ob die ägyptischen »Athleten Gottes«, allein in der Wüste, tatsächlich Gott erfahren hatten? Ganz einfach. Wie heute noch bei den Hindus, so gab es dafür im Jahr 394 für Heiden und für Christen ein klares, leicht überprüfbares Kriterium: Wer Gott wirklich erlebt hat, besitzt hinfort selber göttliche Kraft. Das heißt: Er ist fähig, Wunder zu wirken. Von einem ägyptischen Einsiedler zum andern reisend, wurden die griechisch-römischen Expeditionäre, zunehmend fassungsloser, Zeugen unglaublicher Wunder.

Am unglaublichsten war das lockere Understatement, mit dem die Wüstenväter ihre Wunder vollbrachten. »Ja gewiß«, sagte der heilige Kopres, »wir machen Blinde wieder sehen und Lahme wieder gehen. Aber ist das ein Wunder? Es sind Kleinigkeiten, vollbracht von kleinen Männern. Auch Ärzte können so etwas.«

Was echte Wunder sind, erfuhr die Expedition in der Eremitage des heiligen Patermuthius. Dieser ehemalige Mörder und Grabschänder hatte sich nach seiner Bekehrung zum Wüstenvater nicht ohne guten Grund auf die Auferweckung von Toten spezialisiert. So viele Tote hat Patermuthius auferweckt, daß er nach einer Weile vorsichtig wurde und den jeweiligen Toten lieber vorher fragte, ob er denn überhaupt auferweckt werden wolle. In jenen beiden Fällen, die Rufins Expeditionsbericht im Detail schildert, kam aus der Tiefe des Grabes laut und deutlich der Bescheid: »Nein, lieber nicht!«

Wie findet einer, der allein und einsam weit draußen in der Wüste lebt, überhaupt Gelegenheit, Tote zu erwecken? Anders als ein Kranker kann ein Toter schließlich nicht auf ein Kamel steigen und den Wüstenvater besuchen. Nun. Wie so viele Wüstenväter war Pathermutius ein Mann von wundersamer Mobilität. So wie Jesus über den See Genezareth, so wandelte er, als wäre es das Selbstverständlichste der Welt, trockenen Fußes über den Nil. Als Patermuthius gar, um einem anderen Wüstenvater einen Kurzbesuch abzustatten, hoch durch Ägyptens Luft geflogen kam, wußte die Expedition nicht mehr, wo ihr der griechisch-römische Kopf stand. Rufin von Aquileja schreibt: »Hier sind so viele Wunder, daß wir es aufgeben, sie alle aufzuschreiben.«

Es war der 90jährige Johannes von Lykopolis, einer der berühmtesten Einsiedler in der Thebäischen Wüste, der es übernahm, die in allzu wundersame Wunder abgeflogene Expedition wieder auf den Sand der asketischen Tatsachen zurückzubringen. Gewiß, groß seien die Wundertaten, zu denen die Askesis befähige, räumte Johannes ein. Doch allen übernatürlichen Gaben zum Trotz bleibe bei den meisten »athletae Domini« ein schwacher Punkt.

Gebannt hingen die sieben Griechen und Römer am Mund des 90jährigen Ägypters: Was ist das, der schwache Punkt aller Askese?

Seit vierzig Jahren schon, berichtete Johannes seinen Gästen, lebe er mit Bedacht so tief in der Wüste, daß er gar keine Möglichkeit habe, eine Frau zu sehen. Und doch sei ihm, kürzlich erst, etwas Verrücktes passiert.

Urplötzlich nämlich, mitten durch die Wüste, kam »eine bildschöne Frau« auf seine Einsiedelei zugewandert. Nicht weil sie so schön war, ließ der Heilige sie in seine Höhle, sondern weil sie zum Erbarmen jammerte. Wortreich erzählte sie ihm, wie sie sich in der Wüste verirrt habe. »Auf diese Weise«, berichtet Rufins Protokoll, »zog sie die Unterhaltung in die Länge und drängte allmählich zur Liebe. Weiter ging die Plauderei, es wurde gelacht und geflirtet. Mit ihrem vielen Reden verwirrte sie ihn. Dann streichelte sie gar seine Hand, seinen Bart und seinen Hals. Schon war er nicht mehr bei Verstand, zum geilen Hengst war er geworden.«

Wie wird es weitergehen in der Einsiedelei des heiligen Johannes?

»Plötzlich schrie sie laut auf, entwand sich seinen Armen, war nicht mehr zu sehen und entschwand wie ein Schatten. In der Luft aber hörte er das schallende Hohngelächter der Dämonen. Sie lachten ihn aus, weil es ihnen gelungen war, ihn mit dem verführerischen Trugbild zum Narren zu halten.«

Einen Augenblick schwieg Johannes von Lykopolis. Das, gestand der Ägypter sodann seinen europäischen Gästen, sei eben der schwache Punkt der Askese. Die eigentliche Verkörperung des Fleisches sei die Frau. Gerade dann, wenn der Mann sie fliehe, weit draußen in der Wüste, dränge sie sich der männlichen Phantasie übermächtig auf. Der 90jährige Asket wörtlich: »Unauslöschlich ist die Erinnerung an ihren Anblick und an die Unterhaltung mit ihr.«

Staunend hörte die Expedition den erotischen Erzählungen des Wüstenvaters zu. Staunend und ein bißchen ungläubig. Wer hielt da eigentlich wen zum Narren? Der Teufel den Wüstenvater oder der Wüstenvater die Expedition? Der Mann war schließlich neunzig. Wollte ein steinalter Ägypter sich vielleicht nur lustig machen über sieben Griechen und Römer, die, weithergereist aus den sexgläubigen Großstädten rund ums Mittelmeer, ihr Leben riskiert hatten, um ihn als asketische Sensation zu bestaunen?

Ein Wort ging um unter den Einsiedlern Ägyptens. Ein Spruch oder, wie damals auch die Ägypter auf griechisch sagten, ein

»Apophthegmata«. Der Altvater Os, der große Lehrer der Eremiten im Wadi Natrun, hat es als erster ausgesprochen. So bedeutsam, als wäre er der Anfang aller Weisheit, ging in der Wüste dieser Spruch von Mund zu Mund: »Entweder fliehe gründlich die Menschen, oder verspotte die Welt und die Menschen, indem du dich selber, soviel als möglich, zum Narren machst.«

Verwirrt zog die Expedition weiter. Doch als sie ankamen an ihrem nächsten Etappenziel, in der Einsiedelei des heiligen Isidorus, verloren die sieben Griechen und Römer endgültig die Fassung.

Einen Einsiedler stellt man sich einsam vor. So wirr und widersprüchlich die Gerüchte sein mochten, die in Konstantinopel und in Rom über die Wüstenväter Ägyptens im Umlauf waren, in einem war sich doch die antike Welt einig: Was diese Männer auszeichnete, war das Abenteuer extremer Einsamkeit. »Eremitae« nannte man sie deshalb in Rom, von griechisch »eremos« für »einsam, isoliert«. Ein zweites Wort war »anachoretae«, das heißt etwa »Aussteiger«. Am gebräuchlichsten aber war das Wort »monachi« von griechisch »monos« für »allein«. Daraus ist unser Wort »Mönch« geworden. Im Jahr 394 aber war »monachus« noch kein sakral erstarrtes und verengtes Wort, sondern entsprach in der Bedeutung unserem Wort »Single«.

Menschen ganz allein in tiefster Einsamkeit: Mit dieser selbstverständlichen Vorstellung im Kopf war die griechisch-römische Expedition losgezogen nach Ägypten. Schon beim heiligen Kopres und beim heiligen Johannes von Diolcus hatte sie sich ein bißchen gewundert. So sehr waren beide in ihren Einsiedeleien von Jüngern umlagert. Jetzt, in der Einsiedelei des heiligen Isidorus, liefen ihr die Augen über: Gut tausend einsame Männer lebten, rund um den heiligen Isidor, auf einem Haufen zusammen in dieser »Einsiedelei«.

In der nächsten Etappe dann, am Moeris-See, wollte die Expedition zum heiligen Serapion. Doch hatte sie große Mühe, zu ihm persönlich vorzudringen. Unter dem Einsiedlerchef Serapion, so die Schätzung des Expeditionsberichts, lebten in dieser »Einsiedelei«

etwa »zehntausend Brüder«. Rufin von Aquileja fassungslos: »Einen wirtschaftlichen Großbetrieb hatte er mit der Arbeit der Brüder aufgebaut.«

Der Einsiedler als Unternehmer? Die Einsiedelei als »wirtschaftlicher Großbetrieb«?

Je tiefer die Expedition vordrang in die Wüste Ägyptens, desto dichter wimmelte es in der Einöde von einsamen Männern. Wahrscheinlich, schätzt Rufin von Aquileja, gebe es inzwischen so viele Einsiedler in der Wüste »wie Menschen in den großen Städten« ums Mittelmeer. An das ursprüngliche Ziel der Expedition, nämlich »alle Wüstenväter zu besuchen«, sei unter diesen Umständen nicht mehr zu denken, »selbst wenn einer das ganze Leben lang in der Wüste herumzöge«.

Einsiedler ohne Zahl. Doch eins fällt auf: Kreuz und quer durch alle Wüsten Ober- und Unterägyptens ziehend, hat die Expedition zwar – Rufin gebraucht das Wort – »eine Armee« von Wüstenvätern gefunden, doch eines nicht: Sie traf keine einzige Wüstenmutter.

Ist die Sehnsucht nach Einsamkeit etwas genuin Männliches? Oder hat die Expedition des Jahres 394 nicht sorgfältig genug geforscht? Warum enthält Rufins Bericht kein Wort über Maria von Ägypten, die große Wüstenmutter, die noch einen Goethe »hinangezogen« hat?

Wir werden eine eigene Expedition ausrüsten müssen. Alle Wüsten Ägyptens und Syriens wollen wir durchkämmen auf der Suche nach den Wüstenmüttern. Finden werden wir sie, die Wüstenschwestern unserer Seelen, ob sie selber, tief in der Wüste, gefunden werden wollen oder nicht.

Die Expedition des Jahres 394 hatte anderes in ihrem antiken Männerkopf. Sie wollte, auf dem Rückweg schon, in die Nitrische Wüste. Das ist eine Salzsenke etwas südwestlich vom Nildelta. Dort war kurz zuvor schon Palladius, ein religiöser Tourist aus Konstantinopel, auf »etwa fünftausend« Einsiedler gestoßen. Inzwischen waren es noch mehr. So viele Einsiedler, daß in der

Nitrischen Wüste bereits verdächtig ähnliche Probleme herrschten wie in einer deutschen Eigenheim-Siedlung.

In Höhlen hatten die ersten nitrischen Einsiedler gehaust. Längst waren alle Höhlen besetzt. Jetzt wurde gebaut. Am laufenden Band. Als Baulöwe in der Wüste tat sich der Wüstenvater Ammonius hervor. Er entwickelte, berichtet der staunende Rufin, ein Schnellbauverfahren für Einsiedeleien: »Und an einem Tag waren die Zellen fertig«.

Das Wort »kellion« (»Zelle«) klingt heute nach Reihenbau. Ganz so schlimm war es im Jahr 394 aber noch nicht. Immerhin war das Gedränge unter den Einsiedlern schon so stark, daß für Neuankömmlinge regelrechte Bauvorschriften erlassen wurden: Zwischen den einzelnen Einsiedeleien solle wenigstens so viel Abstand bleiben, daß kein Einsiedler den andern »leicht beobachten«, daß vor allem »keiner hören kann, was der andere redet«.

Die Wüste als »civitas«. Als Stadt. Eine Frage drängte sich der antiken Expedition auf, die sich auch uns durch dieses ganze Buch immer neu stellen wird: Gibt es vielleicht auf Erden nichts, was so eng und dauerhaft Gemeinschaft stiftet wie das Erlebnis der Einsamkeit?

Oder ist das bloßer Tiefsinn und somit Unsinn? Seit es die Menschheit gibt, ist sie mit Dummheit geschlagen. Die allerälteste Dummheit ist, daß einer dem andern nachläuft. Ist es da nicht die allerdümmste Dummheit, wenn einer dem andern nachläuft in die Einsamkeit?

Dies schlüssig zu erkunden, kam die Expedition des Jahres 394 zu spät. Eine Generation zuvor schon war er gestorben. Er, der als erster und allein, auf eigene Gefahr, das Abenteuer radikaler Einsamkeit gewagt hatte. Er, der wahre »monachos«, der wahrhaft Einsame, dem Unzählige nachfolgen sollten in das Erlebnis der Wüste:

Antonius der Große!

Das Antoniuskloster heute

2. Kapitel: Kulturrevolution in Alexandrien

Als Antonius im Jahr 313 ein drittes Mal das Niltal verließ und hinauszog in die Wüste, diesmal ostwärts bis hin zu einer Höhle am Berg Kolzim, schon fast am Roten Meer, da, so berichtet sein Freund und Biograph Athanasius, überkam ihn eine neue, ungeahnte Empfindung: »Antonius begann den Ort zu lieben.«

Diesen Ort heute zu besuchen ist nicht schwer. Von Kairo aus sind es im Auto drei Stunden. Auch wer abends erst, in der Dunkelheit, ankommt, kann sein Ziel nicht verfehlen: Als wäre es ein Casino in der Wüste von Las Vegas, so feenhaft beleuchtet taucht das koptische Antoniuskloster in der Wüste auf.

Vor dem Kloster ein immenser Parkplatz. Der größte Parkplatz von Ägypten, sagen manche. Für die vielen Autobusse voll koptischer Familien aus Kairo und aus Oberägypten. Dazwischen die Leihwagen mit bildungsbeflissenen TouristInnen von allen Badestränden am Roten Meer. Eine unabsehbare Prozession wimmelt, noch zu dieser späten Stunde, auf dem frisch betonierten Pilgerweg bergwärts zur »Höhle des heiligen Antonius«. Wo die Einsiedelei, hoch da droben, liegen mag, ist auch in der Dunkelheit leicht zu erraten. Eine Lichterkette aus vielen schwankenden Taschenlampen markiert den Weg verspäteter Wallfahrer etwa so wie bei uns in sommerlichen Nächten den Abstieg verspäteter Wanderer vom Matterhorn.

Dem Rat ägyptischer Freunde folgend, habe ich den Sonnenaufgang abgewartet und einen anderen Weg gewählt. Östlich vom Antoniuskloster führt der schmale Pfad zuerst durch ein Geröllbett und dann durch ein wüst zerklüftetes Wadi steil empor ins Galala-Gebirge. Oben in einer tiefen Felsspalte unversehens ein winziges Holzfenster, daneben eine offene Tür. Und unter der Tür, in der knöchellangen schwarzen Kutte koptischer Mönche, mich argwöhnisch musternd, der Einsiedler. Ein Ägypter mittleren Alters, der hier, im 21. Jahrhundert, das gleiche Leben zu führen versucht wie einst Antonius im 4. Jahrhundert. Er deutet auf seinen über und über mit Mörtel bekleckerten Rock: »Ich bin am Renovieren.«

Dann wieder ein argwöhnischer Blick: »Welchem Bischof gehorchst du?« Nicht immer fällt einem gleich die beste Antwort ein. »Ich gehorche dem Bischof von Rom.« – »Johannes Paul?« Der Eremit wendet sich zu seiner Höhle zurück. »Segne mich!« sagt er, offenkundig darauf bedacht, der östlich-westlichen Begegnung ein zwar christliches, aber schnelles Ende zu bereiten. Doch dann, als bereue er den unfreundlichen Empfang, packt er mich am Ärmel, zieht mich vor den Eingang und deutet hinauf zu einer kleineren Höhle weiter oben unmittelbar unter einer hohen senkrechten Felswand: »Meine zweite Zelle. Geh da hin!«

Die Zweitwohnung des Einsiedlers erweist sich aus der Nähe nicht als Höhle, sondern eher als eine Felsnische, wie man sie in den Bergen arabischer Länder als Lagerplatz von Schafhirten findet. Gut einen Meter ist sie tief und etwa zwei Meter breit. Vorn eine Steinmauer zum Schutz gegen den Wind. Sonst nichts weiter als eine hölzerne Rückenlehne, ein paar Lumpen zum Schlafen und ein kleines Holzkreuz.

Grandios aber ist die Aussicht. Auf der Stelle erinnert sie mich an jenen Satz, den ein moderner Schüler der ägyptischen Wüstenväter, der Franzose Charles de Foucauld, niederschrieb, als er, allein mitten in der Sahara, den Assekrem bestieg, auf der Suche nach der gleichen Landschaft wie Antonius, nach der gleichen Einsamkeit, nach derselben Transzendenz: »Das Panorama«, schrieb er nach Paris, »ist unaussprechlich, unvorstellbar schön. Ich kann nicht hinsehen auf dieses Meer von Gipfeln und von wild zerklüfteten Felsen, ohne Gott anzubeten.«

Etwa zwei Kilometer westlich, auf gleicher Höhe und zu gleicher Zeit, ein aberwitziges Gewühl. Hinein in die berühmte »Höhle des Antonius« drängen alle. Und alle wollen wieder hinaus. Der Eingang zu der Höhle aber ist ein so schmaler Engpass, daß immer nur einer durchkommt.

Drinnen stinkt es zum Erbrechen vom ungelüfteten Schweiß unzähliger Besucher. Draußen lassen die Pilgerhorden zur Feier der gelungenen Wallfahrt Knallfrösche in die Felsen steigen. Das ist der Ort, wo Antonius nichts anderes gesucht hat als das Abenteuer extremer Einsamkeit.

Ist es wirklich der Ort? Es gibt hier oben im Galala-Gebirge ein paar Dutzend solcher Höhlen. In einer von ihnen hat Antonius gelebt. Welche es war, weiß nur der Aberglaube exakt. Wir brauchen es nicht zu wissen. Exaktheit ist keine religiöse Kategorie.

Vielleicht hat er dort gesessen, wo ich jetzt sitze. In völliger Stille und Einsamkeit. Von Zeit zu Zeit nur ein leises Rauschen des Winds. Und die Flügelschläge der Raben. Die berühmten Raben, die in den byzantinischen Legenden den ägyptischen Eremiten Gesellschaft leisten. Ganz von selber kommen mir vier Raben zugeflogen.

So kristallklar ist hier oben die Luft der Wüste, daß jeder Lungenzug zum großen Genuß wird. Zu einem Rausch königlicher Freiheit, wie ihn Saint-Exupéry erlebt hat auf seinen Flügen allein über der nordafrikanischen Wüste.

Von Ägypten nach Palästina, nach Arabien und bis hinauf nach Tibet ist die Wüste der »lieu naturel«, der wesenseigene Ort der Gottes- und der Selbsterfahrung. Um dies zu verstehen, bedarf es keiner christlichen Offenbarung und keiner buddhistischen Erleuchtung. Es genügt, allein hinaufzuwandern zu einer der Felshöhlen im Galala-Gebirge, dort einen Tag allein schweigend zu verweilen und – ganz physisch – den Blick hinausschweifen zu lassen in die Wüste.

Diese Landschaft erinnert an etwas.

Sie erinnert an Fernsehbilder, die Sonden aus dem Weltall zurückgesendet haben: Bilder vom Mond, vom Mars. Alles Bilder von kosmischen Wüstenlandschaften. Nichts anderes ist der Planet Erde als eine winzigkleine grüne Oase in der grenzenlosen Wüste des Alls.

Diese mikroskopische Oase ist unsere Welt. Religion aber ist das grenzüberschreitende Gefühl, daß jenseits der winziggrünen Welt, die uns birgt, das Erlebnis einer maßlos anderen Welt beginnt. »Transzendenz« ist ein abstraktes Wort für diese ungleich größere Wirklichkeit jenseits der unseren. Die Menschen der Antike, Heiden wie Christen, zogen es vor, viel sinnenhafter vom »Himmel« zu sprechen. Wer sinnenhaft hinauswill, aus der grünen Oase unserer beschränkten Welt hinaus in jene grenzenlos andere Wirklichkeit des Himmels, der ziehe allein in die Wüste und wage das Experiment der Einsamkeit. Antonius der Große hat es als erster gewagt.

Gekommen ist er, wie du und ich, aus einer gänzlich anderen Welt. Er kam aus Kome. Das ist das heutige Qeman, ein Fellachendorf am mittleren Nil im Regierungsbezirk Beni Suef, etwa 95 Kilometer südlich von Kairo. Alle Fachhistoriker vermerken dieses Dorf als den Ort, wo Antonius im Jahr 251 geboren wurde. Keiner beschreibt es.

Nach mühseligem Zureden erklärt sich ein ägyptischer Freund in Kairo bereit, mit mir nach Qeman zu fahren. Der Weg führt über die Agricultural Road am westlichen Nilufer südwärts, dann einem schmalen Kanal entlang in die tiefgrünen Felder. Von Minute zu Minute steigert sich die Beklemmung meines Begleiters: »Was wir hier tun, ist unmöglich. Man kann in ein solches Dorf nicht einfach hinein. Das ist gefährlich. Es sei denn, man kennt dort eine Familie und besucht sie.«

Jetzt eine steinerne Brücke über den Kanal. Wir sind in Qeman. Und es ist ein Bild nicht aus dem Jahr 251, sondern älter, viel älter noch. Ein Spektakel wie aus dem Alten Testament.

Mitten durch das Dorf, vom einen Ende bis zum andern, eine breite Straße aus gestampftem Nilschlamm. In dieser Straße ein abenteuerliches Gewimmel von Eseln, Tauben, Ziegen, Hühnern, Hunden, Fahrrädern, Gänsen, Wasserbüffeln und Menschen jedes Alters. Ein Bild von biblischer Fülle und Harmonie.

Nur eines stört in Qeman. Wir. Zwei Fremde sind gekommen.

Etwa bis zur Dorfmitte sind wir gegangen. Dann hat mein ägyptischer Freund die Nerven verloren: »Jeden Augenblick kann einer kommen und fragen, was wir hier wollen. Was soll ich dann sagen? Spürst du nicht, wie gefährlich das ist? Weg. Sofort weg.«

Qeman am mittleren Nil: ein Dorf schön wie die Arche Noah, doch zugleich, gerade deshalb, Archetyp der geschlossenen Gesellschaft. Hier ist Antonius als Sohn eines Fellachen aufgewachsen.

Das Wort Fellache klingt in unseren Ohren nach bitterer Armut. Nicht unbedingt zu Recht. Die Familie des Antonius, schreibt Athanasius, besaß »dreihundert Aruren Land, fruchtbar und schön anzuschauen«. Umgerechnet sind das etwa achtzig Hektar. Die Zahl mag orientalisch aufgerundet sein. Zweifellos aber war der Vater des Antonius einer der reichen Bauern von Kome.

Über das Dorf hinaus aber reichte der Horizont der Familie nicht. Dafür gibt es einen untrüglichen Beweis: Der junge Antonius hat nie Griechisch gelernt. Wenn ihn später Bildungstouristen aus Alexandrien in seiner Wüstenhöhle heimsuchten, mußte sein Jünger Cronios Satz für Satz übersetzen. In die Bauernsprache Koptisch. Sonst verstand Antonius nicht. Auch seine eigene Sprache konnte er weder lesen noch schreiben und blieb, auf koptisch wie auf griechisch, zeit seines Lebens Analphabet.

Griechisch war aber nicht nur Bildungssprache der Ägypter. Es war auch die Sprache von Handel und Verkehr. Griechisch war die Weltsprache der späten Antike. Ein junger Ägypter, der nicht Griechisch lernte, wuchs damals so beschränkt auf wie heute ein junger Deutscher, der nicht Englisch lernt. Die keineswegs unberechtigte Frage Nathanaels zur Herkunft Jesu, »Wie kann aus Nazareth etwas Gutes kommen?« (Johannes 1, 46), ist steigerungsfähig: Wie kann aus Kome etwas Neues kommen?

Alles Neue kam aus Alexandrien. Noch heute wirkt die Hafenstadt am Mittelmeer ungleich europäischer als andere Städte Ägyptens. Damals war sie eine griechisch geprägte Stadt und der intellektuelle Mittelpunkt des Römischen Reiches. Aller Handel und Wandel Ägyptens, alle neuen Strömungen und Trends, Ideen und

Spekulationen kamen aus Alexandrien. Während Kome in provinzieller Horizontlosigkeit vor sich hinbrütet, ist, ein paar Tagesreisen weiter nördlich, in der Großstadt Alexandrien eine Kulturrevolution losgebrochen, die das europäische Leben für viele Jahrhunderte ebenso auf den Kopf stellen wird wie in ein paar Jahren schon das Leben dieses unbekannten ägyptischen Fellachen.

In Kleopatras eigener Stadt ist, als letzter Schrei der Avantgarde, die Keuschheit ausgebrochen. Die christliche Askese.

Das ist kein christlicher Begriff. Griechische Philosophen hatten den sportlichen Begriff des »Trainings« umgemünzt auf eine Lebensführung der bewußt trainierten Beherrschung des menschlichen Körpers durch den menschlichen Geist. Pythagoras mit seinen aufsehenerregenden vegetarischen Rezepten (Bohnen statt Sex), Diogenes in seinem Faß (»Geh mir aus der Sonne«) verkörpern nur exzentrisch, was antiker Common sense war: Wer zu sich selber kommen will, der lerne zuerst sich selbst beherrschen, im Reden und im Tun, beim Essen und beim Trinken und, natürlich, in der Sexualität. Seneca, der römische Philosoph, der den antiken Common sense verkörpert, spricht vom sexuell unbeherrschten Mann stets nur mit einer Geringschätzung, die ihm über die lateinischen Lippen selbstverständlich kommt. Die deutschen Wörter »Tugend«, »Tüchtigkeit« und »Männlichkeit« sind ja im Lateinischen alle *ein* Wort: »virtus«.

Seneca hat noch erlebt, wie sich das Römische Reich immer weiter nach Osten ausweitete, bis an die Grenze Persiens, bis hinauf nach Oberägypten. Daß das religiöse Folgen haben würde, hat in Rom kein Mensch bedacht: Auf umgekehrtem Weg drangen nämlich jetzt, an keiner Schranke mehr aufgehalten, eine Fülle von östlichen »Mysterienkulten« auf den gemeinsamen spirituellen Markt des Römischen Reiches. Einer dieser Mysterienkulte war das Christentum.

Es ist das Wesen eines Mysteriums, daß man es schlecht beurteilen kann. Je unübersichtlicher der spirituelle Markt im späten Römischen Reich wurde, desto dringender wurde das allgemeine

Bedürfnis nach einem handfesten Kriterium, an dem man die vielen, allzu mysteriösen Angebote allesamt kritisch messen konnte. In der zeitlosen Sprache der Waschfrau lautet dieses simple Kriterium: »Ja aber, wie leben die denn eigentlich?« In der klassischen Diktion gebildeter Griechen und Römer hieß das: »Wie steht es bei euch um die Askese?«

Unter diesem Gesichtspunkt schnitten die Christen nicht unbedingt am besten ab. Besonders über das Mysterium der »Nächstenliebe« in den christlichen Gemeinden gab es unter Heiden, nachlesbar, die zweideutigsten Gerüchte. Und die Heiden täuschten sich nicht. Clemens von Alexandrien, einer der glaubwürdigsten christlichen Schriftsteller des 2. Jahrhunderts, klagt über die schamlosen Orgien, die unter dem wirren Vorwand der »göttlichen Liebe« in gewissen Gemeinden stattfänden. Daher der doppelte Angstruf, mit dem der Kirchenvater Tertullian aus Karthago warnt, ohne entschiedenere Anstrengungen in der Askese sei der christliche Kampf gegen die übermächtige Konkurrenz von Isis-Kult und Mithras-Kult verloren: »Habent et virgines, habent et continentes! – Die haben auch Jungfrauen, die haben auch Männer, die sich beherrschen können!«

Zu schweigen von den Juden. Alexandrinische Juden, die sich »Therapeuten« nannten, überboten ihre christlichen Zeitgenossen mit einer asketischen Lebensführung, die Philo von Alexandrien folgendermaßen rühmt: »Die Tafel bleibt rein vom Fleisch, Brot ist die Nahrung, mit Salz gewürzt oder auch, für die Feinschmecker unter ihnen, mit Hysop. Die gesunde Vernunft rät ihnen, nüchtern zu leben, den Priestern rät sie, nüchtern zu opfern. Wein ist nämlich ein Gift, das toll macht, und köstliche Leckerbissen reizen das unersättliche Geschöpf zur Begierde.«

Griechische, jüdische, römische Askese, Isis-Askese, Mithras-Askese, Dionysos-Askese gar: Im esoterischen Gewimmel der Weltstadt Alexandrien kam alles zusammen. Barfuß durch Alexandrien läuft, zu Beginn des 3. Jahrhunderts, ein junger christlicher Intellektueller, den selbst seine ärgsten Kritiker als »überragendes Genie« (Peter Brown) feiern werden: Origenes, der Sohn eines

Märtyrers. Wo einst Kleopatra Normen setzte (mindestens hundert Männer in einer Nacht), predigt jetzt Origenes vor einem selekten Publikum von reichen Damen und avantgardistischen Intellektuellen einen neuen Lifestyle, der alle konkurrierenden Askesen christlich zusammenfaßt, überbietet und siegreich übertrumpft: den »bios angelikos«. Böse Zungen haben das, nicht ganz korrekt, aber dafür - wie alles Böse - leicht verständlich, mit »Keuschheit der Engel« übersetzt. Gute Zungen sprechen lieber von der »christlichen Askese«.

So überwältigend war der Publikumserfolg des Origenes, daß aus allen Städten des Römischen Reiches, tausendfach, Kopien seiner Askese-Predigten angefordert wurden. Origenes brauchte ein Schreibbüro. Mit einem halben Dutzend Sekretärinnen. »Schönschreiberinnen«, sagte man in Alexandrien. Schön wie die Engel müssen sie gewesen sein, die Schönschreiberinnen, denen Origenes die Keuschheit der Engel diktierte. Mitten im Diktat erlag er der Versuchung.

Origenes war der brillanteste Intellektuelle des 3. Jahrhunderts. Doch die Selbstironie war ihm fremd. Von rasender Reue gepeinigt, schnitt sich der große Keuschheitsprediger von Alexandrien das Glied, mit dem er gesündigt hatte, ab.

Sich durch empirische Fehlschläge entmutigen zu lassen gehört nicht zur Logik der Religion. Rund ums Mittelmeer, rühmt Eusebius von Cäsarea, gewinne die Keuschheit des Origenes »Myriaden von Nacheiferern«. So leicht und schnell breitete sich diese neue christliche Single-Szene auf dem Seeweg von Großstadt zu Großstadt aus, daß es niemandem auffiel, wie sie, mit Verspätung, auf dem Landweg in eine ganz andere Richtung drang. Von der Welt unbemerkt, begann die Keuschheit des Origenes aus der Metropole Alexandrien, wie es der deutsche Historiker Karl Heussi ausdrückt, südwärts »abzusickern« zu den »Eingeborenen«. In die vergessenen Dörfer der ägyptischen Provinz.

»Achtzehn oder zwanzig Jahre alt« war Antonius nach dem Bericht des Athanasius, als die neue christliche Askese aus Alexandrien nach Kome durchgesickert kam. Doch vorher war dort etwas geschehen, was einen jungen ägyptischen Fellachen ungleich stärker zu erschüttern vermochte als jede noch so aufregende spirituelle Mode aus Alexandrien.

3. Kapitel: Der Tod von Kome

Es gibt ein zweites Erlebnis, das, so stark wie die Erfahrung der Wüste, den Horizont des Menschen sprengt. Das ist das Ende der Zeit.

»Wer nimmt denn nicht mit Augen wahr, daß die Welt zu Ende geht?« fragt, just im Geburtsjahr des Antonius, drüben in Karthago der Africaner Zyprian. »Durch den Niedergang aller Dinge demonstriert die Welt ihr nahes Ende selbst. Im Winter fällt weniger Regen, so daß die Saaten nicht mehr aufgehen. Im Sommer scheint die Sonne so schwach, daß die Früchte nicht mehr reifen. Der Frühling ist nicht mehr angenehm, der Herbst nicht mehr fruchtbar. Verbraucht sind die Steinbrüche, sie liefern kaum noch Steine und Marmor. Die Gold- und Silberminen sind erschöpft. Die Äcker liegen brach. Die Meere sind ohne Schiffer, ohne Soldaten die Heere. Die Unschuld findet keinen Anwalt mehr, die Gerechtigkeit keine Richter.« Krieg, Pest und Hunger zerstören das Römische Reich so offenkundig, daß jeder, ob Heide oder Christ, es mit eigenen Augen sieht: »Gezeichnet vom Verfall aller Dinge, stürzt die Welt dem Tode zu.«

Zyprian hat recht, wenn er betont, dies sei weder seine persönliche Mutmaßung noch eine spezifisch christliche These. Es war das Lebensgefühl der ganzen späten Antike. Obwohl wir die Späteren sind und obwohl die Moderne das Zeiterlebnis erneut beschleunigt, hat die Ahnung, daß die Welt ein Ende haben wird, die Menschen der späten Antike stärker geprägt als uns. Und keiner hat die Endzeitstimmung seiner Zeitgenossen so dramatisch ausgedrückt wie Jesus.

Während Buddha, zeitlos in sich selbst versunken, unter dem Feigenbaum von Uruvela sitzt, geht von Jesus eine Stimmung westlicher Zeitnot und Bedrängnis aus.

Eine »Drangsal« kündigt Jesus an, wie sie »nicht war von Anbeginn der Welt« (Matthäus 24, 21). »Die Sonne wird sich verfinstern, der Mond wird verblassen, und die Sterne werden vom Himmel fallen« (Markus 13, 24). »Wie der Blitz, jäh aufleuchtend vom Osten bis zum Westen« (Matthäus 24, 27) wird es hereinbrechen, das Ende der Zeit.

Stärker noch als Juden und Griechen hat die Botschaft Jesu vom Ende der Zeit die Ägypter erschüttert. Totenopfer, Totenbücher, Totentempel, Pyramiden, Mumien – seit Jahrtausenden hatte sie das Erlebnis der Hinfälligkeit bedrängt. Doch je gewaltiger die Pyramiden, je perfekter die Kunst der Einbalsamierung, desto vergeblicher wirkt der Versuch der Ägypter, sich zu wehren gegen die »certa moriendi conditio«, gegen das sichere Los des Todes. Wie aus modernen Photographien schauen uns aus den Mumien-Porträts des 3. Jahrhunderts noch heute die ägyptischen Zeitgenossen des Antonius mit übergroßen Augen an – so traurig, als könnten sie es in Ewigkeit nicht fassen, daß der Mensch des Todes ist.

Achtzehn oder zwanzig Jahre alt ist Antonius, als ihm zu Hause in Kome seine Eltern, Vater und Mutter, beide jäh wegsterben. Das Erlebnis überwältigt den jungen Fellachen. Mit der Radikalität der Jugend stürzt er sich in die neue Askese aus Alexandrien.

Daß er kein Fleisch mehr aß, sei zuerst nicht aufgefallen, schreibt Athanasius, »alle ernsthaften Christen« seien schließlich Vegetarier. Aber auch an den Saufereien seiner Freunde nahm er nicht mehr teil. Nachts schlief er auf einer Binsenmatte oder auf dem nackten Boden. Wie heute noch die Muslime im Ramadan gewöhnte er sich an, erst nach Sonnenuntergang zu essen. Im Dorf fiel auf, daß er, im Unterschied zu den andern jungen Männern, seinen Körper nicht mehr ölte. Beharrlich sonderte er sich ab. Antonius wollte allein sein.

Das gehört zur Askese. Jedesmal wenn er sich unter Menschen begebe, schreibt der Römer Seneca seinem Freund Lucilius, kehre er »inhumanior« (»unmenschlicher geworden«) in sein Haus zurück. Dort wurde er wieder Mensch. Bei sich zu Hause war Seneca »secum« (»bei sich selbst«). Und war zuviel los im römischen Stadthaus seiner Familie, so zog er sich in jenes Landhaus zurück, wo ihn sein altvertrauter Gärtner vor aller Welt abschirmte. In seinem Garten war Seneca allein.

Wie die heidnischen, so die christlichen Asketen. Wollte Origenes in der Großstadt Alexandrien allein sein, so brauchte er, als berühmter Denker, sich nur zurückzuziehen in seine Studierstube, sein »phrontisterion«.

Ähnlich sein erlesener Kreis christlicher Verehrerinnen. Wenn etwas später die heilige Marcella den reichen Frauen Roms die neue christliche Askese musterhaft vorlebte, so hatte auch sie keine realen Schwierigkeiten. In ihrem Palast auf dem Aventin brauchte Marcella sich nur zurückzuziehen in eines ihrer zahlreichen Gemächer. Da war sie, ganz von selber, »secum«. Sie hatte ja ein Privatleben. Einzelzimmer hatte die heilige Marcella, soviel sie wollte.

Einzelzimmer in Kome? Privatleben auf dem ägyptischen Dorf?

Wer nicht als Fremder sein Leben in Qeman aufs Spiel setzen möchte, der steige hinab in die Kairoer Metro. Zu einer Tageszeit, wo die Familien unterwegs sind. Der Eindruck ist überwältigend: So etwas wie »secum esse«, so etwas wie ein Privatleben gibt es in Ägyptens plebejischen Schichten nicht.

In Qeman gibt es heute Häuser mit zwei oder drei Zimmern. In der Antike aber lebte eine Fellachenfamilie – alle Angehörigen aller Generationen samt Esel, Ochs und Hund und Katz und Schaf – in *einem* Raum. An ein Einzelzimmer für einen jungen Mann zum Beten, zum Schlafen, zum Alleinsein kein Gedanke.

Schon gar kein Gedanke an Keuschheit. Noch hatte kein Islam die Sitten auf dem ägyptischen Dorf diszipliniert. »Inmitten der Dorfbevölkerung« urteilt der Historiker Karl Heussi, sei Askese unmöglich gewesen – wegen der »Wohnverhältnisse der ägyptischen Dörfer«.

Ganz pragmatisch, so schildert es Athanasius, hat Antonius zuerst versucht, sich vor der totalen Dorfgemeinschaft Ruhe zu verschaffen. In einer Hütte »nicht weit vom eigenen Haus«. »As one might say«, übersetzt der britische Historiker Derwas J.

Chitty, »in einem Verschlag für Schweine oder Kühe hinten am Ende des Hofs.«

Daß die schweizerischen Bauern Antonius von Ägypten als den »Säuli-Toni« verehren werden, hat, streng historisch, mit seiner Person nichts zu tun. Doch es trifft die Situation in Kome. Der Bauern-Toni ist er, ein junger Fellache in einem Dorf am Nil, in dem, as one might say, alle Mädchen kichernd die Köpfe zusammenstecken: »Was ist nur los mit dem Säuli-Toni?« »Wußtet ihr es nicht?« »Der steckt jetzt hinten im Säuli-Stall.« – »Und was macht er dort die ganze Zeit?« – »Wußtet ihr es nicht? Der ist jetzt keusch wie ein Engel.«

Mit den 300 Aruren Land, die er gerade geerbt hat, ist Antonius einer der begehrtesten Ehekandidaten von Kome. Daß so einer jetzt den keuschen Säuli-Toni spielt, verstehen die Mädchen von Kome nicht. Aus gutem Grunde nicht. Die Pastoralassistentin der Pfarrgemeinde Heilig-Geist in Köln-Zollstock würde es auch nicht verstehen.

Wer heute bei uns eine christliche Kirchgemeinde betritt, der könnte in der Tat meinen, er sei ins Kinderparadies von Ikea geraten. So nett und lieb ist alles. So familienfreundlich. Von nichts anderem ist da die fromme Rede als von der Familie als höchstem Wert. Und heißt die Pastoralassistentin einen in der Gemeinde willkommen, dann lächelt sie so nett, als wäre sie das Fräulein bei Ikea: »Haben Sie schon unsere family card?«

Jesus war das Gegenteil.

Nett war er nicht. Schon gar nicht besaß er die family card von Ikea: »Wenn einer zu mir kommt und haßt nicht Vater, Mutter, Frau, Kinder, Brüder, Schwestern, ja das eigene Leben, so kann er nicht mein Jünger sein« (Lukas 14, 26). Dies, urteilt der jüdische Historiker Schalom Ben-Chorin, ist der Charakterzug Jesu, der quer durch alle vier Evangelien am deutlichsten hervortritt: die »antifamiliäre Haltung«.

Peinlicher noch als modernen jüdischen Historikern ist das den jüdischen Zeitgenossen Jesu aufgefallen. Am peinlichsten seiner eigenen Familie in Nazareth: »Als die Seinen das hörten, kamen sie her, um ihn zu packen. Denn sie sagten: Er ist verrückt« (Markus 3, 21).

Das Verrückte an Jesus war, daß er nicht etwa nur mit einer modernen deutschen Zweikinder-Familie brach, sondern, viel folgenreicher, mit einer orientalischen Großfamilie. Mit Verwandtschaft, Sippe, Clan. Und mit allem Besitz. Jesus selber sagt es ausdrücklich: Zur Familie, mit der es zu brechen gilt, gehören nicht nur »Vater, Mutter, Frau oder Kinder«, sondern auch »Häuser« und »Äcker« (Matthäus 19, 29).

Alles nachzulesen in der Bibel. Aber Antonius konnte nicht lesen. Nach Art der Analphabeten, berichtet Athanasius, habe er ganz wenige elementare Sprüche Jesu, die er auswendig konnte, Tag und Nacht in seinem elementaren Verstand bewegt:

Lukas 14. Kapitel, Vers 33: »Wenn nicht jeder von euch alles aufgibt, was er hat, so kann er nicht mein Jünger sein.«

Brechen mit der Welt? Alles aufgeben? Der Fellache Antonius hatte nur eine Welt. Sein Dorf Kome war ihm alles.

Wenn einer in den siebziger Jahren aus einem deutschen Dorf ausstieg, dann fiel er, schnell und sicher, in jenes Netz staatlicher Sicherungen, in dem er vermutlich heute noch ruht. Nichts dergleichen für einen Ägypter des 3. Jahrhunderts. Kein anderes soziales Netz gab es für Antonius als das Dorf Kome. Wer mit seinem Dorf brach, der geriet nicht etwa nur ins »soziale Abseits«. Physisch begab er sich in Todesgefahr.

Noch heute ist das Fellachendorf Qeman, wie eine deutsche Siedlung des Mittelalters, von Mauern umschlossen. Dahinter, durch die grünen Palmenhaine schimmernd, nichts mehr als gleißend heller Sand. Wo die Welt von Kome endete, da begann, grenzenlos und menschenfeindlich, die Wüste.

Wie die Geographie, so die Religion: Die Dörfer am Nil mit ihren grünen Feldern gehörten Osiris, dem guten Gott des Lebens; die Wüste im Westen davon gehörte seinem grauenhaften Bruder, dem Meuchelmörder Seth. Sie war das Reich des Todes.

Wenn Seneca allein sein wollte, zog er sich zurück in sein bukolisches Landhaus in der Campagna. Als Jesus mit seiner Familie brach, schweifte er durch die blühenden Hügel von Galiläa. Ägypten ist anders.

Unmittelbar am Rand der modernen Riesenstadt Kairo, da wo die Wüste beginnt, liegen die königlichen Gräber. Die Pyramiden. Nicht anders als die Pharaonen hielten es die Fellachen in Kome. Wo die Wüste begann, dort begruben sie ihre Toten. Dort hörte die Welt der Lebendigen auf.

Wo die Welt aufhörte, hausten nur noch Verbrecher auf der Flucht vor dem Henker. Manchmal auch Verfolgte, Christen zum Beispiel während der Decischen Verfolgung. Freiwillig ging keiner da hin. So schnell wie möglich kehrte jeder zurück aus der Wüste »nach Ägypten«. Die Wüste zu »Ägypten« zu zählen, zum eigenen Land, wäre einem antiken Ägypter nie in den Sinn gekommen.

Der Jude Jesus hatte das Ende der Welt prophezeit. Griechische und römische Christen hatten es seit mehr als zwei Jahrhunderten erwartet. Der Ägypter Antonius brauchte nichts zu prophezeien und nichts zu erwarten. Das Ende der Welt begann hinter seinem Haus. Wenn Antonius allein sein wollte wie Seneca, wenn er Jesus nachfolgen wollte, dann mußte er hinaus in eine Landschaft, die für alle Ägypter seit Jahrtausenden der Inbegriff war für Tod und Todesangst.

Jetzt aber hatte sich etwas verändert. Das Christentum war in die Dörfer am Nil gedrungen. Und mit der neuen Religion, bewußt noch kaum wahrgenommen, eine unägyptisch neue, verblüffend andere Symbolik der Wüste.

»Exodos ex Aigyptu«: Als er auszog aus Ägypten in die Wüste, war Moses nicht in den Tod gezogen, sondern in die göttliche Verheißung. Die Wüste, prophezeit Isaias, wird sein »wie das Paradies« (Isaias 51, 3). Wenn die Psalmen von der Wüste reden, kündigt sich sogar, buchstäblich schon, die moderne Wandervogel-Romantik an: »O daß ich Flügel hätte wie eine Taube! So wollte ich wegfliegen in die Ferne und bleiben in der Wüste« (Psalm 55, 7 und 8).

So dürfte Antonius ausgesehen haben, als er in die Wüste ging.
(Mumienporträt zweier Brüder aus Al Fayoum, 2. Jh.)

Hinaus aus Kome! Hinaus in die Wüste!

In Kome selber war Antonius der einzige, der die neue asketische Lebensweise versuchte. Doch in den Nachbardörfern hatte er Freunde. Vergleichbar etwa dem alternativen Milieu der siebziger Jahre bei uns, gab es nilauf, nilab ein asketisches Netzwerk. Athanasius beschreibt, wie Antonius von einem zum andern ging. Und wie er schließlich zu einem, der älter war als er, besonderes Vertrauen faßte.

Wie, wenn sie zu zweit Ernst machen würden? Wie, wenn sie zu zweit hinausziehen würden in die »makran eremon«? Hinaus »in die große Wüste«? Das hat Antonius den älteren Freund gefragt.

Die Antwort kam augenblicklich, und sie war die negativste Antwort, die aus dem Mund eines Fellachen möglich war: »Dafür gibt es keine Tradition.«

Ums Jahr 275 (das ist der Zeitpunkt, den Karl Suso Frank annimmt), im Alter also von 24 Jahren, tut ein junger Fellache etwas, wofür es »keine Tradition gibt«: Allein zieht Antonius »hinaus in die große Wüste«.

Doch vorher hat er in Kome noch etwas zu erledigen. Alle seine »bewegliche Habe« gibt er, dem Gebot Christi folgend, »weg an die Armen«. Mit dem »ererbten Land« aber, schreibt Athanasius, habe er etwas anderes getan. Das habe er »den Nachbarn im Dorf geschenkt«.

Kein Satz hat wie dieser dazu beigetragen, den Ruf des heiligen Athanasius als eines seriösen Historikers zu ruinieren. Daß ein Christ alles, was er hat, den Armen gibt, ist unwahrscheinlich genug; immerhin entspricht es dem ausdrücklichen Geheiß Jesu (Matthäus 19, 21). Daß jedoch ein Christ irgend etwas *seinen Nachbarn* schenkt, gar ein *Grundstück*, diese Behauptung des heiligen Athanasius hat nie etwas anderes ausgelöst als schallendes Gelächter. Niemals in der christlichen Geschichte hat es dies gegeben!

Doch, das hat es gegeben. Und Athanasius ist ein ernstzunehmender Historiker, weil Antonius eben dies wirklich getan hat. Nicht aus christlicher Nächstenliebe hat er es getan. Aller wirtschaftliche Zwang, aller politische Druck, der einen jungen Ägypter in die Wüste treiben konnte – mit einem Wort: alles, was nicht Sigmund Freud, sondern Karl Marx gern über die Wüstenväter wissen möchte –, liegt beschlossen in dieser knappen Bemerkung des Athanasius, daß Antonius seine 300 Aruren Land »den Dorfnachbarn schenkte«.

Aber lassen wir Karl Marx noch einen Augenblick in seinem Grab in Highgate ruhen. Ziehen wir mit Antonius, ganz allein, hinaus in jenes Wüstengrab bei Kome, in dem das göttliche Abenteuer des Fellachen beginnt.

4. Kapitel: Hollywood in der Wüste

»Andra moi enepe, Musa«, so beginnt Homer seinen Lobgesang auf die Abenteuerfahrt des Odysseus: »Preise mir, Muse, den Mann«. Männlichkeit zu preisen ist die Absicht nicht nur griechischer Poeten, sondern, genauso, griechischer Historiker. Athanasius ist ein Alexandriner griechischer Bildung. Wie Odysseus bei Homer in See sticht, so heldenhaft bricht bei ihm Antonius auf »in die große Wüste«.

Erste Etappe: Er bricht auf »zu den Gräbern, weit weg vom Dorf«. Einem seiner Freunde trägt er auf, ihm dorthin von Zeit zu Zeit Brot zu bringen. »Dann begab er sich in eines dieser Gräber, der Freund schloß die Tür, und Antonius blieb im Grab allein.«

Wohlgemerkt, der Freund schloß »die Tür«. Nicht »den Dekkel«. Jene mittelalterlichen Fresken, auf denen Antonius in einen Sarg steigt, setzen den Sachverhalt ins falsche Bild. Dies war kein abendländischer Sarg, sondern ein ägyptisches »Hypogäum«, ein Felsengrab, in der Regel mit mehreren, zumindest aber mit einem sehr komfortablen Zimmer. Das langentbehrte Einzelzimmer für den dörflichen Asketen!

Einzelzimmer mit Bedienung. Zwar will keiner mit ihm hinaus ins Reich des Bösen, doch immerhin verspricht einer seiner Freunde, ihn regelmäßig mit Brot zu versorgen. Mit »Brot« gemeint sind die kleinen ägyptischen Fladenbrote, heute noch die hauptsächliche, damals oft die ausschließliche Nahrung der Fellachen. Diese runden, festen, überaus nahrhaften Kornfladen läßt man trocknen. Sie sind dann so haltbar wie Knäckebrot, werden aber zum Essen aufgeweicht. Wenn also, wie zu vermuten, in der Nähe der Gräber Wasser war, so brauchte der Freund gar nicht oft zu kommen. Die Versorgung war gesichert.

Gesichert war vor allem das, was beim Abenteuer junger Einsamkeit vielleicht noch wichtiger ist als bei jedem anderen

Abenteuer: die Einschaltquote. Weiß »einer seiner Freunde« vom ersten Augenblick an, wo er steckt, so weiß es ganz Kome. Wollte der junge Ägypter Antonius, daß alle Welt alles erfahre über seinen heldenhaften Exodus aus der Welt hinaus, so war das Wüstengrab strategisch die perfekte Wahl.

Selbst wenn Archäologen gar nichts finden in einem Dorf wie Kome, bemerkt dazu der niederländische Historiker G. J. M. Bartelink, finden sie im Sand stets »Tausende von Amuletten«. Amulette gegen die Dämonen, die aus der Wüste Krankheit und Tod ins Dorf bringen. Die äußerste Grenze, bis zu der sich die Dörfler in ihrer Teufelsangst gerade noch getrauen, sind just die Gräber. Anderseits ist ein leerstehendes, ausgeraubtes Felsengrab gerade der Ort, wo die Dämonen der Wüste am wüstesten hausen. Wenn einer sich da hineinbegibt, ganz allein, dann kann er sicher sein, daß ihm als staunendes Publikum für seine einsame Heldentat das ganze Dorf folgt. Und wie sie sich jetzt haufenweise dem Felsengrab nähern, die Fellachinnen und Fellachen von Kome, wie sie, sich entsetzt festklammernd an ihren Amuletten, durch alle Spalten und Ritzen hineinspähen, werden sie Zeugen eines beispiellosen Spektakels:

Antonius im Kampf mit den Dämonen!

Warnung: Nicht nur die Fellachen von Kome hat der Dämonenkampf des heiligen Antonius fasziniert, sondern auch, mehr als ein Jahrtausend danach, die großen Meister der abendländischen Seele, zuerst Maler wie Hieronymus Bosch und Mathias Grünewald, später die Tiefenpsychologen, die Esoteriker. Um so dringender die Warnung, die schon in den zwanziger Jahren, mitten in der ersten esoterischen Hochkonjunktur, Karl Heussi ausgesprochen hat. Ausgerechnet er, der Protestant, der kritischste unter den Historikern der Wüstenväter, weist beschwörend darauf hin, daß es sich hier um Ereignisse handelt, die von vornherein falsch versteht, wer sie aus der physischen Realität ins Symbolische wegspiritualisiert. »Seine Dämonenkämpfe«, so Heussi wörtlich über Antonius, »sind sichere Tatsache.«

Spähen wir mit den Augen der Fellachen von Kome in das antike ägyptische Grab. Erleben wir mit, was dort ganz physisch geschieht.

So leichtes Spiel, dachten die Dämonen, hätten sie mit Antonius, daß sie einen strategischen Fehler begingen: Sie schickten zuerst den schwächsten vor. Der schwächste aller Dämonen sieht aus wie eine Frau. »An die Lende« griff dieser Dämon dem jungen Fellachen am hellichten Tag und »kitzelte ihn mit Wollust«, »so daß die Zeugen den Kampf sehen konnten«.

Dreister noch wurde der Dämon des Nachts: »In Gestalt einer Frau tat er alles, was eine Frau tut, nur um Antonius zu verführen.« Antonius aber, gestärkt durch Fasten und Gebete, blieb auch des Nachts derart gelassen, daß der Dämon »durch einen Jüngling dem Spott preisgegeben war«.

So laut war vor dem Felsengrab das Gelächter des Publikums, daß der Sex-Dämon »die Fassung verlor«. »Er duckte sich vor Angst und floh.«

Sex, nichts als Sex und somit nichts als Vorgeplänkel. Danach erst, für die Antike selbstverständlich, geht der eigentliche Kampf los. Das Eigentliche ist physische Gewalt.

»Wie Straßenräuber« hätten die Dämonen auf ihn eingebrüllt, so hat Antonius es selber geschildert. Doch der Lärm war nicht schlimm. Schlimm waren die Schläge. Niemals könnten Schläge von Menschen »solchen Schmerz im Körper« verursachen, sagte Antonius danach. Zweimal wiederholt er es: »somatikos«, »körperlich« sei dieser wahnsinnige Schmerz, den die Dämonen ihm zugefügt haben.

Aber kann er auch nicht mehr auf den Beinen stehen vor Schmerz, so greift Antonius doch, zerschlagen am Boden liegend, die Dämonen wenigstens mit dem Maul an: »Warum fallt ihr alle zusammen über mich her? Wenn ihr wirklich stark wärt, bräuchte doch nur einer zu kommen. Mit einem nehme ich es auf.«

»Er wird schon wieder frech!« schreit der Anführer der Dämonen. Und er gibt das Zeichen zum Generalangriff. Der erste

Dämon, mit der Fratze eines Löwen, brüllt, »als wolle er angreifen«. Der andere, wie ein Stier, »scheint mit den Hörnern zuzustoßen«. Eine gewaltige Schlange windet sich, tödlich züngelnd, auf Antonius zu, kommt aber, merkwürdig, im letzten Moment »nicht vom Fleck«. Hunde, Schakale, Wölfe springen ihm an die Kehle, bleiben aber, mitten im Sprung, »in der Luft hangen«. Um so grauenhafter fletschen sie die Zähne. Sie toben wie verrückt.

Antonius, obwohl »vor Schmerz des Körpers« halbtot, merkt plötzlich, was los ist mit den Dämonen. Das sind ja gar keine Bestien! Die toben nur so. Drum sind sie im entscheidenden Augenblick wie gelähmt. Durch das Felsengrab von Kome hallt das Triumphgelächter des jungen Fellachen: »So schwach seid ihr, daß ihr Tiere nachahmen müßt, um stark zu scheinen!«

In diesem Augenblick dringt durch das Dach des Felsengrabs der Lichtstrahl des Allmächtigen Gottes. Antonius blickt nach oben. »Wo warst du all die Zeit? Warum bist du nicht gleich zu Anfang erschienen, um meine Qualen zu beenden?«

»Ich war da, Antonius. Aber ich wollte zuschauen, wie du kämpfst. Jetzt, wo du standgehalten und gesiegt hast, werde ich dich berühmt machen in der ganzen Welt.« Als Antonius dieses göttliche Lob hörte, fährt Athanasius fort, »wurde er so stark, daß er richtig spürte, wie jetzt in seinem Körper viel mehr Kraft war als zuvor«.

Vom Gott der Nachmoderne wird erwartet, daß er auf der Seite der Schwachen steht. Da er dies nicht tut, zweifeln wir an seiner Existenz. Am Gott der Antike, ob heidnisch, ob christlich, brauchte niemand zu zweifeln. Denn er war, mit Lukans Worten gesagt, »ein Gott der Sieger«: »Victrix causa diis placuit«. Der Asket ist ein »athleta Domini«, seine »askesis« ist »Training« für den Sieg. Dem Sieger aber schenkt der souveräne Zuschauer des Welttheaters, Gott selbst, göttliche »Kraft im Körper«.

Aus allen Dörfern laufen die Fellachen zusammen, um ihn in der Wüste vor Kome zu feiern, Ägyptens neuen Helden, den jungen, starken Sieger über die Dämonen der Wüste. Sie laufen umsonst zusammen. Antonius ist verschwunden.

»Athlet Gottes«: Antonius im Kampf mit den Dämonen
(Tintoretto, 1577)

Nutzen wir den Augenblick ratloser Verwirrung, um die historisch-kritische Gretchenfrage zu stellen: Was um Himmels willen ist an alledem »sichere Tatsache«?

Neben »soma« (»Körper«) gibt es ein zweites griechisches Wort, das im Bericht des Athanasius den Dämonenkampf des Antonius beherrscht. Es heißt »phantasia«. Also alles nur Phantasie? Nein, eben nicht. Dies ist der epochale Unterschied: phantasia heißt in der Antike noch nicht (oder erst in seltenen Fällen) »Phantasie«. Noch heißt phantasia »Schauspiel«: Etwas, was ich physisch spiele, etwas, was mein Publikum mit Augen sieht.

Das Weltbild der Stiftung Warentest, das heute »Phantasie« und »Wirklichkeit« klinisch scheidet, gibt es in der Antike noch nicht. Es ist auch in der Moderne beschränkt auf die herrschende Wissensklasse Westeuropas und Nordamerikas. Von den Alten Griechen hat nicht einmal Aristoteles so gedacht. Die Alten Ägypter hätten das Erkenntnismodell der Stiftung Warentest für eine Geisteskrankheit gehalten.

Vor aller Augen, schreibt Origenes in »De Principiis«, sei die Welt der Pflanzen, der Tiere und Menschen so unerhört vielfältig, daß es Unsinn wäre anzunehmen, jenseits dieser Welt sei nichts als das blasse, langweilige Nichts. Der klare Verstand gebiete im Gegenteil die Annahme, daß die jenseitige Welt der Engel und Dämonen, ganz real, noch phantastischer ist als die diesseitige Welt der Pflanzen und Tiere.

Antonius war kein alexandrinischer Intellektueller, der so etwas denkt, sondern ein analphabetischer Fellache, der die Gegenwart der alten ägyptischen Dämonen noch als »phantasia« erfahren hat: als körperlich, sinnenhaft erlebtes »Schauspiel«. Genauso körperlich, wie Franz von Assisi die Wundmale Christi empfangen wird, genauso wirklich, so körperlich hat Antonius die Schläge der Dämonen eingesteckt. Als wirkliche »Vorstellung« im aufschlußreichen Doppelsinn des deutschen Wortes.

Ein viertausend Jahre altes Schauspiel war ja, mit all seinen Teufels- und Tierfratzen, das ägyptische Totengericht des Osiris, später, im Neuen Reich, der Zug des Sonnengottes durch das Totenreich des Amduat. Der französische Historiker Jacques Lacarrière hat die Dämonenfratzen, die über Antonius herfallen, mit den Dämonenfratzen im Totenreich des Amduat verglichen. Es sind die gleichen.

Wie eine deutsche Esoterikerin, so ernst nimmt der französische Althistoriker den altägyptischen Totenkult. Warum eigentlich? So viel esoterischen Ernst brachte schon in der Antike nicht alle Welt auf. Die Griechen sicher nicht. Als »Pyramiden«, das heißt übersetzt als »Donuts«, verspotteten sie die gigantischen Totenburgen der Ägypter. Die Säulen des Totenkults verlachten die Griechen gar als »Obelisken«, das heißt als »Schaschlik-Spieße«.

Die altägyptische Totenwelt ist in der Tat von jenem tragischen Ernst, den die deutsche Esoterik, seelenverwandt, noch im 21. Jahrhundert darin suchen wird. Dafür ist es aber ein bißchen spät. Im 3. Jahrhundert schon, im Dämonenkampf des Antonius, mutiert mit dem Christentum das altägyptische Spektakel von der heidnischen Tragödie zur dantesken Commedia. Stellenweise schon zur modernen Comedy.

Im Jahr 391 geschah in Alexandrien etwas Maoistisches: Angeführt von ihrem Patriarchen Theophilus brachen die Christen ein in den großen Tempel des Serapis. Doch als sie die hundert Stufen emporgestürmt waren, als sie in ihrer menschlichen Winzigkeit vor der gewaltigen Statue des Totengottes standen, erfaßte sie ein altägyptisches Entsetzen. Wie gebannt blieb die christliche Horde vor dem Heidengott stehen.

Theophilus als einziger verlor die Fassung nicht. Einem Soldaten gab er den Befehl, eine Leiter an die Statue zu lehnen und genau das zu tun, was im 20. Jahrhundert noch einmal Maos Rote Garden in den Tempeln Tibets tun werden: dem Götzen den furchterregenden Kopf zerhacken. Niemand hatte damit gerechnet, daß mit der Statik der kolossalen Statue etwas nicht stimmen könnte. Mit gewaltigem Krachen stürzte Serapis, noch bevor sein Kopf zerhackt war, um. Aus dem Innern des zerbrochenen Gottes aber kam, in einer Staubwolke panisch das Weite suchend, ein Heer von Ratten gestürzt.

Tragisch ist das Schauspiel der Religion, solange sie mächtig ist. Wenn sie untergeht, wird es zur Komödie. »Auf daß«, wie Karl Marx sagt, die Menschheit »heiter von ihrer Vergangenheit scheide«.

Doch »phantasia« bleibt die Religion bis zum Schluß. Hundert Jahre vor dem Tempelsturm von Alexandrien hat in dem Grab bei Kome ein junger Fellache alle Dämonen Ägyptens in grandiosem Spektakel herausgefordert. Physisch hat er mit ihnen gekämpft. Im »körperlichen Schmerz« hat er die viertausendjährige Macht der Dämonen noch einmal erlitten. Wie Cäsar die besiegten Fürsten Galliens hat er sie vorgeführt. Als antiker Triumphator.

Frage nur, wo ist er, der Triumphator von Kome? Halb Ägypten ist auf den Beinen, um ihn in seinem Felsengrab bei Kome zu feiern. Sie suchen ihn umsonst. Der Held ist verschwunden.

Nicht ganz spurlos. Um Antonius zu finden, brauchen wir nur erneut der Knäckebrot-Spur zu folgen. »Einer seiner Freunde«, natürlich mit einem Sack voll Brotfladen, hat ihn im Boot über den Nil gesetzt. Von dort ist er aufgebrochen in die östliche Wüste. Der Freund mit ihm. Bald wird es ganz Ägypten wissen: In den Wüstenbergen hinter Pispir, nicht weit von der heutigen koptischen Wallfahrtskirche Deir-el-Maimun, steckt Antonius »in einem verlassenen Kastell«.

Das ist die übliche, wohlwollend noble Übersetzung. Doch ist es unwahrscheinlich, daß die römischen Legionen in den Wüstenbergen ein veritables Fort gebaut haben, um es dann, schlüsselfertig für den heiligen Antonius, zu verlassen. Bei dem »Kastell« in der Wüste kann es sich – wir werden noch sehen warum – um nichts anderes gehandelt haben als um eine verlassene Räuberburg. Auf jeden Fall um eine geräumige, solid ummauerte Anlage. Mittendrin, im Hof, das wichtigste: die eigene Quelle. »Er aber verriegelte das Tor, nachdem er, wie es Sitte ist bei den Thebanern, Brot eingelagert hatte für ein halbes Jahr.«

Keinen ließ er mehr herein. Selbst seine engsten Freunde durften ihm Nachschub nur »durch ein Loch im Dach« hereinreichen. Um so gewaltiger wuchs die Menge, die, nach langem Marsch durch die Wüste, vor dem verrammelten Tor der Einsiedelei erwartungsvoll lagerte. Und was sie sahen, »Tag und Nacht« durch Ritzen, Spalten, Löcher, entschädigte sie für alle Strapazen des Anmarsches. Dies war, vor der Zeit, Hollywood in der Wüste.

Siehe, sie sahen Legionen von Dämonen in schimmernder römischer Rüstung aufmarschieren zur nächtlichen Schlacht. Antonius aber, ganz allein, hielt der höllischen Armee unerschrocken stand. Dann wieder sahen sie Scharen von Dämonen, die scheinheilig mit kleinen Lämpchen durch die Einsiedelei irrlichterierten, als wären sie eine fromme Lichterprozession. Antonius aber, ganz allein, betete unbeirrt weiter. Ein anderes Mal brachen die Dämonen als wüster Teenagerhaufen über die Einsiedelei herein, singend, johlend, klatschend, tanzend. Antonius, mittendrin, blieb, ganz allein, die Ruhe selbst.

Nur wenn das Publikum draußen vor der Mauer, auf der Mauer, oben auf dem Dach der Einsiedelei in Panik gerät, kommt Antonius und mahnt, durch das Tor, zu Vernunft. Antonius als Tiefenpsychologe vor der Zeit: »So führen sich Dämonen auf, wenn man Angst vor ihnen hat.«

Am meisten Angst hat das Publikum vor dem Satan selbst. Als schlagwütige Dumpfbacke tritt er in der Einsiedelei bei Pispir auf. Als altägyptischer Neonazi. Antonius versetzt ihm eine schallende Ohrfeige. Da fällt er jammervoll in sich zusammen. Im selben Augenblick gibt er allerdings zu erkennen, daß er nicht der Satan selbst ist, sondern nur eine seiner Attrappen. Der Satan, laut Athanasius, wörtlich zu Antonius: »Die Christen sollten etwas achtgeben und mich nicht so grundlos verleumden.«

Hollywood in der Wüste. Reality-TV vor der Zeit. Comedy ist auch dabei. Mit einem Wort: echte Religion. Religion als körperlich erlebtes, mit Sinnen wahrgenommenes Spektakel. Die großen deutschen Historiker, von Adolf von Harnack bis zu Karl Heussi, haben sich alle gewundert, daß ein so nobles Erzeugnis weltstädtischer Hochkultur wie die christliche Askese beim »Durchsickern« (Heussi) aus Alexandrien hinab »in die unterste Klasse der christlichen Bevölkerung« (Harnack) eine so spektakuläre Entwicklung nehmen konnte. Wir brauchen uns da nicht mehr so zu wundern. Inzwischen haben wir analog erlebt, wie die ganze europäische Hochkultur »durchgesickert« ist in die amerikanische Provinz, um dort nicht nur, zweifellos, vulgär zu werden, sondern, zu gleicher Zeit auch, viel kräftiger, schöpferischer als jene blasse hochkulturelle Vorlage, die wir nach Amerika geliefert haben.

In jedem populären Spektakel, im athletischen Spektakel besonders, ist das wichtigste der Sieger. Wer kennt Origenes noch, den blendendsten Intellektuellen des 3. Jahrhunderts? Wer kennt noch seine genialen Schriften über Engel und Dämonen? Wer weiß noch etwas von seiner weltstädtischen Barfüßer-Askese? Origenes ist vergessen. Der Kastrat von Alexandrien war kein Held.

Der Held des ägyptischen Volkes heißt Antonius. Helden sind dazu da, daß man sie feiert. Als Antonius sich immer weiter hinter den Mauern seiner Einsiedelei verschanzt, als er Menschen, die tagelang am Tor klopfen, bitten, betteln, beharrlich nur zur Auskunft gibt, er wolle nichts weiter als allein sein und seine Ruhe haben, Ruhe vor Besuchern wie vor Dämonen, verliert das Volk die Nerven. Mit Gewalt stürmen die entfesselten Pilgerinnen und Pilger die Einsiedelei von Pispir.

Das Tor bricht zusammen. Antonius tritt hervor. Und alle weichen jäh zurück. So unverhofft ist die Erscheinung. Einen Übermenschen, an dem nach langem Fasten und Alleinsein, nach endlosen Dämonenkämpfen nichts Menschliches mehr sei, einen Sieger wohl, doch einen, der nach titanischer Anstrengung am Ziel erschöpft zusammenbricht, so etwas hatten alle erwartet. Was uns betrifft, so erwarten wir den irren Antonius des Hieronymus Bosch, zumindest den gemarterten Antonius des Mathias Grünewald auf dem Isenheimer Altar in Kolmar.

Es ist das reine Gegenteil. In Antonius von Ägypten erscheint den Zeitgenossen der vollkommene Athlet. »Als sie ihn jetzt erblickten«, schreibt Athanasius, »staunten sie. Denn sie sahen, daß seine körperliche Verfassung gleichgeblieben war wie stets. Keineswegs war er dick geworden wie ein ›agymnastos‹ (einer, dem Bewegung fehlt), und genausowenig war er durch das Fasten oder durch den Kampf gegen die Dämonen abgezehrt. Nein, er sah so aus, wie sie ihn gekannt hatten, bevor er aus dem Dorf weggezogen war. Auch sein seelischer Zustand war unbeeinträchtigt, weder vergrämt war er, noch ausgelassen, weder niedergeschlagen noch krampfhaft lustig. Als er die Menge sah, beeindruckte ihn das überhaupt nicht. Es bereitete ihm auch keine besondere Genugtuung, daß ihm so viele Leute zujubelten. Im Gegenteil, er blieb ganz er selber, wie ein Mensch, den der Verstand regiert und der im Einklang lebt mit der Natur.«

5. Kapitel: Das duale System des heiligen Antonius

Wer Gelegenheit gehabt hätte, im Jahr 313 von Pispir am Nil ostwärts zu wandern, durch die Wüstenberge hinauf zur Einsiedelei des heiligen Antonius, der hätte sich gewundert. Schließlich kommt das Wort »Eremit« von »eremia«. Das heißt auf griechisch »Wüste« und »Einsamkeit«, beides zugleich. Und zweifellos war um die Einsiedelei des Antonius Wüste. Doch Einsamkeit war dort so wenig wie heute um die Antoniushöhle am Roten Meer. Hinter Pispir sei die Einöde, schreibt Athanasius wörtlich, »verstädtert«.

An allen Berghängen ringsum lagern die unabsehbaren Scharen der Antonius-Fans. Von »jungen Frauen« wird berichtet, die keine Strapaze gescheut haben, um einen Blick zu werfen, und sei es »nur von fern«, auf jenen Mann, den unzählige Menschen im ganzen Römischen Reich bereits als »stella deserti« verehren, als »Star der Wüste«. Und wenn es ihnen gelungen war, einen Blick von ihm zu erhaschen, vom »Stern der Wüste«, »und sei es nur von fern«, dann wollten manche von keinem Mann mehr etwas wissen, »obwohl sie schon Freier hatten«.

Mitten in dem begeisterten Getümmel, von ihren Familien durch die Wadis hochgeschleppt und hochgebuckelt, die Kranken und die Krüppel, die Schwermütigen und die Verrückten. Alle hergetrieben von der irren Hoffnung, den Helden berühren zu dürfen, der die Dämonen besiegt hat, und mit den Dämonen alles Siechtum, allen Wahnsinn Ägyptens.

Das Erstaunlichste an dieser Wüstenstadt um die Einsiedelei bei Pispir, berichtet Athanasius, sei die Stimmung gewesen. Eine Stimmung von paradiesischer Heiterkeit. Und er nennt für die göttliche Laune einen unerwartet weltlichen Grund: »Da wurde keiner vom Steuereintreiber geplagt.«

Horch, was war das? Das war Karl Marx. Zum zweiten Mal hat er sich umgedreht in seinem Grab. Daß da kein römischer Steuereintreiber war weit draußen in der Wüste, ist das vielleicht jenseits aller Frömmigkeit der höchst materielle Grund, warum eine ganze Generation von Ägyptern, hinter Antonius her, aus den Dörfern am Nil hinausgeflohen ist in die Wüste?

In Höhlen und in Hütten, in Felsspalten und Erdlöchern hausen sie im weiten Umkreis der Einsiedelei, Hunderte zuerst, dann Tausende von Männern. Die Jünger des Antonius. Sie sind die eigentlichen Bürger der Wüstenstadt. Nach seinem Vorbild wollen sie alle »Eremiten« werden. Oder besser: »monachoi«. Dieses Wort »monachos«, das eigentlich nur »Single« heißt, gewinnt hier unversehens und zum ersten Mal in der Wüstenstadt bei Pispir jenen Wortsinn, den, davon abgeleitet, unser deutsches Wort »Mönch« gewonnen hat: Männer, die gemeinsam einsam sind. Gemeinsam in der Einsamkeit sind sie göttlich guter Laune.

Und dann die Katastrophe. An einem Morgen des Jahrs 313, in aller Frühe, von Mund zu Mund die Hiobsbotschaft: Der Mann, an dem der ganze wimmelnde Betrieb in der Wüste hängt, den sie alle »Abba« nennen, »Vater« Antonius ist aus der Mitte all der Menschen, die ihn bewundern, spurlos verschwunden.

Über die Gründe hat er sich später erstaunlich freimütig geäußert. Die Menge in Pispir habe »Dinge verlangt, die meine Kraft übersteigen«. Den einen oder andern hat er wohl heilen können. Doch dem Wunderglauben der Menge war selbst die Wunderkraft des Antonius auf die Dauer nicht gewachsen.

Vor allem habe er sich »belästigt gefühlt durch die vielen Leute und daran gehindert, in der Abgeschiedenheit nach seiner eigenen Art zu leben«. Am aufschlußreichsten aber ist der dritte Grund, den Antonius selber nennt: Er habe die Gefahr gespürt, »sich selber wichtig machen zu wollen«.

Dies dürfte die eigentliche Gefahr gewesen sein. Wohl ist Ägypten ein Land, in dem alle sehr viel reden. Aber selbst für ägyptische Verhältnisse hat Antonius der Einsiedler zuviel geredet. »Er führte viele Gespräche«, »er besaß die Gnadengabe der Rede«, solche Sätze mehren sich in den Berichten aus Pispir. In den endlosen Reden, mit denen der in die Jahre kommende Einsiedler dem gaffenden

Volk, den staunenden Jüngern alles über seine Siege im Kampf mit den Dämonen ewig neu zum besten gibt, fehlen nicht einmal Wendungen wie »Ich wollte jetzt eigentlich zum Schluß kommen«.

»Fleeing from fame«, schreibt Chitty, sei Antonius aus seiner Einsiedelei erneut geflohen. Nichts zieht ja den Ruhm so an wie die Askese. Denn sie ist Training für den Sieg. Doch so gewiß er dem Sieg folgt, so gewiß macht der Ruhm die Askese im Kern zunichte. Je mehr einer redet, je mehr er sich aufspielt vor der Menge, desto weniger ist er »secum«, »bei sich«. »Fleeing from fame«? Mehr als die Zudringlichkeit der Menge ist es die eigene Geschwätzigkeit, die überzogene Heldenrolle, vor der Antonius ein letztes Mal hinausflieht in die Wüste.

Nach Knäckebrot-Spuren im Sand brauchen wir diesmal nicht Ausschau zu halten. Die letzte Einsiedelei des heiligen Antonius kennen wir schon. Es ist jene Höhle über dem heutigen Antoniuskloster, am Berg Kolzim, an deren Eingang sich die Massen moderner Antonius-Fans drängen. Drei Tage und drei Nächte ist Antonius ostwärts durch das Wadi Araba einer Beduinenpiste gefolgt, etwa da, wo heute die Autostraße verläuft. Arabische Nomaden haben ihm zuerst, unten, die Quelle gezeigt, und dann den Weg hinauf zu der Höhle.

Hier läßt er sich nieder. Er genießt die göttliche Ruhe. Die äußere Ruhe und, zum ersten Mal seit vielen Jahren, jene innere Ruhe, die das Ziel aller Askese ist. »Hesychia« haben die Wüstenväter die Ruhe des Menschen genannt, der »bei sich« ist. »gelazzenheit der zêle« wird, in der Nachfolge des Antonius, Meister Eckhard übersetzen. Mit sich selber allein in der Wüste von Kolzim, schreibt Athanasius, »ergötzte sich Antonius an der Schau der göttlichen Dinge«.

Jahre danach, so berichtet Evagrius Ponticus, habe ein Gelehrter aus Alexandrien versucht, sich im Gespräch mit Antonius über die Wüsteneinsamkeit lustig zu machen. Wie er das überhaupt ausgehalten habe? Einsamkeit sei ja gewiß schön für einen, der sie nutzen könne, um Bücher zu lesen. Aber für einen Analphabeten, der nicht einmal die Bibel lesen könne? Antonius verstand die Frage nicht. Doch als sie ihm ins Koptische übersetzt wurde, sah er erstaunt auf: »Mein Buch ist die Physis der geschaffenen Dinge. Wenn ich Gottes Wort lesen will, brauche ich nur hinzuschauen. Offen liegt es vor mir jederzeit.«

Die Wüste, jahrtausendelang Ort aller ägyptischen Höllenängste, hat sich im Lebensweg eines einzigen Mannes verwandelt in das neue Paradies, das Isaias prophezeit: »Die Wüste und die Einöde werden lustig sein« (Isaias 35, 1).

Bei Tage läßt er den Blick hinausschweifen über die Hochebene von Galala bis hin zum Roten Meer. Des Nachts schaut er hinauf zum ungeheuren Sternenhimmel über Ägypten. »Und wie von Gott bewegt, begann Antonius den Ort zu lieben.«

Da! Im Nordwesten sind am Horizont ein paar Punkte aufgetaucht. Die Punkte werden größer. Es ist eine Karawane aus Pispir. Der heilige Antonius ist entdeckt. Fängt jetzt, rund um die Einsiedelei von Kolzim, der gleiche Disneyland-Betrieb wie zuerst bei Kome und danach in Pispir von vorne an? Im Osten ist ja schon das Meer zu sehen. Noch weiter nach Osten fliehen kann Antonius nicht.

Not macht erfinderisch. In seiner Not erfindet Antonius, tief in der Wüste Ägyptens, das System der dualen Einsamkeit.

Es handelt sich um ein sorgfältig geregeltes Shuttle-System zwischen den beiden Einsiedeleien von Kolzim und Pispir. Die Hälfte des Jahres lebt Antonius weiterhin in seiner Höhle über dem Roten Meer. Diesen Ort tiefer Ruhe und Einsamkeit nennt er seine »innere Einsiedelei«. Ein halbes Dutzend Jünger, die sich unten an der Quelle in Hütten niedergelassen haben (da, wo jetzt das Antoniuskloster steht), versperren jedem, der zu ihm will, den steinigen Pfad. Es sind aber gar nicht so viele, die den strapaziösen Treck bis nach Kolzim unternehmen. Alle Welt weiß: Es dauert nicht mehr lange, dann kommt der heilige Antonius von selber. Herunter nach Pispir kommt er, in seine »äußere Einsiedelei«. Dort, dem Niltal viel näher, verbringt er die zweite Hälfte des Jahres. Mitten unter

Der Eingang zur Antoniushöhle

den Fans, unter den Jüngern. Als »stella deserti«, als »Star der Einsamkeit«. Als Disney-Einsiedler zum Anfassen.

Aus Spanien, aus Gallien, aus Rom wollen so viele den »Star der Einsamkeit« anfassen, daß sich zu Schiff auf dem Nil, zu Kamel in der Wüste, um die Einsiedelei von Pispir eine blühende touristische Industrie entwickelt. Seit auch in Alexandrien, ein paar Jahre nach dem Toleranz-Edikt von Mailand (313), die Diskriminierung der Christen aufgehört hat, sitzen die römischen Kommandanten, die hohen Richter Ägyptens in Pispir der Reihe nach Antonius zu Füßen. Das ganze asketische Milieu der Hauptstadt kommt barfuß nilaufwärts gesegelt. Schließlich wird sogar, wie Hieronymus berichtet, zwischen Aphroditopolis und der Einsiedelei des heiligen Antonius eine reguläre Kamelpost-Linie eingerichtet. Wenn er in seiner »äußeren Einsiedelei« ist, tut Antonius von morgens bis abends alles für alle Welt. Soweit geht die Geduld des großen Asketen, daß er sogar eine syrische Dame heilt, »die durch übertriebene Askese heftig an Bauchweh und Seitenstechen litt«.

Nach aller anderen Prominenz kommt auch der Patriarch von Alexandrien höchstselbst angeritten. Athanasius der Große besucht Antonius den Großen. Das ist eine Männerfreundschaft auf den ersten Blick. »Pollakis«, »oftmals« hat der berühmte Bischof nach eigenem Bekunden dem berühmten Einsiedler seine Aufwartung gemacht. Bis zum Schluß der heilige Antonius dem heiligen Athanasius, als einzigartiges Unterpfand christlicher Männerfreundschaft, den eigenen Schafspelz schenkte.

Ruhm hat einen hohen Preis. Bedenklich fällt auf, daß die Reden des Antonius, als er über neunzig war, angstvoll um ein einziges Thema kreisten. Das ist die Beerdigung berühmter Christen.

Ägyptischen Bischöfen, die ihm gruppenweise ihre Aufwartung machten, hielt er zu dieser Frage eindringliche Stegreif-Predigten. Familienmütter aus Alexandrien, die in langen Karawanen zu ihm gepilgert kamen, schalt er streng: Noch immer würden Christen unten in Ägypten nicht »nach der Sitte der katholischen Kirche« in Gräber gelegt, sondern nach altägyptischem Aberglauben einbalsamiert und als Mumien würdelos zur Schau gestellt. Daß dies von christlichen Familien mit den eigenen Angehörigen so getrieben werde, sei schlimm genug. Der eigentliche Skandal aber sei, daß sogar Heilige, Märtyrer zum Beispiel in Alexandrien, kaum waren sie hingerichtet, von Mitchristen als Mumien einbalsamiert und ausgestellt worden seien.

Seine Angst stieg, als Boten aus Byzanz in Pispir erschienen. Mit Briefen, in denen zuerst Kaiser Konstantin persönlich, dann auch seine beiden Söhne, die Augusti Konstantius und Konstans, Antonius die Reverenz erwiesen. »Er schenkte aber den kaiserlichen Schreiben keine große Wertschätzung, noch machten ihm die Briefe besondere Freude.«

Aus gutem Grunde nicht. Schon hatte Kaiserinmutter Helena, die verruchte Schankwirtin, das Grab Jesu Christi in Jerusalem geplündert, und alles, was sie dort märchenhafterweise fand, im Namen der neuen Staatsreligion als »Reichsreliquien« nach Byzanz verschleppt. Helena war inzwischen, gottseidank, tot. Aber das Sammeln von Reichsreliquien ging in Konstantinopel mit gewaltigem politischem Eifer weiter. Was hätte die Byzantinerinnen und Byzantiner mehr begeistert als ein Mumien-Schiff aus Alexandrien mit dem weltberühmten Antonius als einbalsamierter »Reichsreliquie«?

Antonius besaß die Gabe der Prophezeiung. Er konnte sich die Fortsetzung vorstellen: wie er nach jahrhundertelangen Irrfahrten, einbalsamiert, im »Britischen Museum« gelandet wäre, wenn nicht, schlimmer noch, in der »Stiftung preußischer Kulturbesitz«.

Seine engsten Jünger ließ er zu sich rufen in die innere Einsiedelei: »Es wird Zeit, daß ich aus dem Leben scheide, ich bin schon fast 105 Jahre alt.« Alle weinten, keiner wollte es glauben, doch er blieb dabei: »Ich gehe jetzt den Weg der Väter. Wenn ihr mich liebt und an mich denkt wie an einen Vater, dann laßt nicht zu, daß irgendwelche Leute meine Leiche nach Ägypten bringen, um sie womöglich auszustellen.« Alsdann ordnete er an, daß zwei Jünger seinen Leichnam noch weiter hinaus in die Wüste schaffen und ihn dort draußen heimlich bestatten sollten. Persönlich mußten ihm die beiden auf ihr Seelenheil versprechen, daß sie das Wissen, wo seine Gebeine begraben lägen, ins eigene Grab mitnehmen würden.

Vermutlich schon nicht mehr in Pispir, sondern in der Einsamkeit von Kolzim hat auch Athanasius seinen Freund ein letztes Mal besucht. Während man ihm sonst das biblische Alter durchaus angesehen habe, berichtet er, sei das Gesicht des Eremiten bis zum Schluß von fast jugendlicher Frische geblieben. Am auffallendsten waren die Zähne: »Nicht ein einziger Zahn war ihm ausgefallen. Nur das Zahnfleisch war, des hohen Alters wegen, bis hinter die Zahnhälse geschwunden.«

Das ist der Segen vegetarischer Ernährung. Allerdings war die asketische Diät des Antonius im Alter nicht mehr so streng. Die beiden Jünger, die sich in Kolzim um ihn kümmerten, brachten ihm, zum Fladenbrot hinzu, auch Oliven und Öl, Bohnen und, aus einem an der Quelle angelegten Garten, frisches Gemüse.

Eines hat Athanasius, dem noblen Alexandriner, an der Erscheinung seines plebejischen Freundes bis zum Schluß mißfallen. Die Füße. Denen, schreibt er, habe man wirklich angesehen, daß Antonius sie ein Jahrhundert lang »nicht ein einziges Mal gewaschen hatte«.

Der ganze römische Erdkreis bewunderte ihn. Unzählige eiferten ihm nach. Doch als der »Patriarch der Eremiten«, der »Mönchsvater des Westens«, im Jahr 351 in seiner einsamen Wüstenhöhle über dem Roten Meer starb, war niemand zugegen.

Er hinterließ keine Regel. Sein Grab ist unbekannt.

6. Kapitel: Die heiligen Verbrecher

Die drei Palmen waren das erste, was jeder zu sehen bekam. Ob er selber Wüstenvater werden oder ob er die Einsiedler draußen in der Wüste nur besichtigen wollte, an den drei Palmen mußte jeder vorbei, der aus Alexandrien kommend südwärts aufbrach in die nahe Nitrische Wüste. Oh, die drei Palmen von Nitria!

An jeder der drei Palmen hing, weithin sichtbar, eine gewaltige Peitsche. Peitsche No. 1 war bestimmt für Wüstenväter, die ihren Brüdern Ärgernis gegeben hatten. Peitsche No. 2 war für Räuber, die einen Wüstenvater in der Einsamkeit überfallen hatten. Und Peitsche No. 3? »Die dritte Peitsche, o Fremdling, ist für dich!«

Fest mußte der Missetäter mit beiden Armen die Palme umschlingen. Dann prasselten die Geißelhiebe auf seinen nackten Rücken nieder. Erst wenn die Züchtigung vorbei war, durfte er die Palme wieder loslassen, war dann allerdings losgesprochen und konnte, ob Einsiedler, Räuber oder Greenhorn, seiner Wüstenwege gehen wie zuvor.

Nicht umsonst sprechen angelsächsische Historiker von Nitria als dem »Gateway to the Desert«. So sehr gleichen die antiken Schilderungen der Szene in Nitria dem Betrieb in Cactus Junction, Sioux City oder irgendeinem anderen Gateway zu Amerikas Wildem Westen.

Aber besuchen wir zur Einstimmung nicht weit von der antiken Stätte der Drei Palmen das koptische Kloster Deir al-Baramus. Vor dem Reliquienschrein des heiligen Moses knien dichtgedrängt die christlichen Familien aus den nahen Städten Kairo und Alexandrien. »Würdig bist du«, singen Väter, Mütter, Kinder, »würdig, würdig, würdig, heiliger Moses!«

Den würdigen Moses persönlich gekannt hat der antike Reiseschriftsteller Palladius. »Um zeigen zu können, wie rühmlich die Bekehrung von Vater Moses war«, schreibt er, »bin ich allerdings gezwungen, auch von seinen Schandtaten zu berichten.«

Moses von Äthiopien wurde er genannt. Daß er, wenn er aus seiner Einsiedelei zu den Drei Palmen kam, die Blicke aller auf sich zog, lag weniger an seiner schwarzen Hautfarbe, als vielmehr an seiner gigantischen Größe und Muskelkraft. Sklave eines ägyptischen Beamten war Moses gewesen, hatte sich aber in dem vornehmen Haushalt derart frech aufgeführt, daß ihn sein Herr auf die Straße jagte. So wurde der künftige Familienpatron Straßenräuber. Nach ein paar Jahren treffen wir ihn wieder, wie er als Kommandant einer besonders erfolgreichen Räuberbande vor seinen staunenden Kumpanen eine Amphore mit 18 Sektar Wein – das sind gut neun Liter – auf einen Zug leert. »Infolge irgendeines Umstandes«, fährt Palladius fort, wurde Moses jedoch »von Reue ergriffen«.

Diesen »Umstand« präzisiert Johannes Kassian, ein römischer Schriftsteller, der sich, ähnlich wie Palladius, selber in der Nitrischen Wüste umgesehen hat: Dem künftigen Familienheiligen Moses seien die Gerichtsbehörden auf den Fersen gewesen. »Wegen Mordes.«

Jetzt also saß er, von Reue erfüllt, in einer der vielen Kalkhöhlen der Nitrischen Wüste, trank zur Buße nichts mehr als das brackige Wasser der nitrischen Quellen und betete täglich fünfzigmal um Verzeihung seiner Sünden. Den Frieden seiner schwarzen Seele fand Moses dennoch nicht. Zu sehr plagten ihn, der vielen Lastern gehuldigt hatte, in der Einsamkeit »Traumbilder der porneia«.

Räuberhauptmann Moses war gerade ins asketische Reuegebet versunken, als urplötzlich vier grimmige Gestalten über ihn herfielen. War es die Polizei? Nein. Es waren Kollegen: vier andere, noch nicht bekehrte Räuber, welche die Höhle des Äthiopiers plündern wollten.

Mit gewaltigen Fausthieben schlug Wüstenvater Moses die vier Räuber einen nach dem andern k.o. Dann schnürte er die Bewußtlosen, alle vier, zu einem einzigen Paket, das er auf seinen riesenhaften Schultern zu den Drei Palmen trug und dort, unter der mittleren Peitsche, behutsam zu Boden setzte.

Als die vier Räuber wieder zu sich kamen und erfuhren, daß sie von keinem Geringeren k.o. geschlagen worden waren als von dem berühmten Hauptmann Moses, »priesen sie Gott«. So lange bestürmten sie ihn mit Bitten, bis er sich väterlich erweichen ließ und sie aufnahm in seine Einsiedelei. Als seine Jünger.

Bald sammelte sich aus ganz Ägypten ein Publikum unter den Drei Palmen von Nitria, das gewiß der Bekehrung besonders bedurfte, dem aber nicht jeder Fromme gern um Mitternacht unter Palmen begegnen würde. Alle wollten sie zu Vater Moses persönlich. Damit er sie aufnehme in seine fromme Bande bekehrter Räuber. Bis zum Schluß vor der Höhle des Äthiopiers Tag und Nacht aus 75 reuevollen Räuberhälsen die Psalmen der Busse in rauhem Chor zum Himmel schollen.

Bevor wir uns tiefer in diese gefährlichste aller Wüsten wagen, kurz ein bißchen Geographie. Mit »Nitrische Wüste« ist, stark vereinfacht, die gesamte Salzwüste gemeint, die einst südwestlich ans Nildelta grenzte und heute von der Autobahn Alexandrien-Kairo quer durchschnitten wird. Die antiken Berichte unterscheiden hier noch drei Wüsten (»Nitria«, »Kellia« und »Sketis«), die es aber alle drei nicht mehr gibt, seit in den letzten Jahren Trabantenstädte und Slums aus dem übervölkerten Delta immer tiefer in diese Wüste vorgedrungen sind. Bis auf einen schmalen Rest hinter dem Kloster Deir al-Suriani haben sie die einst faszinierend wilde Landschaft unwiederbringlich zerstört. Daß vorher noch zahlreiche Spuren der frühchristlichen Einsiedlerkolonien gesichert werden konnten, ist das Verdienst schweizerischer Archäologen.

Eine genaue Ortsbestimmung konnte auch bei diesen Grabungen nicht gelingen. Ähnlich wie bei der »verstädterten Wüste« um die »Äußere Einsiedelei« des Antonius handelt es sich nämlich auch hier um eine immense Streusiedlung von Eremiten, deren Zahl Rufin im Jahr 373 auf dreitausend schätzt, Palladius etwas später auf fünftausend, und deren Höhlen oder Hütten nach Süden hin in einem Radius von etwa 120 Kilometern so unübersehbar zerstreut lagen, daß den antiken Chronisten, mangels Flugzeug, eine präzise Übersicht gar nicht gelingen konnte.

Fest steht, daß der Zugang (»Gateway«) zu dieser weiten Streusiedlung, also das eigentliche Nitria mit den drei Palmen, nahe bei der heutigen Stadt Damanhur lag und in der Antike über einen Nil-Arm mit dem Boot von Alexandrien her bequem erreichbar war. Das ist der Grund, warum wir über die nitrischen Wüstenväter ungleich mehr Berichte haben als über die antonianische Einsiedler-Szene am mittleren Nil, die viel weiter von Alexandrien entfernt lag. Die nitrische Szene ist es vor allen Dingen, die sich in den besten Quellen über das Leben der Wüstenväter, in den frühen Anekdoten der »Apophthegmata Patrum«, der »Vätersprüche«, anschaulich spiegelt.

Brechen wir, mit den »Vätersprüchen« unterm Arm, von den Drei Palmen südwärts auf, so gelangen wir auf der meistbegangenen Piste zuerst zur Einsiedelei des heiligen Apollo. Jedem, der ihn in seiner Einsamkeit besuchte, fiel Apollo zu Füßen, als »huldige er Gott selbst«. Wie ein Hirte für seine Schafe sorgte Apollo für seine Gäste. War er doch einst in der Welt nicht Straßenräuber von Beruf gewesen wie der heilige Moses, sondern Schafhirte. Auf den ersten Blick also ein harmloser Mensch.

Aber nur auf den ersten Blick. Als der Hirte Apollo nämlich im Alter von vierzig Jahren bei seinen Schafen auf dem Felde stand, kam eine Frau des Weges. Apollo sah, daß sie hochschwanger war. Da, so beichtete er später seinen Brüdern, habe ihn die Neugier gepackt. Nicht Bosheit, sondern einfach Neugier: »Ich will sehen, wie ein Kind im Mutterleib liegt.« Aus lauter Neugier schlitzte Apollo der schwangeren Frau den Bauch mit seinem Hirtenmesser auf. »Und auf der Stelle pochte ihm das Herz.«

Es pochte dem Hirten Apollo so sehr, daß er seine Herde im Stich ließ und stracks in die Salzwüste floh. Noch einmal vierzig Jahre hat er dort in strenger Buße gelebt. »Und war er auch sicher, daß Gott ihm seine Sünden vergeben habe, selbst die mit jener Frau, so blieb ihm doch, des Kindes wegen, die letzte Gewißheit versagt.«

Mehr Zulauf als der Ripper Apollo hatte in der nächsten Einsiedelei der heilige Poimen. Der galt als Meister einfühlsamer Seelenführung. Fast zweihundert »Vätersprüche« zeugen von seiner überlegenen Psychologie. Neuerdings wird er als Vorläufer der Psychoanalyse gefeiert. Einem Bruder, der im Kampf mit den Dämonen vielfach unterlegen war, gab Poimen nämlich den verblüffenden Zuspruch: »Dich bekriegen die Dämonen? Sie kämpfen nicht mit uns, solange wir unseren Willen tun. Denn unsere Gelüste sind die Dämonen.«

Sigmund Freud vor der Zeit? Nein. Auch für Poimen, er sagt es ausdrücklich, sind die Dämonen wirkliche, von der bedrängten Seele unabhängige Personen. Doch gibt es, nach seiner Ansicht, Dämonen, die in die verwahrloste Seele so eindringen, daß sie bestimmte Wollungen oder Gelüste im eigentlichen Wortsinn besitzen. Auch der so Besessene, tröstet Poimen, brauche jedoch in der Nitrischen Wüste nicht zu verzweifeln. Hier gebe es Wüstenväter, denen kein Dämon gewachsen sei. »Hier haben sie es mit Männern wie Moses und seinesgleichen zu tun.«

Eines Tages kam zu Poimen ein Bruder aus der Einsiedelei von Athlibis. Er war von einer Räuberbande überfallen und ausgeraubt worden. Doch hatte er so laut geschrien, daß ihm die benachbarten Wüstenväter zu Hilfe eilten und die ganze Bande überwältigten. Sie wurden den Behörden übergeben und ins Gefängnis geworfen. »Als das die Brüder hörten, wurden sie traurig und sagten: Unseretwegen sitzen die fest.«

Auf ausdrücklichen Rat des heiligen Poimen begab sich kurz danach der Wüstenvater von Athlibis in die Stadt, brach dort ins Gefängnis ein und verhalf, vor den Augen einer staunenden Menschenmenge, der eingelochten Bande, die ihn überfallen hatte, zur Flucht.

»Liebet eure Feinde« (Matthäus 5, 44). Aber waren es wirklich Feinde? Waren es nicht vielleicht alte Freunde, Brüder gar? Waren es vielleicht sogar Freunde des heiligen Moses, die den Freund des heiligen Poimen überfallen haben?

Setzen wir unseren historischen Wüstentreck weiter ins Innere fort, so gelangen wir etwa 65 Kilometer südlich von Nitria ins Wadi Natrun. So wie Nitria mit den Drei Palmen das Eingangstor zu der weiten Streusiedlung von Einsiedeleien war, so war das »Natrontal« ihr eigentliches Zentrum.

Ein erneuter Blick in den Atlas zeigt, daß das Wadi Natrun unter dem Meeresspiegel liegt. Ohnehin liegt die gesamte Nitrische Wüste so tief, daß das Grundwasser vielerorts Quellen hochtreibt, die zwar bitter schmecken, aber genießbar sind und so die vielen verstreuten Einsiedeleien überhaupt möglich machten. Hier aber, im Wadi Natrun, 24 Meter unter dem Meeresspiegel, quellen im Winter ganze Seen hoch, die dann im Frühling verdunsten und eine Salzkruste hinterlassen. Schon in pharaonischer Zeit ist hier Salpeter gewonnen worden.

Die Ausbeutung ist so lohnend, daß die Engländer um 1900 eine Schmalspurbahn vom Delta ins Wadi Natrun bauten. Das waren die großen Tage der »Egyptian Salt and Soda Company«. Zur Zeit der Wüstenväter war es ein staatliches römisches Monopolunternehmen mit Büro in Alexandrien, dem die Salpetergewinnung im Natrontal unterstand.

Daß eben dieses Tal der eigentliche Mittelpunkt der nitrischen Wüstenväterkolonien war, ist noch heute augenfällig. Hier, wo einst tiefste Einsamkeit war, liegen hinter dem »Resthouse« der Autobahn Kairo-Alexandrien im Lärm und Gestank der ägyptischen Moderne die vier berühmten Klöster, in denen das Herz der koptischen Kirche schlägt: Deir al-Baramus, Deir Anba Bischoi, Deir al-Suriani und Deir Abu Makar.

Abu Makar! Wo dieses Kloster steht, hat er seine Einsiedelei gehabt, der größte unter den Vätern der Nitrischen Wüste: Makarius der Ägypter. Auch Makarius den Alten haben sie ihn genannt, meist aber Makarius den Großen.

Er habe es gar nicht gern gehört, wenn man ihn den Großen nannte, wird in den »Vätersprüchen« berichtet. Leutselig sei der alte Makarius dagegen geworden, wenn ihm einer ganz ungeniert

Fragen über seine wilde Jugendzeit stellte: »Vater, als du noch Kameltreiber warst und Salpeter stahlst und es verkauftest, sag, haben dich da die Wachleute nicht verprügelt?«

Nur eine Anekdote? In einem zufällig erhaltenen Papyrusbrief aus dem Jahr 346, das heißt: aus der ersten Blütezeit der Einsiedlerkolonien, fordert der römische Betriebsleiter der Natronwerke eine behördliche Razzia gegen die Schmuggler und Räuber im Natrontal sowie die Beschlagnahme ihrer Kamele.

Am liebsten war es dem heiligen Makarius, wenn man ihn den Alten nannte. So unterschied er sich deutlich von Makarius dem Jungen, einem andern Einsiedler der Nitrischen Wüste, in dessen Hütte eine Weile auch Palladius, der christliche Reiseschriftsteller, Aufnahme fand. So erfuhr er, daß Makarius der Junge in die Wüste geflohen war, nachdem er zuvor »im Spiel, ganz ohne Vorsatz« einen Altersgenossen getötet hatte. »Nachdem ich länger mit ihm zusammengelebt hatte«, fährt Palladius fort, »fragte ich ihn einmal, wie er jetzt zur Sünde seines Totschlags stehe. Er sei, gab er zur Antwort, weit davon entfernt, darüber Trauer zu empfinden. Im Gegenteil, er sei für den Totschlag aufrecht dankbar. Diesem unbeabsichtigten Mord verdanke er ja sein Heil.« Und er verglich sich selber mit Moses (nicht mit dem benachbarten christlichen Räuberhauptmann Moses, sondern mit dem alten jüdischen Gesetzgeber Moses), der ja, wie nachzulesen im Alten Testament (Exodus 2, 15), auch eines Totschlags wegen aus Ägypten in die Wüste geflohen und so zum Heil seiner Seele gelangt sei.

Der Kenner der »Apophthegmata« mag einwenden, daß wir auf unserer Wanderung durch die Nitrische Wüste bislang einer mehr als wilden Piste gefolgt sind. Gezielt haben wir Väter besucht, die in die Wüste gezogen sind, um eine anders nicht mehr zu bewältigende Vergangenheit mittels Exodus zu bewältigen. Das ändert nichts an dem Befund, daß das augenzwinkernde Einverständnis zwischen Kriminellen und Heiligen hinaufging bis in die allerobersten Einsiedler-Ränge, bis hinauf zum heiligen Poimen und zum heiligen Makarius.

Vielleicht ist es gut, noch einmal darauf hinzuweisen, daß »askesis« das griechische Wort für »Training« oder »Sport« ist. Auch moderne Sportvereine haben häufig, wenn es sich um rein männliche Sportarten handelt, eine geschlechtsspezifische connection zur Unterwelt. Selber habe ich einem Kölner Boxclub angehört, den wir Hals über Kopf auflösen mußten, weil unser 1. Vorsitzender beim Einbruch in eine Damen-Boutique erwischt worden war. Das heißt aber nicht, daß unser Sportverein eine kriminelle Vereinigung war. Gewiß waren wir eine rauhe Männergemeinschaft. In der Mehrheit aber waren wir, trotz allem, Biedermänner.

Wie die Wüstenväter. Als erster und ältester Einsiedler in der Nitrischen Wüste gilt der heilige Amun. Er stammte aus Alexandrien und hatte dort den höchst ehrbaren Beruf des Bestattungsunternehmers (»Einbalsamierers«) ausgeübt. Amun war ein Altersgenosse des heiligen Antonius. Die Begeisterung für Antonius in seiner fernen Einsiedelei am mittleren Nil war aber in Alexandrien so groß, daß niemand daran dachte, den heiligen Amun zu verehren, der aus der eigenen Stadt stammte und ganz in der Nähe einsiedelte. Haben nicht auch deutsche Linke ihre revolutionären Idole am liebsten in der Ferne verehrt, sagen wir mal in Nicaragua? So weit wie Nicaragua waren, von Alexandrien aus gesehen, in der Antike die antonianischen Einsiedeleien um Pispir und Kolzim. So weit, daß die Alexandriner jene Wüstenregion »Thebais« nannten, obwohl die oberägyptische Metropole Theben (heute Luxor) viel weiter nilauf liegt. Jedenfalls weit genug, daß die Begeisterung für Antonius in Alexandrien keine Grenzen kannte. Für Amun als zweiten »Star der Wüste« war neben Antonius kein Platz.

Daß Amun in die nahe Nitrische Wüste gezogen war, lag vermutlich an seinem Beruf. Natron war für das Einbalsamieren fast so wichtig wie Balsam, und so dürfte das Wadi Natrun für Amun ein Begriff gewesen sein, lange bevor er sich selber dorthin zurückzog. Im übrigen war Bestattungsunternehmer in Alexandrien ein solider mittelständischer Beruf.

Aus einer soliden Familie von alexandrinischen Kaufleuten stammten auch die Wüstenväter Paesius und Isaias. Sie hatten ein Geschäft für Import und Export nach Spanien. Kaufmann gewesen war ebenfalls der heilige Apollonius. Der dritte unter den drei großen Makariussen, Makarius der Alexandriner, hatte auf den Boulevards von Alexandrien Bonbons feilgeboten, gewiß ein bescheidener, aber anständiger Beruf.

In ihrer Mehrheit aber kamen die nitrischen Wüstenväter, wie die Jünger des Antonius, aus den Dörfern. Großgrundbesitzer wie Antonius selber waren darunter; die meisten aber waren Tagelöhner. Jetzt finanzierten sie ihre Einsiedelei, indem sie sich jedes Jahr zur Erntezeit als Schnitter ins nahe Delta verdingten. Als Tagelöhner wie zuvor.

Auch viele brave kleine Handwerker waren unter den Wüstenvätern, zum Beispiel der Schmied Apelles oder der Schreiner Johannes. Der solideste von allen Wüstenvätern aber war der heilige Markus. Über sein Vorleben in einem alexandrinischen Büro heißt es in den Apophthegmata: »Er war sehr gehorsam und er war Schönschreiber.«

Biedermänner waren die Wüstenmänner in ihrer großen Mehrheit. Aber lehrt uns nicht die jüngere Geschichte, daß Biedermänner oft die schlimmsten Sünder sind? Die ältere Geschichte lehrt uns das auch. Jedenfalls gibt es eine Sünde, die heute wie einst als die klassische Sünde der Biedermänner gelten darf. Im Jahre 375 wies Kaiser Valens den Comes Orientis an, mit seinen Legionären in die Nitrische Wüste zu marschieren und die Einsiedlerkolonien in einer militärischen Razzia systematisch zu durchkämmen. Zahlreiche Wüstenväter wurden gefangengenommen und wie Schwerverbrecher abgeführt »zur Pflichterfüllung in ihren Heimatgemeinden«. Jene Eremiten, die sich der Heimführung widersetzten, wurden, so behauptet jedenfalls Hieronymus, an Ort und Stelle von den Legionären »mit Knüppeln totgeschlagen«.

Verhaftungsgrund in allen Fällen: Verdacht auf Steuerflucht und

Steuerhinterziehung »specie religionis«, begangen »unter dem Vorwand der Religion«.

Plötzlich fällt er uns wieder ein: Karl Marx, und wie er sich umgedreht hat in seinem Grab in Highgate ob dem unverhohlen finanziellen Grund, den Bischof Athanasius für die gute Stimmung in der Einsiedlerkolonie um Antonius nennt: »Da wurde keiner vom Steuereintreiber geplagt.«

Es ist hohe Zeit für die marxistische Frage: War der Exodus der Heiligen in die Wüste, bei aller Liebe zu Gott und zur Askese, zu gleicher Zeit eine Flucht vor dem Finanzamt? Dürfen wir Antonius den Großen verehren als Patriarchen und Patron der Steuerhinterzieher?

7. Kapitel: Karl Marx in der Wüste

Daß es einen Zusammenhang gibt zwischen Wirtschaft und Religion, ist Karl Marx aufgefallen. Lactantius Caecilius Firmianus (250–325) wußte das aber auch schon – der Africaner Laktanz, Christ und bedeutendster lateinischer Redner des 3. Jahrhunderts. In »De mortibus persecutorum« (»So starben die Verfolger«) äußert er die Vermutung, das Heidentum sei gescheitert, weil die letzten heidnischen Kaiser das Römische Reich wirtschaftlich so ruinierten, daß die Bauern unter der »enormitas indictionum«, der »enormen Steuerlast«, von Haus und Hof flohen, und das Ackerland »wieder Wildnis wurde«.

Eine Steuerreform war es, mit welcher der Christenverfolger Diokletian, Kaiser von 284 bis 305, die Bauern im Römischen Reich in die Verzweiflung getrieben hatte. Um die Erneuerung von Heer und Verwaltung zu finanzieren, hatte Diokletian seine Steuerbehörden so wirkungsvoll reorganisiert, daß die Abgaben jetzt viel effizienter eingezogen wurden als zuvor. In Westeuropa flohen die zahlungsunfähigen Bauern in Scharen von ihren Höfen in jene Wildnis, die zumeist gleich hinter ihren Höfen begann – wie in Ägypten die Wüste.

Laktanz, den Konstantin 317 als Erzieher seines Sohnes Crispus nach Trier rief, hatte dort die gallischen Zustände vor Augen. Mit Sicheln und Spaten bewaffnet suchten die »Bagauden«, Banden von steuerflüchtigen Bauern, das Land heim, »nicht nur, um für ihren Hunger zu sorgen, sondern um es in wahnsinniger Verzweiflung zu verwüsten« (Jacob Burckhardt).

In der Provinz Africa, im heutigen Tunesien und Algerien, war es noch schlimmer. Dort wüteten die »Circumcellionen« (»Häusler«). In verblüffender Weise nahm diese antike Wiedertäufer-Sekte den deutschen Bauernaufstand der Lutherzeit vorweg. In wüst bewaffneten Haufen, bettelnd und brandschatzend, zogen verelendete Kleinbauern, Männer und Frauen, durch die africanische Provinz, rissen auf den Straßen die Herren aus ihren Wagen, plünderten die Landhäuser der Reichen, zündeten die katholischen Kirchen an, erschlugen die Priester und schwärmten von der Gleichheit aller Menschen im kommenden Reich Jesu Christi.

In Gallien die Bagauden. In Africa die Circumcellionen. Und in Ägypten?

In Ägypten die Wüstenväter. Ach, wie sehr irrt Karlheinz Deschner, wenn er behauptet, die Wüstenväter seien in die Einsamkeit geflohen, weil sie der Teufel in Gestalt »ganzer Legionen nackter Frauen in jeder Stellung« verfolgt habe. Ist Karlheinz Deschner nicht Manns genug, um zu wissen, daß »ganze Legionen nackter Frauen in jeder Stellung« nicht so fürchtenswert sind wie ein einziger Beamter der Steuerfahndung?

Der Fellachen-Generation des Antonius ist in Gestalt des römischen Steuerbeamten der Satan leibhaftig erschienen. So teuflisch war das System der imperialen Steuereintreibung.

Nicht daß die römischen Beamten auf Ägyptens Dörfern von Haus zu Haus gezogen wären, um dem letzten Häusler persönlich den letzten Sack Korn abzunehmen. Vielmehr setzten sie für jedes Dorf eine bestimmte Menge Korn fest, die als Steuer abzuliefern war, und machten dann ein paar wenige angesehene und wohlhabende Männer des Dorfes, die sogenannten Kurialen, für die Erfüllung der Steuerpflicht durch die Gemeinde haftbar: mit ihrem Privatvermögen.

Selten hat ein Steuersystem so effizient funktioniert wie dieses. Selten auch hat sich ein Steuersystem verheerender ausgewirkt. Um nicht selber bankrott zu gehen, waren die Kurialen gezwungen, die »enormitas indictionum«, die »enormen Taxierungen«, in ihren Dörfern gnadenlos nach unten weiterzugeben, und die ohnehin nur von Fladenbrot lebenden Kleinbauern um den letzten Sack Korn zu erpressen.

Statt von der Versuchung durch »ganze Legionen nackter Frauen« zu phantasieren, werfe Karlheinz Deschner einen Blick in die »Apophthegmata Patrum«. Da wird gewiß die Versuchung der

Fleischeslust ungeniert geschildert. Aber viel häufiger, viel schlimmer als die »porneia« hat die Wüstenväter eine andere Versuchung geplagt. Auf griechisch heißt sie »orgé«. Meist wird das übersetzt mit »Zorn«, einem der späteren »acht Hauptlaster«. »orgé« kann aber auch »Wut« heißen oder »Trotz«. Am besten entspricht diesem griechischen Wort das englische Wort »anger«. Es genügt heute, in Afrika ein paar Tage lang das Leben verelendeter Bauern auf dem Dorf zu teilen, um ständig dieses böse Wort in den Ohren zu haben: »getting angry«.

Schlimmer noch war das damals auf dem ägyptischen Dorf. Das römische System, das den Steuerdruck durchs ganze Dorf hindurch von Bauer zu Bauer weitergab, schuf in Gemeinden wie Kome eine Stimmung so tiefer Verbitterung und Gehässigkeit, daß für einen Christen die »orgé« eine ungleich stärkere Versuchung war als die »porneia«. Tag und Nacht habe er in der Wüste um nichts anderes gebetet, als daß es ihm gelänge, die »orgé« zu überwinden, bekennt Ammonas, einer der ersten Schüler des Antonius.

In Kaiser Wilhelms Tagen hat Deutschland eine Handvoll ausgezeichneter protestantischer Theologen gehabt, die, angeregt von Karl Marx und Max Weber, den Zusammenhängen zwischen Geld und Glauben ungescheut nachgegangen sind. Dies natürlich am Musterbeispiel des Zusammenhangs zwischen protestantischer Moral und Kapitalismus. Doch schnell erwachte ihre Neugier auch für die Finanzen der Wüstenväter.

So schlägt Daniel Völters vor, das »Leben des Antonius« von Athanasius einmal nicht unter dem gewohnten Gesichtspunkt der Andacht (»Weisheit aus der Wüste«) zu lesen, sondern vor dem Hintergrund der »Socialen Frage«, das heißt: der alltäglichen Steuernot in den römischen Kolonien. Passagen, die sonst nur langweilig und sinnlos wirken, gewinnen, so gelesen, einen dramatischen Wirklichkeitsbezug.

Ein Musterbeispiel ist die vielbelachte Behauptung des Athanasius, der junge Antonius sei kurz nach dem Tod seiner beiden Eltern in einer christlichen Versammlung gewesen; dort habe er das Wort Jesu Christi gehört »Verkauf deinen Besitz und gib das Geld den Armen« (Matthäus 19, 21), habe dann aber nur seine bewegliche Habe zugunsten der Armen verkauft, den *Grundbesitz* jedoch »*den Nachbarn geschenkt*«. Eben jene »dreihundert Aruren Land, fruchtbar und schön anzuschauen«.

Nun hatten ägyptische Fellachen im 4. Jahrhundert im Durchschnitt einen Grundbesitz von vierzig bis fünfzig Aruren. Mit 300 Aruren gehörte der Vater des Antonius so gut wie sicher zu den Kurialen von Kome. Er war jedenfalls einer der wichtigsten Steuerzahler seines Dorfes. Daß der jugendliche Erbe Antonius seinen Grundbesitz einfach irgendwie an irgend jemanden versilberte, daß er ihn vielleicht sogar brachliegen ließ, um sich in die Wüste zu verabschieden, konnten seine Nachbarn auf keinen Fall zulassen.

Nicht die »capita«, die »Häupter« von Mensch und Vieh, waren nämlich in Ägypten Steuerobjekte, sondern die »iugera terrena«, der Grundbesitz, und zwar mit seinem *Ertrag*. Fehlte dem Dorf das Korn der 300 Aruren des Antonius, so drohte den andern Kurialen (besagten »Nachbarn«) der Steuerbankrott. Loskommen konnte Antonius aus seinem Dorf überhaupt nur, indem er – vermutlich nach bösen Auseinandersetzungen – seine Äcker samt Ernte »den Nachbarn schenkte«. De facto hat Antonius seine 300 Aruren, über die »Nachbarn«, dem Finanzamt übereignet.

Als dann das Wüstenabenteuer des Antonius gelang, war kein Halten mehr. »*Viele begüterte Männer*«, schreibt wörtlich Athanasius, seien hinter Antonius her in die Wüste gezogen, »*um dort die Lasten dieses Lebens abzulegen*«. Aus der Sprache des heiligen Athanasius in die Sprache von Karl Marx übersetzt: Die steuerzahlende Klasse der ägyptischen Kurialen ist hinter Antonius her abgehauen in die Wüste. In so großer Zahl, daß die Wüste »verstädterte«. Da saßen sie um Antonius herum in jener himmlisch guten Laune, die Athanasius beschreibt und mit einem Satz begründet, den wir erst jetzt verstehen: »Da wurde keiner vom Steuereintreiber geplagt.«

Je besser die Laune der Steuerflüchtlinge in der Wüste, desto schlechter die Laune von Kaiser Valens in Konstantinopel: In der ägyptischen Kolonie drohte das römische Steuersystem zusammenzubrechen. Die besten Steuerzahler, auf dem Lande jedenfalls, wurden Einsiedler und waren fiskalisch nicht mehr erfaßbar. Zum Eingreifen entschloß sich Valens aber erst, als zum Kollaps des ägyptischen Steuersystems hinzu unerwartet auch der Kollaps seiner ägyptischen Legionen drohte.

Noch heute zählen die Märtyrer der »Thebaischen Legion« zu den großen katholischen Heiligen. Überall wo diese Legion durchgezogen ist oder durchgezogen sein soll, von Saint-Maurice und Solothurn in der Schweiz bis nach Bonn und Köln am Rhein, werden ihre Gebeine verehrt. Diese legendenumrankten Soldaten der Thebaischen Legion waren nichts anderes als junge christliche Bauern aus der engeren Heimat des Antonius, welche die Römer in unangemeldeten Razzien vom Feld weg verschleppten zum Kriegsdienst im barbarischen Norden.

Dank dem heiligen Antonius gab es jetzt für die koptischen Bauernsöhne zum römischen Militär eine Alternative: Wüstenvater werden. »Auch viele Soldaten« schreibt Athanasius, hätten sich in den Einsiedlerkolonien unter die Steuerflüchtlinge gemischt, um mit ihnen zusammen »die Last dieses Lebens abzulegen«.

Ob Steuerflüchtlinge, ob Wehrdienstverweigerer, für Kaiser Valens waren sie alle zusammen »ignaviae sectatores«, »eine Drükkebergerbande«. Und er schickte seine Legionäre in die Wüste, um sie »aus ihren Schlupflöchern« manu militari zurückzuholen – zurück zu den »Pflichten in den Heimatgemeinden«.

Bagauden in Gallien, Circumcellionen in Africa, Wüstenväter in Ägypten: die gleiche »Sociale Frage« im ganzen Römischen Reich. Aber mit ganz verschiedenen Folgen. Von den Bagauden oder von den Circumcellionen weiß kein Mensch mehr etwas. Sie sind untergegangen in Elend und Blut. Anders die ägyptischen Wüstenväter: Sie haben eine der bedeutendsten Entwicklungen der Kulturgeschichte ausgelöst. Das ganze christliche Mönchtum blickt auf Antonius von Ägypten zurück als seinen Stammvater. In ihrer moralischen Strenge hat dann die Reformation, nach der bekannten These von Max Weber, sämtliche Menschen des Westens zu Mönchen gemacht. Zu Athleten eines asketisch disziplinierten Arbeitsalltags. Zu Wüstenvätern der Moderne.

So ist das in der Religion. So ist es immer gewesen: Ein starkes finanzielles Motiv bewirkt für sich allein nicht viel. Ein starkes spirituelles Motiv für sich allein auch nicht. Wo aber ein starkes finanzielles Motiv und ein starkes spirituelles Motiv sich verbinden, in dieser Kernfusion wird die Religion geschichtsmächtig und schöpferisch.

Die frühen Protestanten in Genf, in Amsterdam oder Boston hatten ohne Zweifel ein starkes finanzielles Motiv: Ungehindert durch die katholische Zins- und Zunftordnung wollten sie endlich große Geschäfte machen. Kein Zweifel, daß sie auch aus tiefstem Herzen das reine Evangelium wollten. Nicht eines dieser beiden Motive allein, vielmehr ihre Fusion war von solcher Macht, daß daraus die kapitalistische Moderne hervorging.

Wie mit den Protestanten, so mit den Wüstenvätern. Für ihren Exodus aus Ägypten hatten sie ein mächtiges finanzielles Motiv: die Flucht vor der römischen Steuer. Aber genauso mächtig war ihr religiöses Motiv: die Nachfolge Christi. Zur großen, schöpferischen Bewegung wurden sie, weil beide Motive, das finanzielle und das religiöse, fabelhaft ineinandergriffen.

Man stelle sich den jungen christlichen Bauern Antonius leibhaftig vor, wie er nach dem Tod seines Vaters einzig die Perspektive hat, selber Kuriale zu werden, das heißt: seine Nachbarn steuerlich zu drangsalieren, um zum Schluß doch nur selber an der »enormitas indictionum« bankrott zu gehen. Und jetzt hört dieser 20jährige die Frohbotschaft Jesu: »Wer verläßt Häuser oder Brüder oder Schwestern oder Vater oder Mutter oder Frau oder Kinder oder Äcker um meines Namens willen, der bekommt es hundertfach wieder und das ewige Leben dazu« (Matthäus 19, 29).

Das heißt auf koptisch und auf deutsch: »Wenn du aussteigst aus Familie und Besitz, geht es dir hundertmal besser.«

Wer das für keine Frohbotschaft hält, hat nie die Illustrierte »Stern« gelesen. Da gibt es immer wieder Aussteiger, deren illustriertes Schicksal Deutschland bewegt. Die beiden Klassiker sind »Christiane F.« und »Andy Z.«. Doch ihr faszinierender Ausstieg hatte einen erschreckenden Preis: Christiane F. und Andy Z. ging es nachher hundertmal schlechter. Auf dem Bahnhof Zoo, im Hamburger Knast saßen Christiane F. und Andy Z., kriminell und drogensüchtig, als gescheiterte Existenzen. Publizistisch barmherzig betreut vom »Stern«, real vermutlich noch barmherziger betreut vom »Sozialdienst katholischer Frauen« (Christiane F.), bzw. vom »Sozialdienst katholischer Männer« (Andy Z.). Die Unfrohe Botschaft der Illustrierten »Stern« an ihre unausgestiegenen Leser: Aussteigen ist gewiß hundertmal spannender als drinbleiben, aber, aufgepaßt, es lohnt sich leider nicht. Nachher geht's dir hundertmal schlechter.

Ägyptische Dinge gelten als esoterisch. Vielleicht aber haben ägyptische Analphabeten des 3. Jahrhunderts nichts anderes im Kopf gehabt als deutsche »Stern«-Leser heute. Da draußen in der Wüste hatte es der eine oder andere immer wieder probiert: Räuber, Falschmünzer, Deserteure, Spinner – gescheiterte Existenzen jeder Art. Alle sind sie zugrunde gegangen in Einsamkeit und Wahnsinn, Hitze, Hunger und Durst. Und in alle Ewigkeit werden sie von den Dämonen in der Hölle gepeinigt. Um Himmels willen das nicht! Gar nicht erst versuchen. Lieber brav daheim bleiben und Steuern zahlen bis zum Bankrott!

Und jetzt kein »Stern«-Reporter, sondern der heilige Antonius. Ein Fellache, der es wagt, den Dämonenkreis der archaischen Selffullfilling-Prophecy vom Scheitern der Aussteiger zu durchbrechen. Antonius zieht hinaus in die Wüste und beweist: It works. Jesus hat recht: Es geht dir da draußen in der Wüste wirklich »hundertfach« besser als daheim im Dorf.

Mit den aufgeklärten Augen wilhelminischer Historiker gelesen, jetzt noch einmal jene Stelle aus der »Vita Antonii«: Seit zwanzig Jahren lebt Antonius in der Wüste allein. Immer mehr frühere

Nachbarn aus Kome wollen unbedingt wissen, wie es ihm da draußen geht. Vor lauter Neugier drücken sie das Tor zu der Einsiedelei von Pispir auf: »Als sie ihn jetzt erblickten, staunten sie. Denn sie sahen, daß seine körperliche Verfassung gleichgeblieben war wie stets. Keineswegs war er dick geworden wie einer, dem Bewegung fehlt, und genausowenig war er, durch das Fasten oder durch den Kampf gegen die Dämonen, abgezehrt. Nein, er sah so aus, wie sie ihn gekannt hatten, bevor er aus dem Dorf weggezogen war.« Auch sein seelischer Zustand »war unbeeinträchtigt, weder vergrämt war er, noch ausgelassen, weder niedergeschlagen noch aufgeregt lustig«. Im Gegenteil, »er war ganz er selber, wie ein Mensch, den der Verstand regiert und der im Einklang lebt mit der Natur«.

Natürlich sind »ganz er selber (holos isos)« und »im Einklang mit der Natur (kata physin)« zwei klassische Formeln, mit denen auch die stoischen Philosophen die Helden der vorchristlichen Askese gefeiert hatten, und Athanasius, der hellenistisch gebildete Alexandriner, übernimmt diese Formeln mit großer Selbstverständlichkeit. Das ändert nichts daran, daß er, in gehobenem Griechisch, ein ägyptisches Vulgär-Erlebnis beschreibt: das maßlose Staunen der vielen steuergeplagten Fellachen, die den ersten Wüstenvater in seiner Einsiedelei anschauen gingen und die ihren Augen nicht trauten: Verdammt, dem geht es gut! Dem geht es »hundertmal« besser als uns. Und die halbe Welt läuft herbei und verehrt ihn als »Stern der Wüste«.

Das ist die klassische Kernfusion: Ein starkes finanzielles Motiv und ein starkes religiöses Motiv, keines für sich allein, doch beide zusammen schaffen eine Bewegung, die derart schöpferisch und dynamisch ist, auch farbenreich und originell, daß wir sie uns heute, nach den Worten von Karl Heussi »mit aller historischen Phantasie kaum ausmalen können«.

Aber bedarf es dazu der historischen Phantasie? Wer den enormen Einfluß der Wüstenväter auf das Christentum, auch das moderne, unmittelbar verspüren will, braucht nicht die Geschichte des Mönchtums zu lesen, schon gar nicht die Geschichte der

»protestantischen Ethik«. Er betrete eine deutsche Kirche, am besten eine evangelische, und versuche, statt zu beten, nichts anderes in sich aufzunehmen als die Stimmung dieses Kultraums. Sie ist radikal anders als in einem indischen Tempel oder in einer chinesischen Pagode. Nackter Stein ist in unseren Kirchen das prägende Stimmungselement. Stein und Stille. Askese.

Was hat das mit Jesus Christus zu tun? Wenig. Es ist das Erbe der Wüstenväter. Mitten in den Großstädten des 3. Jahrtausends ist jedes katholische Kloster, jede evangelische Kirche ein architektonisch nachgebildetes, in die westliche Moderne versetztes Stück spätantiker Wüste.

8. Kapitel: Fliehe den Bischof und die Frau!

Auffällig ist die Ähnlichkeit zwischen militärischen Kolonnen und religiösen Bewegungen. Wie im Krieg, so zieht auch in der Heiligkeit stets eine Vorhut voraus, es folgt das Gros der Truppen, zum Schluß kommt die Nachhut.

Die Vorhut der Wüstenväter waren die Räuber. Vielleicht nur aus topographischen Gründen: Grabräuber und Natronschmuggler, Falschmünzer und Deserteure waren die einzigen, die vor den Wüstenvätern in der Wüste waren und die ihnen Pfadfinder sein konnten in eine lebensgefährliche Umwelt. Vielleicht aber auch, weil es zwischen Verbrechern und Heiligen eine untergründige Gemeinsamkeit gibt: Beide, der Verbrecher und der Heilige, verachten das Gesetz der Welt.

Es folgt das Gros der Truppen: Die Eremiten in der Thebaischen und in der Nitrischen Wüste, viele von ihnen nicht nur Heilige, sondern auch, wie Antonius selbst, Steuerflüchtlinge und schon deshalb nicht ganz ohne Affinität zu der erwähnten Vorhut. Fehlt nur noch die Nachhut. Wir dürfen einen Menschenschlag erwarten, der etwas mit Verbrechern gemein hat und etwas mit Heiligen. Wer könnte das sein? Gut hundert Jahre nach Antonius und nach den ersten Fellachen kommen als letzte in Ägyptens Wüste die Intellektuellen an.

Zuerst, im späten Jahr 383, trifft aus Konstantinopel Evagrius Ponticus ein, bisher von Beruf bischöflicher Pressesprecher. 388 dann, fünf Jahre später, kommt aus Bethlehem Johannes Kassian, Mystiker von Beruf. Als letzter in diesem hochgebildeten Trio erscheint 389 unter den Drei nitrischen Palmen der junge Palladius von Helenopolis, Berufsziel: esoterischer Schriftsteller. Gleich wird einer beim andern in der Nitrischen Wüste unterschlüpfen. Gleich wird einer beim andern abschreiben. Am meisten abgeschrieben hat Johannes Kassian. 24 Bücher, nicht weniger, umfassen allein seine »Gespräche mit Wüstenvätern« (»Collationes Patrum«).

Lesenswert ist ein einziger Satz. Um in die Salzwüste zu fliehen, gesteht Kassian, habe der christliche Mann ein doppeltes Motiv: »Omnimodis fugare debere mulieres et episcopos – auf jede nur denkbare Weise zu fliehen vor den Frauen und vor den Bischöfen.« Etwas verkürzt ist daraus die klassische Maxime des Mönchtums geworden: »Fliehe den Bischof und die Frau!«

Fassen wir von den beiden Albträumen zuerst den leichteren ins Auge. Das ist der Bischof. Religion hat viel mit Wortmagie zu tun, und so lohnt es sich, das Wort »Bischof« im Ohr zergehen zu lassen. Kein Zweifel: das Wort klingt absonderlich. Vielleicht weil die Sache absonderlich ist. Nichts Absonderlicheres hat das Christentum hervorgebracht als die Institution »Bischof«.

Wohl verstehen die Bischöfe sich selber heute als »Nachfolger der Apostel«, und wohl hat Jesus Apostel berufen. Aber fest steht auch, daß sich Jesus unter einem Apostel keinen Bischof vorgestellt hat, sondern das Gegenteil: einen Wanderprediger, so heimatlos wie er selbst: »Nichts führet bei euch, weder Stab noch Tasche, weder Brot noch Geld« (Lukas 9, 3).

Es kennzeichnet die moderne Christenheit, daß sie das früheste und schönste Wort für die Nachfolge Jesu Christi vergessen hat. Es heißt »xeniteia«, auf deutsch »Fremdsein«, »Heimatlosigkeit«. Nur Heinrich Böll hat einmal, eher beiläufig, gesagt, ein religiöser Mensch sei daran zu erkennen, daß er sich in dieser Welt nie ganz daheim fühlt.

Vorgelebt hat die urchristliche Xeniteia der ruhelose Wanderprediger Paulus: »Wir haben hier keine bleibende Statt, sondern suchen die künftige« (Hebräer 13, 14). So überragend ist die Gestalt Pauli, daß viele Christen gar nicht wissen, daß er nicht der einzige war. Paulus war nur einer aus einer Legion von frühchristlichen Wanderpredigern, die in gewollter Heimatlosigkeit weit hinaus nach Europa wanderten. Und noch viel weiter hinaus nach Asien.

Allerdings zeigt das Beispiel Pauli, daß das Wanderpredigen einen fatalen Nachteil hat. Der Wanderprediger wandert. Aber die Bekehrten wandern nicht mit. Wandert der Wanderprediger weiter, so bleibt eine Gemeinde zurück, die vom Geist Gottes erfüllt sein mag, die aber trotzdem, auf die Dauer und im Alltag, nicht recht weiß, was tun. Das bedenklichste Beispiel ist uns bekannt: Während der Wanderprediger Paulus weiterwandert in die Xeniteia, bricht in der führungslosen Gemeinde zu Korinth die falsch verstandene Nächstenliebe aus. Statt »xeniteia« herrscht »porneia«.

Rasch erwachte deshalb in den zurückgelassenen Gemeinden das Bedürfnis nach einem temporären Ersatzmann, der am Ort so lange für Ordnung sorgte, bis der eigentliche Apostel, der Wanderprediger, wiederkam. »Aufseher« nannte man einen solchen vorläufigen Platzhalter, »episkopos« auf griechisch. Daraus geworden ist unser »Bischof«.

Nichts ist dauerhafter als ein provisorischer Aufseher. Je mehr das Christentum im Römischen Reich erstarkt, desto endgültiger wird, über ganze Städte, ganze Provinzen, die Macht dieser ursprünglich nur provisorischen Platzhalter des Glaubens. Bald fühlt sich der Bischof gar nicht mehr als Ersatzmann des Wanderpredigers, sondern, an Statt des Wanderpredigers, als ursprünglicher »Nachfolger der Apostel«. Als Amtsinhaber. Unbeweglich, unabsetzbar, mächtig und reich sitzt er auf seinem »bischöflichen Stuhl«. Um dieses Machtgefüge heiliger Immobilität zu vollenden, erhebt sich schließlich über allen andern Stühlen der mächtigste und reichste, weil unbeweglichste aller Stühle: der Heilige Stuhl.

Kein Lichtkreuz hoch am Himmel hat Kaiser Konstantin auf den Gedanken gebracht, die katholische Kirche zur Staatskirche zu machen. In dem neuen Gefüge allmächtiger katholischer Lokalpotentaten sah der Kaiser die realpolitische Chance, religiöse Ordnung zu bringen in sein von östlichen Mysterienkulten zerrüttetes Reich. So sehr hatte der Machtmensch Konstantin an den neuen katholischen Machthabern seinen Narren gefressen, daß er sich nicht nur am Hof in Konstantinopel mit Bischöfen umgab, sondern sich auch selber mit Vorliebe als eigentlichen und obersten unter den Bischöfen bezeichnete: als »Reichsbischof«. Dabei war er noch gar nicht getauft.

Und die Wanderprediger Jesu Christi? Noch gibt es sie, die ursprünglichen Apostel des Evangeliums. Aber nur in zwei Ländern noch: in Ägypten und in Syrien. Familienlos, besitzlos, heimatlos ziehen diese christlichen Wanderprediger noch im 3. und 4. Jahrhundert über die Dörfer Ägyptens und Syriens. Solche Wanderprediger hatten das Christentum nach Kome gebracht. Was sie dem jungen Antonius predigten, haben sie ihm vorgelebt: »Wenn jeder von euch nicht alles aufgibt, was er hat, so kann er nicht mein Jünger sein« (Lukas 14, 33).

Ein Verdacht drängt sich auf, der den großen protestantischen Historikern keine Ruhe gelassen hat: Sind die neuen Wüstenväter vielleicht nichts anderes als die alten christlichen Wanderprediger? Kein Geringerer als Adolf von Harnack hat die These vertreten, »daß diese und jene eins sind«. Lebt also in den Wüstenvätern die ursprüngliche apostolische Elite fort, von den neuen bischöflichen Machtträgern verdrängt? Verdrängt aus den Metropolen Rom und Konstantinopel in die Kolonien Ägypten und Syrien, hinausgedrängt in die äußerste Wüste?

In den Wüsten Syriens werden wir die Schwärme der »Wandermönche« kennenlernen, Wüstenväter, die nur von Kräutern und von Körnern lebend, lebenslang unstet durch die Wüste »weideten«. Auch in der Nitrischen Wüste hat es sie gegeben: Die radikalsten von allen Wüstenvätern waren die Einsiedler ohne Einsiedelei.

Serapion zum Beispiel. Alle Wüsten Ägyptens hatte er durchwandert, bis ihm selbst die Wüste zu sehr Heimat wurde. Um ganz in der Xeniteia zu sein, brach der Ägypter zuerst nach Griechenland auf, lebte als Bettler in Athen, schmuggelte sich dann als blinder Passagier auf ein Schiff, um seine Tage zu beschließen als Stadtstreicher unter den Brücken Roms.

Weit größer als Serapion war Besarion. Von ihm sprechen die andern Wüstenväter in den »Vätersprüchen« nur mit heiligem Staunen: wie Besarion, als er vom Einbruch der Dämmerung überrascht wurde, mitten in der Wüste der Sonne Einhalt gebot. »Und die Sonne stand still.« Wie Besarion, als sein Schüler Dulas zu verdursten drohte, Salzwasser segnete. »Und das Wasser wurde süß.« Wie Besarion über den Nil wandelte, Jesus ähnlich, wenn auch nicht ganz so trockenen Fußes: »Bis zu den Knöcheln spürte ich das Wasser, das übrige war fester Boden.«

Um Jesus buchstäblich gleich zu werden, wollte Besarion nichts bei sich tragen, »weder Stab noch Tasche, weder Brot noch Geld«. Nichts außer dem Evangelium. So besuchte er einmal ein ägyptisches Dorf. Dort kamen ihm so viele Bettler entgegengelaufen, daß er dem ersten seinen Mantel schenkte, dem zweiten die eine Hälfte seines Rocks, dem dritten die andere Hälfte. Womit konnte er seine Blöße noch decken? Auf dem Dorfplatz, vor aller Augen nackt, bedeckte Besarion seine Blöße mit dem Evangelium Jesu Christi.

Nicht als harteste aller Bußen hat Besarion die selbstgewählte Heimatlosigkeit erlebt, sondern als höchstes irdisches Glück: »Es machte ihm Freude«, heißt es in den Apophthegmata, »sich auf der grenzenlosen, unwirtlichen Sandwüste herumzutreiben wie ein Schiffer auf dem Meer.«

Der letzte Nachfahre der frühen christlichen Wanderapostel? Nein. Die neuen Wüstenväter des 3. Jahrhunderts, auch die Wandereremiten, sind, so urteilt Hans von Campenhausen, etwas anderes als die alten Wanderprediger der paulinischen Zeit. Kein apostolischer Verkündigungswille treibt einen Christen in die Wüste. Etwas aber haben die letzten apostolischen Wanderprediger in Ägypten und Syrien unmittelbar und ganz persönlich weitergegeben an die ersten Wüstenväter. Das ist ihr eigener Lebensstil: keine Familie haben, keinen Besitz. Fremd sein. Religion nicht als Festsitzen, sondern als Exodus. Christentum als »xeniteia«. Als freiwillige Heimatlosigkeit.

»Fliehe den Bischof!« Denn er ist das Gegenteil.

Kein Leser brauchte lange historische Erklärungen, um diesen Satz zu verstehen, den Kassian um das Jahr 426 in ein Buch schrieb, das er übrigens, perfid wie Intellektuelle sind, seinem Freund Castor widmete, der gerade Bischof geworden war. Zum Skandalon der Mönchsgeschichte wurde Kassians Maxime nur, weil sie zusammen mit den Bischöfen (gegen die alle guten Christen etwas haben) eine weitere menschliche Gattung nennt (gegen die kein guter Christ etwas haben kann): »Fliehe den Bischof und fliehe die Frau!«

Johannes Kassian gilt als ungewöhnlich methodischer Denker. Um so verrückter wirkt dieser Satz. Ist nicht die Frau etwas wesenhaft anderes als ein Bischof? Ist sie nicht das Gegenteil?

Von Sigmund Freud stammt die moderne Erkenntnis, daß es sich beim Künstler und beim Dichter um einen Typ von Mann handelt, der sich im Umgang mit Frauen alles viel schwerer macht, als es eigentlich ist. Gilt das etwa auch für den antiken Typ des intellektuellen Wüstenvaters?

Ja. So wie diese drei – Evagrius, Kassian und Palladius – zusammen in der Nitrischen Wüste gesessen haben, ist bis heute nicht recht klar, womit sie ihre Zeit hauptsächlich verbracht haben: mit Schreiben über die Frauen oder mit Reden über die Frauen. Wahrscheinlich doch mit Reden. Gesprächsthema No. 1: Woran liegt es eigentlich, daß wir drei mit der Keuschheit so große Schwierigkeiten haben? Und sie entwickelten eine scharfsinnige Theorie. Keuschheit, protokolliert Kassian das Gespräch in der Wüste, sei eben, wesenhaft, nichts Statisches, sondern etwas Dynamisches:

»Auf der ersten Stufe beginnt die Keuschheit damit, daß der Asket tagsüber den Regungen des Fleisches nicht erliegt. Auf der zweiten Stufe verweilt er bei diesen Regungen nicht einmal im Geiste. Auf der dritten Stufe macht es ihm nicht mehr den geringsten Eindruck, wenn er eine Frau sieht. Auf der vierten Stufe hören die Regungen des Fleisches tagsüber gänzlich auf. Auf der fünften Stufe ist er in der Lage, über die Dinge des Fleisches zu reden wie über irgendwelche Dinge, auf die es ihm gar nicht ankommt. Auf der sechsten Stufe ist er auch des Nachts gänzlich frei von jenen Phantasien, vor denen uns Gott bewahren möge.«

Und die siebte, die höchste Stufe der Keuschheit? Darüber äußert sich Kassian so unklar, daß nur wenige verstanden haben, was er meint. Siehe, ich verrate euch ein großes Geheimnis: »Qui spiritu Dei repleti sunt, nudi incedunt.« Das heißt auf deutsch: In der wiedergewonnenen Unschuld können Männer und Frauen einander wieder so nackt begegnen wie Adam und Eva im Paradies.

Soweit die Theorie der Keuschheit aus der Wüste. In der Praxis scheint keiner der drei großen christlichen Intellektuellen auch nur Stufe 1 der Theorie erreicht zu haben. Sicher wissen wir das von Evagrius. Unter dem Sternenhimmel hat er die Nächte damit verbracht, seinen beiden Busenfreunden Kassian und Palladius sein Leid in der Liebe zu klagen.

Der »berühmte Diakon und Nachahmer der Apostel« (Palladius über Evagrius) machte früh durch sein publizistisches Talent auf sich aufmerksam. Auf dem Konzil von Konstantinopel beauftragte Bischof Nektarius ihn 381 mit der Öffentlichkeitsarbeit. »Und so kam er in Konstantinopel mit seinen Reden, die er mit jugendlichem Eifer gegen jede Art von Ketzereien hielt, zu hohem Ansehen.«

Die ganz normale journalistische Karriere also. »Da geschah es, daß ihn, der in der ganzen Stadt so hohes Ansehen genoß, die trügerische Begierde nach einem Weib erfaßte, wie er uns später selber erzählte, als sein Geist wieder frei davon war.«

In seiner Begierde sollte er nicht lange einsam bleiben, der hoffnungsvolle Medienbeauftragte von Bischof Nektarius: »Die Frau, die den vornehmsten Kreisen angehörte, begann ihrerseits, nach ihm zu begehren.«

Was ist Schlimmes daran, wenn ein bischöflicher Pressesprecher nach einem Weibe begehrt? Nur eines: »Du sollst nicht begehren deines Nächsten Weib« (5. Buch Moses 5, 21). Allerdings war der Nächste in diesem Fall nur ein alter Präfekt. Verständlich, daß sein junges Weib den vielbewunderten Pressesprecher von Bischof Nektarius begehrte. Stand er doch, mit 35 Jahren, laut Palladius, »im üppig blühenden Alter«.

Leider war der greise Präfekt noch immer ein einflußreicher Mann am kaiserlichen Hof. Beim Gedanken daran begann das Herz des üppig blühenden Konzilsexperten zu flattern. Noch mehr, berichtet Palladius, fürchtete der Karrierekatholik allerdings »die Schadenfreude der Ketzer«, wenn alles herauskäme. »Da ihm aber die Frau zusetzte, ja sich geradezu rasend gebärdete, fand Evagrius nicht die Kraft, sich aus den Fesseln einer solchen Sklaverei zu befreien, obwohl er es eigentlich wünschte.«

Was dann geschah, in den Fesseln jener Sklaverei, hat Evagrius seinen Freunden in der Nitrischen Wüste gebeichtet. In der literarisch anspruchsvolleren Form eines Traums.

Ihm habe von einem Engel geträumt. Plötzlich trug dieser Engel die furchteinflößende Uniform eines byzantinischen »Präfektursoldaten« (Polizisten). Ohne irgendein erklärendes Wort packte der uniformierte Engel den Medienbeauftragten Evagrius, legte ihm an Hals und Händen eiserne Fesseln an und warf ihn ins Stadtgefängnis von Konstantinopel.

Da lag er nun in Banden, zusammengekettet mit vierzig gemeinen Verbrechern, die ihn allesamt wortlos, vorwurfsvoll anstarrten. Plötzlich wandelte sich der Engel erneut, legte die polizeiliche Uniform ab und nahm die Gestalt eines Jugendfreundes an. »Wenn du auf einen Freund hören willst: Es ist nicht gut für dich, in dieser Stadt zu bleiben!« Der Engel versprach, ihm bei der Flucht aus dem Gefängnis zu helfen, aber nur, falls er seinerseits schwöre, Konzil hin, Karriere her, vom Schauplatz eines so bedenklichen Liebesabenteuers zu verschwinden. Nahtlos geht jetzt bei Palladius der Bericht aus dem Traum wieder über in die Realität: »Und so brachte er all seine Habe auf ein Schiff und segelte nach Jerusalem. Dort nahm ihn die selige Römerin Melania auf.«

Kaum angekommen in Melanias Zweitvilla am Ölberg in Jerusalem, sank Evagrius, mit hohem Fieber, ins Bett. Um so aufopfernder hat ihn die heilige Melania persönlich gepflegt. Als alles nichts half, als er nach sechs Monaten, zum Skelett abgemagert, dem Tode nahe schien, nahm sie ihn streng ins Gebet. »Da gestand er ihr alles.«

Es war die Katharsis. »Binnen weniger Tage genas er, stand auf, wurde von ihr selber eingekleidet und reiste ab nach Ägypten in die Nitrische Wüste.«

Ein Softie aus Byzanz in Nitria! Wie müssen die rauhen Gottesmänner vom Schlage Moses und Apollo gestaunt haben, als Evagrius Ponticus 382 unter den Drei Palmen ankam. Was so einer überhaupt hier wollte?

Dumme Frage: Publizistisch verwerten wollte Evagrius die ägyptischen Einsiedler.

In ihrer analphabetischen Unschuld hatten die Wüstenväter keine Ahnung, was ihnen da an esoterischer Verkitschung drohte. Sie interessierten sich mehr für die aufregend neuen Formen der Kasteiung, die der sexsüchtige Byzantiner in der Nitrischen Wüste eine nach der anderen ausprobierte, um die Erinnerung an jene betörende Byzantinerin zu löschen. Mit Vorliebe blieb Evagrius mitten im klirrend kalten Wüstenwinter die ganze Nacht über »nackt in einem Brunnen sitzen, so daß seine Glieder erstarrten«. Warum er so etwas tue, fragten die andern Wüstenväter, ringsum auf dem Brunnenrand hockend und hinabstarrend zu dem nackten Intellektuellen aus Byzanz. Dies sei gut, gab er in feinstem Griechisch kund, gegen den »Dämon der porneia«. Noch in der Wüste, gestand er Palladius, »setzt mir dieser Dämon ganz besonders zu«.

Als besonders erfolglos erwiesen sich alle Versuche, die Evagrius unternahm, seine lüsternen Phantasien durch vegetarische Ernährung loszuwerden: »Seit ich in die Wüste gezogen bin, habe ich nicht einmal mehr Kopfsalat gegessen, auch kein Gemüse, keine Baumfrüchte, keine Trauben und kein Fleisch.«

Dabei hat Evagrius eins übersehen: daß diese Diät sich für einen Fellachen kaum von der alltäglichen Ernährung unterschied, die er von Kind auf gewöhnt war. Für ihn aber nicht. So ist Evagrius der einzige, der in der Wüste ein Magengeschwür bekam. Als er sich endlich entschloß, mit dem Fladenbrot aufzuhören, wenigstens wieder Gerstensuppe zu schlurfen mit etwas gekochtem Gemüse drin, war es zu spät. An falscher Diät starb Evagrius, für einen Wüstenvater viel zu früh, mit 53.

In dem feinsinnigen Milieu katholischer Meditantinnen und Meditanten gibt es zur Zeit einen regelrechten Evagrius-Kult.

Vielleicht liegt das daran, daß der Byzantiner in siebzehn Wüstenjahren die Gotteserfahrungen der ägyptischen Wüstenväter publizistisch so raffiniert verwertet hat, daß das halbe Wörterbuch der christlichen Selbstfindung auf ihn zurückgeht (die andere Hälfte geht auf seinen Freund Kassian zurück). Vielleicht liegt es aber auch daran, daß dieser magenkranke byzantinische Intellektuelle jene leidenswonnige Verquickung von Seele und Sex präfiguriert, die im christlichen Psycho-Milieu heute so innig blüht. Kein junges deutsches Mönchsgesicht, das nicht aufleuchtet, wenn sein Name fällt: »Evagrius, ja, der ist für uns heute so wichtig!«

Für uns vielleicht. Aber nicht für die Wüstenväter. Als wären es zwei verschiedene Welten, so gänzlich anders als ihre intellektuelle Nachhut aus Byzanz und Rom reden die ägyptischen Wüstenväter selber über die Sexualität.

Zwei verschiedene Welten? Nein, zwei verschiedene Klassen. Dies sind keine hellenistischen Intellektuellen. Es sind ägyptische Fellachen. Über die Sexualität reden sie, mitten in den erbaulichsten Berichten, wie deutsche Proleten, wenn Arabella Kiesbauer sie in der Talk-Show interviewt.

Von Palladius zum Thema »Dämonen« interviewt, hob der siebzigjährige Wüstenvater Pachon die Hand zum Schwur: »Selbst nach meinem fünfzigsten Altersjahr hat mir der Dämon während zwölf Jahren keine Nacht und keinen Tag ohne Kampf gegönnt.« Gerade habe er ihm wieder heftig zugesetzt: »Er erschien mir in der Gestalt einer schwarzen Jungfrau aus Äthiopien, die ich einst in meiner Jugend zur Zeit der Ernte beim Ährenlesen gesehen hatte, setzte sich auf meine Knie und erregte mich so stark, daß ich mit ihr zu verkehren glaubte.«

Um ihre Einsiedelei zu finanzieren, verdingten sich die meisten Wüstenväter zur Erntezeit in die Dörfer. Als Schnitter unter Schnitterinnen, als Ährenleser unter Ährenleserinnen haben sie in einem Milieu gearbeitet, in dem es zwischen Mann und Frau Berührungsangst nicht gab. Nicht wenige lebten vom Körbeflechten. Auf dem eigenen Esel, manchmal sogar, so ist zu lesen, auf dem eigenen

Kamel brachten sie ihre Erzeugnisse auf die Märkte. Die Kunden waren Frauen. Auch wenn es ihnen nicht lag – auf den Märkten lernten die Wüstenväter, zu Frauen freundlich zu sein.

Besonders freundlich waren die Wüstenväter im Umgang mit Prostituierten. Vielleicht, weil Jesus zu Prostituierten freundlich war. Vielleicht auch, weil dies Frauen ihrer eigenen Klasse waren, mit denen sie schon als Kinder auf den ägyptischen Dörfern in selbstverständlicher Nachbarschaft zusammengelebt hatten.

Paesia, so ein ungewöhnlich ausführlicher Bericht in den »Vätersprüchen«, war die Tochter frommer christlicher Eltern, vermutlich in Alexandrien. Als ihre Eltern starben, machte sie das ererbte Haus zu einer »Fremdenherberge für die Väter der Nitrischen Wüste«. Das ist bemerkenswert genug. Noch bemerkenswerter ist in den »Vätersprüchen« das offene Eingeständnis, daß es Wüstenväter gab, welche die Gastfreundschaft der jungen Frau schamlos ausnützten. Bald war das ganze Erbe weg. »Als es ihr schließlich schlecht ging, entschloß sie sich zur Prostitution.« Aus der Herberge für Wüstenväter wurde ein Bordell. Dies hörte der Wüstenvater Johannes Kolobos.

Johann der Kurze. Noch heute ist er einer der populärsten Heiligen der Kopten.

Rasch machte er sich auf zur heiligen Paesia. Mit Gelächter wurde der kleingewachsene Heilige in dem Bordell empfangen. Ohne sich darum zu kümmern, ging er »zu ihr hinauf«. Sie empfing ihn, schön geschmückt, »auf ihrem Ruhebett«. »Er kam und nahm nahe bei ihr Platz.«

Lang haben die beiden zusammen gesprochen. Lange haben sie zusammen geweint. Dann sprach die Prostituierte zum Wüstenvater: »Nimm mich mit, wohin du willst.« Und er nahm sie mit in die Nitrische Wüste.

»Wie sie nun in die Wüste kamen, war es später Abend geworden. Er bereitete ihr aus Sand ein Kopfkissen, machte über ihr das Kreuzzeichen und sagte ›Schlafe hier!‹. Dann machte er sich selbst ein Lager in geringem Abstand, betete und legte sich nieder.

Um Mitternacht wachte er auf. Und er sah zwischen Himmel und Erde eine leuchtende Spur. Und er sah, wie die Engel ihre Seele emportrugen zum Himmel.«

Vierzig Jahre schon sitze der heilige Johannes von Lykopolis in der Wüste, ohne jemals eine Frau zu Gesicht bekommen zu haben, staunt Rufin von Aquileja in seinem – eingangs zitierten – Expeditionsbericht. Staunenswert in der Tat. Gab es doch keinen Ort, wo ein Wüstenvater so leicht Frauen kennenlernen konnte wie in der eigenen Einsiedelei. Frauen werden ja leicht krank. Frauen suchen Heilung. Heilige können heilen, sie besitzen ja, nach antiker Vorstellung, göttliche Kraft.

Sie waren die Heilpraktiker des vierten Jahrhunderts, und ihr weiblicher Zulauf war enorm. Auf Eseln, auf Kamelen, die meisten zu Fuß, in niemals endender Prozession zogen Ägyptens Frauen hinaus zu den heilenden Heiligen der Wüste.

Als größter Wundertäter galt Makarius der Alexandriner. Der war allerdings schwer zu finden. Um der Belästigung zu entgehen, hatte er nicht nur zwei Einsiedeleien wie Antonius, sondern gleich drei. Einer »vornehmen Jungfrau aus Thessaloniki, die seit vielen Jahren an Lähmungen litt«, gelang es dennoch, Makarius zu finden. Und sie hoben die gelähmte Griechin in der Einsiedelei vom Kamel. Es war ein schwieriger Fall: »Unter Gebeten rieb er sie zwanzig Tage lang eigenhändig mit geweihtem Öl ein. Dann schickte er sie geheilt in ihre Heimatstadt zurück. Nach ihrer Heimkehr ließ sie ihm reiche Gaben zukommen.«

Ist es ein Wunder, daß bei soviel »eigenhändigen« Wundern manchmal auch »kollaterale« Wunder passierten? Wo immer auf dem ägyptischen Dorf eine Jungfrau schwanger wurde, aber den Namen des Liebhabers nicht preisgeben mochte, war die Schutzbehauptung wie gefunden: »Es war ein Wüstenvater!«

Einmal gab es in der Nitrischen Wüste einen Aufruhr. Ein junger Einsiedler hatte eine Frau zu sich genommen. Die benachbarten Einsiedler rotteten sich zusammen. Um der Strafexpedition mehr Autorität zu verleihen, forderten sie den heiligen

Ammonas auf, mitzukommen und das Weib aus der Wüste zu vertreiben.

Ammonas wußte es einzurichten, daß er schon vor der entfesselten Brüderschaft am Ort der Sünde eintraf. Dort hatte der gefallene Einsiedler die Frau inzwischen, aus lauter Angst, in einem großen Faß versteckt. Als hätte er nichts gemerkt, setzte sich der heilige Ammonas auf eben dieses Faß. Als dann die andern Wüstenväter die Einsiedelei stürmten, gab er von seinem Faß herab selber den strengen Befehl, alles genau zu durchsuchen. Sie fanden von der Frau keine Spur. Da schalt Ammonas die andern Wüstenväter: »Gott soll euch vergeben, daß ihr einen Bruder verleumdet habt!« Und er hieß sie gehen. Dann stieg er vom Faß, nahm den Sünder bei der Hand und sagte: »Gib auf dich acht, Bruder!« Und ohne ein weiteres Wort ging der Heilige weg.

Nicht mit dem verklemmten Hochmut gebildeter Asketen sind die ägyptischen Wüstenväter den Frauen begegnet, sondern mit vulgärer Vertraulichkeit und oft mit bäurischem Schalk. Das ändert jedoch nichts daran, daß auch sie gegen Frauen etwas hatten:

»Ein Bruder sagte zum alten Sisoes: ›Vater, du bist alt geworden, gehen wir doch näher an die bewohnten Gegenden heran, für die kommende Zeit.‹ Der Greis antwortete ihm: ›Wir wollen dahin gehen, wo keine Frau ist.‹ Da fragte der Jünger: ›Wo ist ein Ort, wo es keine Frau gibt, außer in der Wüste?‹ Der Greis erwiderte: ›Also dann, bringe mich in die Wüste!‹«

»Nimm keine Frau in deine Hütte!«, »Schlafe nicht, wo eine Frau ist!«, »Greife nie mit deiner Hand in die Schüssel, wenn eine Frau ihre Hand drin hat!« Zahlreich überliefert sind Ermahnungen dieser Art.

Nichts als Verklemmung, Krankheit und Perversion hat Karlheinz Deschners psychoanalytisch gebildetes Auge aus derlei Wüstenvätergeschichten herausgelesen. Das ist ein kategorialer Irrtum. Deschner verwechselt die Wüstenväter mit der Klasse, der er selber angehört. Zuständig für bourgeoise Sexualität ist in der Tat Sigmund Freud. Zuständig für proletarische Sexualität aber ist Karl Marx.

Ein junger Wüstenvater ging dem heiligen Paphnutius auf die Nerven mit seiner Potenzprahlerei: »Auch wenn ich zehn Weiber nähme, könnte ich meine Begierde nicht stillen.«

Als dieser halbstarke Wichtigtuer eines Tages aus der Kolonie des heiligen Paphnutius verschwand, wunderte sich niemand. Es lief ihm auch keiner nach. In solchem Maße waren die Wüstenväter eine Gesellschaft von Querköpfen und Einzelgängern, daß da nie einer einem verlorenen Schaf nachgelaufen ist.

Doch fügte es sich eine Weile danach, daß der alte Paphnutius durch ein Dorf kam. Im Marktgewimmel traf er einen jungen Mann, der schwerbeladen war mit Körben und Tongefäßen. So überanstrengt, so erbärmlich sah der junge Mann aus, daß Paphnutius ihn nicht wiedererkannte. Doch jener rief ihm zu: »Erkennst du mich nicht? Ich war doch einmal dein Schüler!«

Überrascht musterte der heilige Paphnutius den erschöpften Jüngling. »Es fehlte nur«, sprach er kopfschüttelnd, »daß du wirklich zehn Weiber genommen hast.« Da seufzte der Junge: »Um die Wahrheit zu sagen, ich habe nur eine genommen und habe die größte Mühe, ihr genug Brot zu verschaffen.«

Zehn Weiber kann einer nehmen. Wenn er für jede ein Haus hat. Und für jede die nötigen Felder dazu. So ist das noch heute auf dem modernen afrikanischen Dorf. Doch auf dem antiken ägyptischen Dorf war es ungleich schlimmer: Eine Frau nehmen und Steuerzahler werden war ein und dasselbe. Der blühende Jüngling hatte ja jetzt einen festen Wohnsitz. Für den Rest seines Lebens war er taxierbar. Jederzeit war er greifbar, belangbar. Lebenslang war er bestimmt zur Knechtschaft. Denn er war der Herr einer Frau.

Weit über die Nitrische Wüste hinaus reichte der Ruhm des heiligen Olympios. Den Alten galt er als Vorbild der Weisheit, den Jungen als Vorbild der Keuschheit.

Doch eines Tages verspürte Olympios einen starken Drang »eis porneiam«. Zur Unkeuschheit. So unwiderstehlich wuchs die Versuchung an, daß er schließlich zu sich selber sprach: »Geh und nimm dir ein Weib!«

Olympios stand auf, bereitete Lehm und knetete daraus ein Weib. Dann betrachtete er sein Werk: »Schau, Olympios«, sprach er zu sich selbst, »das ist dein Weib, jetzt mußt du viel arbeiten, um sie zu ernähren!« Und er arbeitete, so hart er konnte.

Doch die Lehmfigur war ihm so schön gelungen, daß Olympios die Versuchung zur porneia eher noch stärker verspürte. Da nahm er, tags darauf, nochmals Lehm, formte daraus ein kleines Mädchen, stellte es neben das Weib und sprach zu sich selber: »Olympios, dein Weib hat geboren! Nun mußt du noch mehr arbeiten, damit du dein Kind ernähren und kleiden kannst.« Und er arbeitete »bis zur Erschöpfung«.

Zu Tode erschöpft klagte er: »Jetzt vermag ich die Arbeit wirklich nicht mehr auszuhalten.« Dann erteilte er sich selber die Lehre: »Wenn du die Mühsal nicht ertragen kannst, Olympios, dann begehre auch nicht nach einem Weib!« – »Gott aber sah seine Mühe, nahm den Kampf von ihm, und Olympios bekam Ruhe vor der Versuchung.«

Freiheit ist unteilbar. Sie hat eine politische und finanzielle Dimension: Fliehe das Finanzamt! Sie hat aber auch eine religiöse und eine häusliche Dimension. Wenn ein Mann eine Frau hat, so ist das, wie wenn er einen Bischof hat: Es ist das Ende jeglicher Freiheit und Beweglichkeit.

»Fliehe den Bischof und fliehe die Frau!«

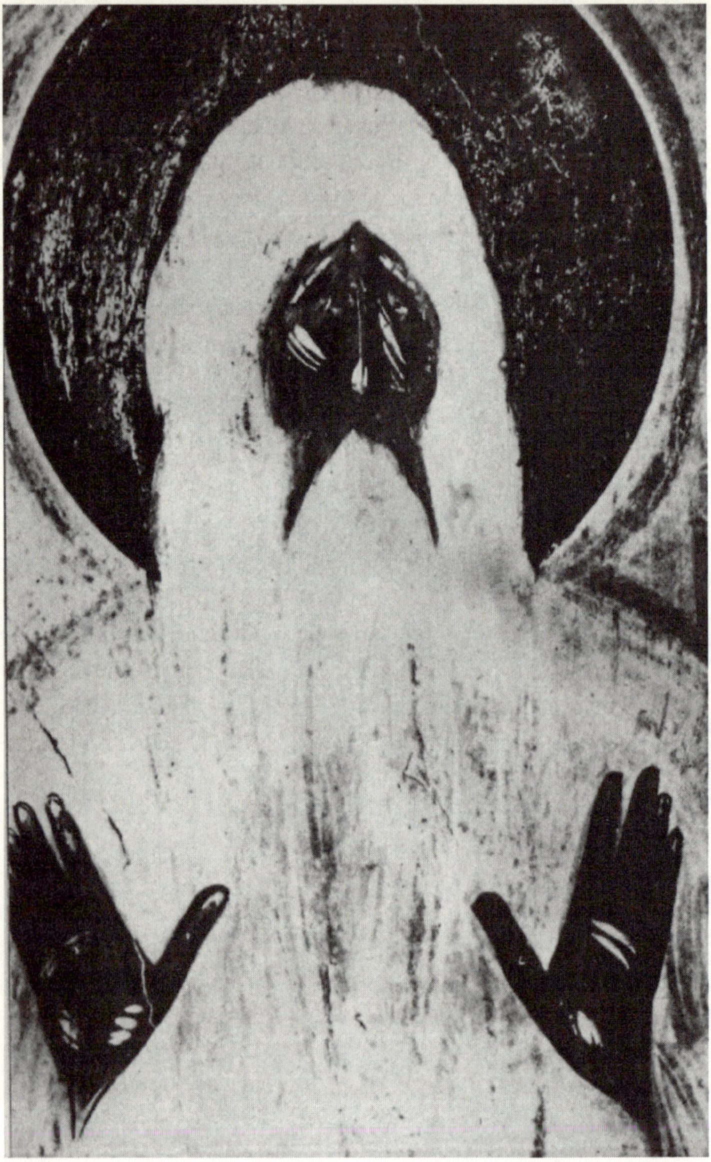

»Er war ein Gott auf Erden«: Makarius der Große
(russisches Fresko, 14. Jh.)

9. Kapitel: Gott und die Fünf-Tage-Woche

Es waren »zwei junge Ausländer, von denen der eine schon einen Bart hatte, der andere erst einen leichten Flaum«. Die zogen zusammen durch die Nitrische Wüste, und wo sie hinkamen, von Einsiedelei zu Einsiedelei, hatten sie nur eine Frage auf den Lippen: »Wo geht es hier zum Alten Makarius?«

Keine einfache Frage. Ob allzu vieler Besucherinnen und Besucher hatte den großen Makarius, wie zuvor den großen Antonius, »the wanderlust« (Chitty) gepackt. Unauffindbar trieb sich der alte Kameltreiber zwischen vier verschiedenen Einsiedeleien hin und her. Schon hatten die beiden jungen Fremden alle Hoffnung aufgegeben, als ihnen ein einsamer Alter vor seiner Hütte, nach langem Schweigen, zur Antwort gab: »Ich bin es.« Da warfen sie sich dem Alten zu Füßen und sagten: »Bei dir wollen wir bleiben.«

Ägyptische Fellachen, griechische Intellektuelle, steuerflüchtige Großgrundbesitzer, brave Bürokräfte aus Alexandrien, Deserteure und Straßenräuber – es war ein wild zusammengewürfeltes Volk, das ankam unter den Drei Palmen von Nitria. Im Kopf aber hatten sie alle nur eines, das gleiche wie diese beiden jungen Ausländer: Einen »Alten« mußte jeder finden, unbedingt.

Uralt ist das Wort für den »Alten«: »abba« heißt es auf koptisch wie auf aramäisch. Wenn Augustinus schreibt, Gott sei »jünger als alle«, so ist das ein Gedanke, der keinem Ägypter in den Sinn gekommen wäre. Auch keinem Juden. Jesus redet Gott selbst als seinen »abba« an (Markus 14, 36). Umgekehrt war Makarius in der Wüste ein so großer Abba geworden, daß es von ihm in einem der verwegensten Vätersprüche heißt: »Er war ein Gott auf Erden.« Konnte es unter den Neuen, die in Nitria ankamen, einen sehnlicheren Wunsch geben als diesen: Wenn nur Abba Makarius *mein* Abba würde!

Zu jedem Tun muß jeder Lehrling zuerst einen Lehrmeister finden. Mit Gott allein sein, in der Einsamkeit überleben, galt den

Wüstenvätern als »das schwierigste Werk«. Undenkbar war es ohne die Einweisung durch einen Abba. Das Unglaubliche wagen und als erster, allein ohne Abba, in die Wüste ziehen konnte Antonius nur, weil für ihn, wie für Jesus, Gott selbst zum Abba wurde. »Theodidakt«, sagt sein Biograph Athanasius mit einer erstaunlichen Wortschöpfung, war Antonius in der Wüste, »Lehrling bei Gott selbst«.

Das »autonome«, gar das »selbstverwirklichte« Individuum der Nachmoderne hat in der Einsamkeit nichts zu suchen. Es kommt dort um. In einem seiner düstersten Sprüche, gleich zu Anfang der »Apophthegmata«, sagt Antonius, er habe manchen erlebt, der glaubte, einfach so, ohne Abba ins Abenteuer der Wüste ziehen zu können, und der deshalb »verrückt geworden ist«. Andere, fährt Antonius fort, seien »körperlich zugrunde gegangen«. Poimen, der große Seelenführer, warnt dringend: »In allem, was du tust, hole Rat. Ohne Rat handeln ist Wahnsinn.«

Er hätte das nicht eigens zu sagen brauchen. Dem Strom der Neuen, die unter den Drei Palmen hoffnungsvoll anlangten, kam aus der Wüste der gespenstische Zug jener entgegen, die sich, wie Palladius es ausdrückt, in der Einsamkeit »das Genick gebrochen hatten«. Manche seien »dem Wahnsinn anheimgefallen«, andere hätten nach ihrer Rückkehr aus der Wüste nur noch blödsinnig »gehurt und gesoffen«. Zu schweigen von jenen, die draußen in der Einsamkeit »kein Wasser mehr fanden und umgekommen sind«.

Kein »Werk« muß so dringend von einem anderen Menschen gelernt werden wie das Alleinsein. Dem modernen Menschen, der an »Selbstverwirklichung« glaubt, mag dies paradox erscheinen. Dem antiken Menschen war es die größte Selbstverständlichkeit. Warum war es dann so schwer, in der Wüste einen Abba zu finden?

Die geometrische Progression unter den Wüstenvätern war das eine. Ganz wenige Alte, wie Antonius und Ammun, waren vorausgegangen. Tausende wollten jetzt ihre Jünger sein. So bekam Moses, der große Räuberhauptmann, schnell 75 Räuberlehrlinge in seiner Einsiedelei zusammen. Noch mehr Jünger hatte Johann der

Kurze, von dem es dann aber auch gleich heißt, daß »die ganze Nitrische Wüste an seinem kleinen Finger hing«. Um den besonders einfühlsamen Poimen »verstädterte« die Wüste wie um Antonius.

Paradoxerweise galt gerade dies als das Kennzeichen eines wahren Abba: daß er Möchtegern-Jünger abwies. Wer selber schon gelernt hat, allein zu sein, der möchte allein gelassen werden. Wie Makarius, der »Gott auf Erden«. Er musterte die beiden jungen Ausländer, die sich ihm zu Füßen geworfen hatten. »Sie waren üppig gekleidet und kamen aus dem Reichtum.« Da sagte Makarius nein.

Die beiden Jungen stellten sich taub. »Die Anstrengung wird sie dazu bringen, daß sie von selber gehen«, dachte sich Makarius. Und er machte ihnen das mühselige Leben eines Einsiedlers vor: Holz sammeln und Steine brechen. Daraus ein »kellion« (»Hütte«, später »Zelle«) bauen. Palmzweige hieß er sie sammeln und daraus Seile flechten, um etwas Geld zu verdienen. Gelegentlich aß Makarius auch mit den beiden fremden Jüngern. Doch er sagte kein einziges Wort.

Für nichts gab ein Abba seinen Jüngern eine Regel. Auch nicht für das Essen. Statt Vorschriften zu machen, ließ er den Jünger, ohne ein Wort zu sagen, »sehen«, was und wieviel er aß.

Sehen kann noch heute jeder in der Wüste, daß Pflanzen und Tiere, die dort dauerhaft überleben, ihren Nahrungsverbrauch möglichst einschränken. Asketen sind die Pflanzen und Tiere der Wüste. Sie sind es von Natur. So auch, dem Klima angepaßt, die Wüstenväter.

Henry Morton Stanleys deutscher Freund, der baltische Botaniker Georg Schweinfurth, hat in den Jahren 1876 bis 1878 das Leben der Tiere und Pflanzen in den damals noch unberührten Wüsten um das Antoniuskloster als erster erforscht. Ähnlich wie Athanasius in seiner Antonius-Biographie kommt Georg Schweinfurth zum Schluß, daß die Askese der Wüstenväter nichts anderes gewesen sei als ein Leben »kata physin«, ein Leben »nach der Natur«:

»Der ganze Wüstenhaushalt ist auf ein beständiges Fastenleben eingerichtet. Pflanzen und Tiere unterliegen demselben Gesetz, auch der Mensch, der in ihrer Mitte heimisch wird, macht keine Ausnahme. Die Nüchternheit wird zum Gebot, das Fastenleben des Einsiedlers ist kein Verdienst mehr. Alles, was ihn umgibt, hungert nach unseren Begriffen und dürstet, und doch ist alles voller Leben und Kraft.«

Am auffälligsten ist der asketische Umgang der Pflanzen mit dem Wasser: »Die größere oder geringere Menge des zugeführten Nasses beeinflußt wenig die gewohnheitsmäßige Enthaltsamkeit der Wüstengewächse. Alle sind sie an ein äußerstes Minimum davon gewöhnt, der Überfluß bleibt ungenutzt.«

Beobachtungen aus dem Jahr 1878. Als ich dieses Kloster im Jahr 2000 besuchte, brachten mich die Mönche nicht bei sich selber unter, sondern in einem Nebengebäude, in dem koptische Arbeiter wohnten. Obwohl diese Männer jünger waren und arbeiten mußten, aßen sie weniger als ich und tranken fast nichts. Zum Frühstück aßen sie einen Fladen Brot und eine Schale Bohnen. Mir, dem Fremden, brachten sie danach ein winziges Glas Tee. Sie selber tranken den ganzen Morgen nichts. Nicht weil sie fasten wollten, sondern weil sie kein Bedürfnis empfanden. Nach ein paar Tagen dann hatte sich mein Körper der Wüste angepaßt. Von selber trank auch ich jetzt viel weniger als daheim im nassen Norden.

Nicht irgendwelche virtuose Hungerei um der Hungerei willen, wie sie den Wüstenvätern in den byzantinischen Legenden nachgesagt wird, sondern ein Leben »kata physin« – naturgemäße Anpassung an Landschaft und Klima: Das war das Geheimnis der ungewöhnlichen Gesundheit und des biblischen Alters dieser wahrhaft »Alten«.

Die meisten Abbas haben ihren Jüngern zwei Fladenbrote am Tag vorgegessen. Makarius aß mit den beiden jungen Ausländern »etwas Brei und drei Fladen Brot«. Zu dritt tranken sie einen Becher Wasser.

Nicht erwähnt wird das Selbstverständliche: daß Makarius den beiden jungen Ausländern ihre »üppigen Gewänder« wegnahm und sie als Wüstenväter »einkleidete«. Dies war zuerst keine eigentliche Tracht, sondern nur die einfachste Hirtenkleidung, bestehend aus einem langen ärmellosen Hemd mit Kapuze und Gürtel, sowie für die kalten Nächte einem Schafspelz über den Schultern. Ziemlich rasch hat sich dieses zwanglose Hirtenkleid zur Wüstenväter-Tracht stilisiert und sakralisiert. Das griechische Wort für »Tracht« sagt alles über diese Entwicklung: Es heißt »schema«. So auch ist im 13. Jahrhundert jener grobe braune Rock umbrischer Tagelöhner, den Franz von Assisi eigens trug, um keine Mönchskutte zu tragen, binnen kurzem wiederum zum »schema« geworden. Zur Tracht der Franziskaner.

Von »abba« kommt unser Wort »Abt«. Was heute, ornamentalisiert, ein Privileg von Äbten und Bischöfen ist, gehörte damals zu jedem Wüstenvater, auch zum jüngsten: der Hirtenstock. Er diente hauptsächlich zur Abwehr von Schlangen.

Wie alle ägyptischen Väter, wenn sie nicht fußkrank waren, ging abba Makarius seine weiten Wege durch die Wüste barfuß. Ausländischen Jüngern dagegen – von Evagrius und Arsenius wird das ausdrücklich berichtet – beließ ein ägyptischer Abba gewöhnlich die Sandalen.

So lebten die beiden jungen Fremden drei Jahre lang beim alten Makarius in der Wüste.

Und Gott? Von Gott drei Jahre lang kein Wort.

Ungleich inniger als an den Gott der Wüste glauben katholische Mönche heute an den Computer. So haben es Mönche der französischen Abtei Solesmes unternommen, sämtliche »Apophthegmata Patrum« elektronisch auszuwerten. Eine Fülle von Details sind dabei, thematisch beliebig abrufbar, herausgekommen, zum Beispiel über das Backen von Fladenbroten, über antike Penis-Entzündungen oder über den diätetischen Wert von Kopfsalat. Doch das Spannendste ist, wie stets, was nicht herausgekommen ist. Nach jahrelanger mühseliger Programmierarbeit fehlen den

Computermönchen von Solesmes noch immer die Informationen über Gott. Lucien Regnault: »Von Gott ist da nicht viel die Rede, auch nicht von Christus und nicht von der Jungfrau Maria ...«

Ähnlich enttäuscht war schon zu Lebzeiten der Wüstenväter ein heidnischer ägyptischer Priester. Abba Olympios, uns bereits bekannt durch seine Nöte mit der »porneia«, erzählt die Begegnung so: »Einmal kam ein heidnischer Priester und übernachtete bei mir in meiner Einsiedelei. Er sah sich unser Leben an und sagte schließlich zu mir: ›Bei der Art, wie ihr lebt, empfangt ihr da keine Visionen von eurem Gott?‹ Ich antwortete: ›Nein.‹ Da sagte der Priester zu mir: ›Wirklich, wenn *wir* unserem Gott den heiligen Dienst darbringen, verbirgt er nichts vor uns, sondern offenbart uns seine Geheimnisse. Und ihr nehmt soviel Mühen auf euch, wacht und betet und lebt asketisch – und doch sagst du: Wir haben keine Visionen.‹«

Visionen in der Wüste? »Und Moses verhüllte sein Angesicht, denn er fürchtete sich, Gott anzuschauen« (Exodus 3, 6).

So redselig, wie ein Ägypter nur sein kann, erscheint Antonius sonst. Alles, was er über Engel und Dämonen wußte, hat er seinen Jüngern immer wieder aufgetischt. Und einiges mehr. Doch wenn es um Gott geht, um den Gott der Wüste, hört selbst bei ihm alle ägyptische Geschwätzigkeit auf. Wohl heißt es bei Athanasius, Antonius sei am Berg Kolzim versunken gewesen »in die Schau der göttlichen Dinge«, und der 30. Väterspruch fügt hinzu, er sei »erfüllt gewesen vom göttlichen Geist«. Doch »vor den Menschen darüber reden wollte er nicht«.

Gott schweigt. Die Wüste schweigt. Deshalb ist sie eine religiöse Landschaft. Will er Gott in der Wüste kennenlernen, so hat der Mensch zu schweigen. Das ist bei den Wüstenvätern der göttlich ernste, innerste Kern der Askese. So verfemt war spirituelles Geschwätz über Gott bei den ägyptischen Vätern, daß kein noch so großer Abba von sich aus, ungefragt, ein Wort über Gott sagen durfte. Er mußte warten auf einen jener kostbaren Augenblicke, in denen ein Jünger oder ein Freund ihm die Frage stellte, stets mit der geheiligten Formel: »Abba, sag uns ein Wort!«

Erst als er im Sterben lag, wagten sie Abba Besarion, den Wandereremiten, zu fragen: »Abba, sag uns ein Wort!« Wer Gott erfahren will, antwortete Besarion, »muß sein wie die Cherubim und die Seraphim: ganz Auge.«

»Abba, sag uns ein Wort!« baten sie Abba Jakob. Und er gab zur Antwort: »Fremde aufzunehmen ist gut; aber besser ist es, selber ein Fremder zu sein.«

»Abba, gib uns ein Wort«, sagten sie zum alten Sisoes. »Suche Gott«, gab er zur Antwort, »aber frage nicht, wo er wohnt.«

Vor dem Gott der Wüste hat jedwede Wichtigtuerei aufzuhören. Jede Selbstdarstellung. Auch jede komplizierte Beterei. »Willst du, daß wir die zwölf Psalmen beten?« fragte frühmorgens der ältere der beiden jungen Ausländer den Abba Makarius. Und er sagte ja.

Die Mönche in den vier großen Klöstern des Wadi Natrun weisen gerne stolz darauf hin, daß sie, sie allein, das Erbe der Wüstenväter unverfälscht bewahren. Das ist fromme Illusion. Wirtschaftlich sind diese Klöster heute landwirtschaftliche Großbetriebe mit enormen Maschinenparks und mit endlosen Wohnsiedlungen für die Lohnarbeiter. Religiös sind sie Brutstätten eines koptischen Fundamentalismus geworden, der nichts anderes ist als der kleine häßliche Bruder des islamischen Fundamentalismus.

Und trotzdem. Es gibt einen Augenblick, in dem, selbst in den Klöstern des Wadi Natrun, der antike Ursprung unverfälscht spürbar wird. Das ist in tiefer Dunkelheit morgens um vier.

Zu dieser Stunde ruft die Glocke des Klosters Deir Anba Bischoi zum ältesten Gebet der antiken Christenheit. »Ad gallicantum« hieß es im lateinischen Westen, »zum Hahnenschrei«. Ein paar schwarzverhüllte Gestalten eilen, sich die klammen Hände reibend, in verschiedene Richtungen. Denn das Kloster hat ein halbes Dutzend kleine Kirchen. Dort angekommen gibt jeder erst einmal allen, die schon da sind, die Hand. Wie eben Leute, die einander in der Frühe treffen, einander erst einmal grüßen. In kleinen zwanglosen Gruppen, vielleicht vier oder sechs, nicht mehr, stehen sie zusammen. Und jetzt fangen sie an zu singen.

Die Psalmen König Davids in der alten Sprache der Ägypter!

Auch bei uns, in Benediktinerklöstern, singen Mönche morgens früh. Aber das sind dann, im Chorgestühl einander gegenübergestellt, zwei disziplinierte Reihen. Und wie sie dastehen, genauso linear diszipliniert singen sie.

Dies dagegen ist eine Szene wie entsprungen aus Barlachs Phantasie. Einer lehnt gegen den Lettner, ein zweiter setzt sich, ein dritter geht wieder, und ein anderer kommt dazu. Vier oder fünf Mönche singen zusammen, so wie vier oder fünf Freunde zusammenstehen und singen. Morgens früh um vier.

So war das damals in der Wüste, wenn Makarius mit seinen beiden Jüngern sang.

Nicht mehr als zwölf Psalmen waren es am frühen Morgen, zwölf Psalmen dann wieder zum Einbruch der Nacht. Obwohl es auch dafür keine »Regel« gab, war dies das tägliche Gebet, das die meisten Abbas ihren Jüngern weitergaben. Daraus entstanden sind die beiden klassischen Gesänge des westlichen Mönchtums, die morgendlichen »Laudes« und die abendliche »Vesper«. Manche Abbas trieben die Kargheit des Sprechens mit Gott bewußt so weit, daß sie ihren Jüngern nur einen einzigen Psalmvers vorbeteten: »Gott, komm und hilf mir!« (Psalm 3, 8). Auf lateinisch ist dies der Vers, mit dem heute jedes Stundengebet katholischer Mönche beginnt: »Deus, in adiutorium meum intende ...«

Eine »Meditationsmethode nach Makarius dem Großen«? Wenn sie das suchten, waren die beiden jungen Ausländer an den Falschen geraten. Eine »Meditationsmethode der Wüstenväter« gibt es so wenig wie eine »Meditationsmethode nach Jesus Christus«. Die Selbstinszenierung der frommen Seele im Angesicht Gottes, das mystische Herumwurschteln in der Gottheit kommt aus dem Milieu urbaner Meditanten, aus der »spirituellen Wüste« von Alexandrien, Rom und Byzanz. Erst mit Männern wie Evagrius und Kassian wird dieser Psycho-Betrieb auch in die reale Wüste eindringen. Makarius jedoch hätte, wie Antonius, wie Moses, wie Jesus, »Meditationsmethoden« als Äfferei im Angesicht des lebendigen Gottes empfunden. Als Sakrileg.

Von den christlichen Asketen der Moderne hat sich keiner so bewußt in die Nachfolge der Wüstenväter gestellt wie der Mathematiker Blaise Pascal. Als er am 19. August 1662 in Paris starb, fand man, eingenäht in seinem Wams, ein kleingefaltetes zerdrücktes Pergament. Von Pascals eigener Hand geschrieben stand darauf, unter dem Datum des 23. November 1654, das folgende »Memorial«:

»Von etwa halb elf Uhr abends bis etwa eine halbe
Stunde nach Mitternacht
FEUER
Gott Abrahams, Gott Isaaks, Gott Jakobs, nicht
der Philosophen und Gelehrten.«

So erscheint – im fast wörtlichen Zitat aus dem 2. Buch Moses – der Gott der Wüste. Als »feurige Flamme« ist er erschienen, um den Exodus aus Ägypten zu befehlen: »Und Moses sah, daß der Busch mit Feuer brannte. Und wurde doch nicht verzehrt« (Exodus 3, 2). Es ist derselbe Gott, den Antonius in der Wüste erlebt hat. »Hätte ich«, sagte Sisoes über seinen Abba Antonius, »auch nur einen einzigen Gedanken wie Antonius, ich wäre reines Feuer.«

Drei Jahre waren die beiden jungen Ausländer Abba Makarius stumm gefolgt. Da, eines Morgens, sah Makarius, wie der jüngere »fünf Psalmen mit je sechs Versen sang, dazu ein Alleluja«. Nach jedem Vers »kam eine Feuerfackel aus seinem Mund und stieg zum Himmel auf. So war es auch bei dem Älteren, wenn er seinen Mund zum Singen öffnete. Wie ein feuriges Band kam es aus seinem Mund, und es reichte bis zum Himmel«.

Reines Feuer ist der Gott der Wüste. Am 23. November 1654 hat Pascal ihn erlebt. Acht Jahre lang trug er danach das »Memorial«

auf seiner Brust. Als kostbare Erinnerung. Denn das Erlebnis hat sich nicht wiederholt.

Elf Jahre lang, von 1905 bis zu seiner Ermordung im Jahr 1916, hat der Wüstenforscher Charles de Foucauld in der Einsamkeit der Sahara, unablässig betend, versucht, den Gott des Antonius zu erleben. Dann schrieb er in sein Tagebuch: »Ich will ja gerne glauben, daß Gott mich liebt. Aber er sagt es mir nie.«

Der Gott der Wüste ist kein lieber Gott. Und keine »Meditationsmethode« zwingt ihn herbei. Wehe dem, der diesen Gott vergeblich sucht. Ihn wird der Dämon holen. Nicht irgendein Dämon, sondern, so warnen fast wortgleich Evagrius und Kassian, der schrecklichste aller Dämonen der Wüste. Sein Name ist »acedia«.

Mit diesem Dämon haben Evagrius und Kassian die Mönche des Westens, für mehr als tausend Jahre, bis zum Wahnsinn geplagt. In seinen klassischen Quästionen »Über das Böse« wird Thomas von Aquin diesen Dämon porträtieren als jene »Traurigkeit der Welt«, die »den Tod wirkt« (2. Korintherbrief 7, 10). Mit einem dämonischen Schweif von Zuständen »stumpfer Verzweiflung« sucht die »acedia« den gottverlassenen Mönch heim. Damit alles noch schlimmer wird, hat im 20. Jahrhundert der Philosoph Josef Pieper, geistiger Meister über drei Generationen von deutschen Katholiken, den Dämon der »acedia« gleichgesetzt mit Heideggers »Flucht des Daseins vor ihm selbst«, ja mit Kierkegaards »Krankheit zum Tode«.

Alles »spiritualis scientia«. Tiefsinn. Und somit Unsinn. An die Wirklichkeit heran führt ein Blick ins Wörterbuch. »akedía« heißt auf spätgriechisch »Langeweile«.

Wüste kann grauenhaft langweilig sein.

Selbst für den religiösen Menschen, den diese kosmische Landschaft in ihren Bann zieht, gibt es eine Tageszeit, in der die Wüste unerträglich wird. Das ist die Mittagsstunde. Sowohl Evagrius als auch Kassian setzen den Dämon der »acedia« gleich mit dem biblischen »Dämon der Mittagsstunde« (Psalm 91, 6).

Glühend heiß ist der Sand. Nichts bewegt sich mehr. Steht nicht sogar die Sonne still? In seiner Hütte sitzt, erschlagen von der Hitze, einsam der junge Möchtegern-Wüstenvater. Da tritt der »Dämon der Mittagsstunde« an ihn heran. Der Dämon der »acedia«. Und er flüstert ihm zu: Aussteigen ist das größte Abenteuer, wohl wahr. Aber Ausgestiegensein? Merkst du es nicht: Ausgestiegensein ist das Langweiligste auf der Welt! Willst du ein Leben lang hier draußen, ganz allein, in den glühenden Sand starren? Täglich Wasser holen gehen für den stummen Alten? Fladenbrot kauen? Von Zeit zu Zeit, lieber Junge, eine Frau aus Lehm kneten? Und auf einen Gott hoffen, den es, ganz im Vertrauen gesagt, nicht gibt?

Der »Dämon der Mittagsstunde«. Heute erscheint dieser Dämon, zeitlich ein bißchen verschoben, am Sonntagnachmittag. Immer drückender wird sie, von Minute zu Minute, die gähnende Langeweile. Bis du schließlich, am heiligen Sonntagnachmittag, gegen fünf, in die Küche gehst und, aus lauter »acedia«, den Spülstein scheuerst.

Gegen »acedia« hilft Beschäftigung. Erfinder der Beschäftigungstherapie ist kein Geringerer als Antonius selbst.

Das »Alphabeticum«, die klassische griechische Sammlung von 948 »Vätersprüchen«, hebt feierlich an mit folgenden Worten: »Als Abba Antonius einmal voller acedia und voll düsterer Gedanken in der Wüste saß ...«

... da versuchte er es mit Beten. Doch das half nicht. Da ging Antonius aus seiner Höhle ins Freie. »Und er sah einen, der ihm glich. Der saß da und arbeitete, stand dann von der Arbeit auf und betete, setzte sich wieder und flocht an einem Seil, erhob sich dann abermals zum Beten. Und siehe, es war ein Engel des Herrn, der gesandt war, Antonius Belehrung und Sicherheit zu geben.«

Mit dieser außerordentlich feierlichen Anweisung – der brüderliche Engel ist stets Bote göttlicher Weisheit – beginnen die »Vätersprüche« und beginnt das Mönchtum des Westens. »Bete und arbeite«: Der Spruch stammt nicht erst, wie die Benediktiner behaupten, von Benedikt. »Ora et labora« ist Offenbarung Gottes an Antonius. Besonders spannend ist, wie Antonius mit dem Wechsel zwischen Arbeit und Gebet einen Wechsel der Körperhaltung verbindet: Sitzend arbeiten, dann stehend beten, und wieder sitzend arbeiten. Diese Beschränkung der körperlichen Übung auf den Wechsel von Positionen ist der Wüstenhitze in ähnlicher Weise angepaßt wie Hata-Joga dem indischen Klima.

Doch dann kommt die Stunde, in der auch kein »Bete und arbeite« mehr hilft. Die Mittagsstunde. Viel zu heiß zum Aufrechtstehen und Beten, viel zu heiß zum Sitzen und Seileflechten. Das ist die Stunde des »Mittagsdämons«. Es ist die Stunde der schlimmsten Versuchung. Schau, da kommt er wieder, der Dämon der »acedia«, diesmal um besonders heimtückisch den Einsiedler mit religiöser Correctness zu versuchen.

Sag, flüstert er scheinheilig, was hat die tödliche Langeweile hier in der Wüste mit der christlichen Nächstenliebe zu tun? Vielleicht ist dein Bruder krank. Höchste Zeit, daß du ihn besuchst. Jene fromme Dame in Alexandrien, die doch mit dir nur über Jesus reden wollte, schuldest du ihr nicht einen kleinen Besuch? Wann hast du übrigens, lieber Heiliger, das letzte Mal eine heilige Messe besucht?

Zu den großen Motiven toskanischer Malerei im 14. und 15. Jahrhundert gehört die »Thebais«, die Wüstenväter-Szene um Antonius. Die zahlreichen Tafelbilder und Fresken haben eins gemeinsam: Fast nie erscheint ein Einsiedler allein. In der Regel besucht einer den andern. Am häufigsten zu sehen ist der heilige Antonius, wie er den heiligen Paul von Theben besucht. Diesen »Ureinsiedler« Paul von Theben hat der heilige Hieronymus erfunden. Nicht erfunden hat Hieronymus das Hauptlaster der ägyptischen Einsiedler: Besuche machen. Besuche von morgens bis abends. Besuche hin und her. Von einer Einsiedelei zur andern.

Nicht ganz ungefährlich, die Besucherei in der Wüste. Kassian hat, am Wegrand in der Sonne, die Skelette zweier verdursteter junger Einsiedler bleichen sehen. Die beiden hatten nur einen kranken Abba in der Nachbarschaft rasch besuchen und ihm ein paar Feigen bringen wollen.

Legendäre Begegnung: Antonius und Paul von Theben
(Mathias Grünewald, Isenheimer Altar)

Einmal wurde dem großen Makarius auf dem Wanderweg zwischen seinen vier Einsiedeleien »the wanderlust« vergällt durch unerwünschte Wandergesellschaft. Es war, erkennbar an seiner höllisch schlechten Laune, der Teufel selbst. »Hast du denn keinen Freund?« fragte voll christlicher Barmherzigkeit der einsame Wüstenvater den einsamen Teufel. Der schüttelte traurig den Kopf. Der Teufel wörtlich: »Alle sind böse auf mich und keiner nimmt mich an!«

Bitter fehlte dem armen Teufel in der Wüste jener fromme Vorwand, den ein Wüstenvater alleweil hatte, wenn er es vor Sehnsucht nach Gesellschaft nicht mehr aushielt: Am Sonntag geht ein Christ zur Kirche!

Nur am Sonntag?

Unter Christen gab es im 3. Jahrhundert eine kleine kalendarische Meinungsverschiedenheit. In Alexandrien und in Rom, in den beiden tonangebenden Städten also, galt der Sonntag als der Tag des Herrn; überall sonst aber war das der Samstag. In der Wüste kamen die meisten Väter aus ägyptischen Dörfern; sie waren für Samstagsheiligung. Doch da waren die ehemaligen Büroangestellten aus Alexandrien, die römischen und griechischen Intellektuellen; sie waren für Sonntagsheiligung. Was tun?

Zweimal feiern. Die Wüstenväter, schreibt Sozomenos, »nehmen am ersten *und* am letzten Tag der Woche an den heiligen Mysterien teil«.

Die großen Pioniere hatten an so etwas überhaupt nicht gedacht. In den vielen Quellen über Antonius findet sich nirgendwo ein Hinweis, daß er seine Einsiedelei je verlassen hätte, um zur Messe zu gehen. Ammun in der Nitrischen Wüste genausowenig, auch Makarius der Alte nicht, zumindest nicht in den ersten Jahren. Allein sein wollten sie, wie Antonius, im Leben und im Tod; in die Kirche gehen ist das Gegenteil.

Jetzt aber waren es nicht mehr die Alten, sondern die Jungen. Die mit der Gnade der späten Geburt. Die Beflissenen, die religiös Correcten. Leute, die zur Kirche mußten. Die unbedingt in der heiligen Messe gewesen sein mußten. Am besten gleich zweimal hintereinander.

So sind britische Forscher in Palästina und französische Forscher in Ägypten unabhängig voneinander auf das gleiche Phänomen gestoßen: Schon in der zweiten, spätestens in der 3. Generation lebte das Gros der Wüstenväter nach dem festen Rhythmus der Fünf-Tage-Woche.

Von Montag bis Freitag hielten sie es aus, draußen in der Einsamkeit bei dem schweigsamen Alten. Aber am Samstag setzten sich alle in Bewegung. Aus allen Einsiedeleien strömten sie zuerst in die Dörfer am Rand der Wüste, dann, schon bald, in ihre eigenen Gotteshäuser. Zum Beispiel in die mächtige neue Kirche, die in Nitria die Drei Palmen überragte.

Am Samstagabend fand dort die Messe statt. Tagsüber kann aber keiner in der Wüste wandern. Also brachen sie alle schon am frühen Samstagmorgen auf, oder, was vielleicht noch besser war, schon am Freitagabend. Was tun den ganzen Samstag in Nitria?

»Zu guter Stunde« heißt es in den »Vätersprüchen«, das heißt: noch vor der abendlichen Messe, fanden samstags die »agapen« statt. »Liebesmähler«, wie in urchristlichen Gemeinden. Nahm ein berühmter Alter, wie Johann der Kurze, daran teil, so faßte die Kirche die vielen Jungen, die mitessen wollten, kaum. Kassian berichtet von Agapen mit mehreren hundert Asketen. Schon war, neben der Kirche von Nitria, Richtfest für einen großen Eßsaal. Schon gab es einen »Bruder Ökonom«, der sich um nichts als um das Weekend-Essen für die Einsiedlermenge kümmerte. Als Abwechslung zu der fünftägigen Brotfladen-Diät, welche die meisten hinter sich hatten, gab es auf den »Agapen« Gemüse-Eintopf oder Gemüse-Auflauf sowie Früchte. Palladius berichtet auch von Gästen, die zur »Agape« mit befreundeten Wüstenvätern »allerlei Delikatessen« »in die Kirche« mitbrachten. Zum Schluß kreiste das Baukalion, der festliche Becher der alten Gastmähler. Es war jetzt langsam Zeit für die »heiligen Mysterien«.

Der steinalte Eß-Saal im Baramos-Kloster
(Nitrische Wüste)

Und nach den Mysterien? Es gab an einem Samstag soviel zu erledigen. Um den Wüstenvätern dabei zu helfen, hatte sich um die Drei Palmen herum ein neuer Beruf entwickelt. In allen möglichen Baracken saßen, auf asketische Kundschaft wartend, die »diakonetes«. Das spätgriechische Wort entspricht in seiner Mehrdeutigkeit dem englischen Wort »agent«. Agenturen also, die alles mögliche besorgten: Bücher aus Alexandrien für intellektuell ausgedürstete Wüstenväter, Schiffstickets für enttäuschte Nachwuchs-Asketen, die wieder heim wollten zur Mama nach Rom.

Alles gab es zum Wochenende in Nitria: sieben Bäckereien, die nicht nur Brot verkauften, einen Apotheker und mehrere niedergelassene Ärzte. Und stünde es nicht bei Palladius, es wäre nicht zu glauben: Sogar eine Weinhandlung wartete, nahe den Drei Palmen, auf asketische Kundschaft aus der Wüste.

Inzwischen ist es Sonntagmorgen, Zeit für die zweite Messe. Danach löste sich die Wochenendgesellschaft ein bißchen auf, ohne allerdings schon nach Hause zu gehen. Manche sammelten sich in kleineren oder größeren Gesprächskreisen.

Am besten verstanden zu haben scheint sich ein Freundeskreis von sieben Einsiedlern, die sich in Nitria jedes Wochenende versammelten. Ohne den Abstecher in die Kirche. Einfach so, weil es schön ist, zusammen zu sein. Jeder, heißt es, brachte einen Leckerbissen mit. Nüsse der eine, Datteln der andere, und wieder ein anderer jene Delikatesse, der wir noch mehrfach begegnen werden: Nichts nämlich haben die antiken Asketen mehr geliebt als Kopfsalat. Und wie denn zum Kopfsalat das Baukalion kreiste, das Baukalion voll des – für heutigen Geschmack – unerträglich süßen antiken Weins, erklang aus den Kehlen der sieben Wüstenväter der Psalm der Psalmen: » Ei, wie so schön und lustig ist es, als Brüder zusammen zu sein« (Psalm 133, 1).

So schön und lustig war sie, in der dritten Generation jedenfalls, Wüstenvaters Fünf-Tage-Woche: fünf Tage Langeweile, zwei Tage Kurzweil. Fehlte im Grunde nur eines. Das Kurzweiligste für einen Mann, der sich langweilt, ist doch wohl die Frau.

Aber halt! Gab es sie nicht doch? Zum ersten Mal in über fünfzig Jahren ihres Bestehens meldete die »Kirchenzeitung für das Bistum Aachen« am 14. März 1999 auf Seite 11 eine Sensation: Es gab nicht nur »abbas«. Es gab auch »ammas«. Mitten unter den »abbas« haben sie, als selbstverwirklichte Frauen, in vorbildlicher Gleichberechtigung, den Wüstenvätern Gesellschaft geleistet: die »Wüstenmütter«. Christian Feldmann, Reporter der Aachener Kirchenzeitung, hat sie entdeckt.

Auf zu den »ammas«! Auf zu den »Wüstenmüttern«!

10. Kapitel: Als der Mond über dem Jordan stand – *Expedition zu den Wüstenmüttern*

Tief in der Midlife-Crisis saß ums Jahr 380 – ein paar Jahre schon nach dem Tod Antonius des Großen – ein Wüstenvater einsam am Ufer des Jordan. Zosimus hieß er und war 53 Jahre alt. Andere sagen, er sei zu diesem Zeitpunkt schon 53 Jahre lang Wüstenvater gewesen. Sicher ist eins: Zosimus steckte in einer religiösen Krise.

Dabei hätte er allen Grund gehabt, hochgestimmt zu sein. Der Palästinenser saß nämlich an einem Ort, um den ihn alle Wüstenväter Ägyptens beneidet hätten. Hier am Jordan hatte Johannes der Täufer gebüßt und gepredigt. Hier hat Jesus selber seine vierzig Tage in der Wüste verlebt.

Wie er so am Jordan saß, hätte Zosimus noch einen zweiten Grund gehabt, hochgemut zu sein. Aus der klassischen »Sophronius-Chronik« geht hervor, daß er in einer jener Eremitenkolonien gelebt hat, die sich in Palästina »Lauren« nannten. Von ihren ägyptischen Vorbildern in der Nitrischen Wüste unterschieden sich die Lauren im Grunde wenig. Jeder Eremit lebte in seiner eigenen Höhle oder »Zelle«, meist höhergelegen am Berghang, während unten in der Talsohle, allen gemeinsam, die Kirche und die Wirtschaftsgebäude standen. Eine »halberemitische« Lebensweise also, welche die Vorteile des Alleinseins mit denen der Gemeinschaft verbindet. Etwa so wie heute noch bei den Kartäusern.

In seiner Laura aber galt Zosimus als das asketische Vorbild aller andern. Dies allerdings war keine große Leistung in einer Eremitenkolonie, in der, so formuliert es der antike Bericht, »Dinge im Gang waren, die der Züchtigung bedurften«.

Wie alle wahren Wüstenväter hatte Zosimus aber das Bedürfnis nach einem »abba«. Älter nicht unbedingt an Jahren, sondern an asketischer Erfahrung. Doch eben dies, einen Bruder, der ihm Vorbild wäre in der Heiligkeit, einen Abba hatte Zosimus in seiner

Laura nicht. Das war es, was ihn traurig stimmte. Ratlos blickte Zosimus über den Jordan hinweg in die Arabische Wüste.

In diesem Augenblick kam ihm die Idee.

Aus der Zeit des heiligen Gründereifers war in seiner Laura eine Gewohnheit erhalten geblieben: Jedes Jahr zur Fastenzeit mußten alle, nach einem letzten feierlichen Mahl, die Eremitenkolonie verlassen. In seinem Kesselchen durfte sich jeder zum Unterhalt mitnehmen, was er wollte, »Feigen, Datteln oder eingeweichtes Gemüse«. Doch dann mußten sie für vierzig Tage hinaus in die Wüste. Jeder ganz allein. Wie einst die ersten Wüstenväter. Wie Antonius selbst.

Das war die große Chance. Drüben nämlich überm Jordan, viele Tagesmärsche nach Osten, in jenem westlichen Teil der Arabischen Wüste, der heute zu Jordanien gehört, dort, so sagte dem Zosimus eine innere Stimme, gebe es noch echte »abbas«. Echte Heilige, die in tiefster Einsamkeit noch genauso vollkommen lebten wie Antonius in seiner Höhle am Berg Kolzim. Mit nichts als seinem verschlissenen Mantel über den Schultern und einem Kesselchen voll eingeweichtem Gemüse in der Hand setzte Zosimus, von Hoffnung beflügelt, über den Jordan.

Am Tag der aufgehenden Sonne zu, in der Nacht sich nach den Sternen richtend, wanderte er durch die Wüste nach Osten, im Herzen geleitet von dem merkwürdig sicheren Gefühl, »auf jemanden zuzugehen, der ihm irgendwie vertraut war«. Doch als er am zwanzigsten Tag noch keinem Menschen begegnet war, als kein Tier zu sehen war, »nicht einmal mehr ein Vogel«, da sank, in der erstickenden Hitze der mittäglichen Stunde, sein Mut.

Da!

Von Osten westwärts näher kommend, sah Zosimus »ein Etwas« durch die Dünen huschen. Eine Gazelle? Nein. »Wie die Silhouette eines Menschen« kam ihm dieses flüchtig dahineilende Etwas vor. Er sah schärfer hin. Dann erschrak Zosimus so, daß er sich, schreibt Sophronius, »mit dem Kreuzzeichen schützte«. Dieses schwerelos durch die Dünen laufende Etwas konnte nichts anderes sein als ein teuflisches Trugbild. Denn es war die Silhouette einer Frau.

In diesem Augenblick vergaß der heilige Zosimus alles. Er vergaß sein Gebet, er vergaß seine Angst vor dem Teufel, »vergaß sogar, wie alt er schon war«. »Beflügelt vom Begehren, dieses fliehende Wesen ganz aus der Nähe zu sehen«, fährt Sophronius fort, »rannte Zosimus mit solcher Geschwindigkeit, daß er es schon fast eingeholt hatte.«

Jäh schlug das fliehende Etwas einen Haken, zurück nach Osten, über die ersten Anfänge eines kleinen Wadi. Statt ebenfalls hinüberzuwechseln, auf die andere Seite der Wüstenschlucht, rannte Zosimus der westlichen Seite entlang. Als er endlich aufgeholt hatte, mußte er erkennen, daß sich zwischen ihm und der fliehenden Gestalt ein Abgrund aufgetan hatte, schmal nur, doch unüberwindbar. Erschöpft hielten beide inne, jeder auf einer Felsnase, nur ein paar Schritte noch voneinander entfernt, doch füreinander unerreichbar.

Es war tatsächlich eine Frau. »Ihr Leib war schwarzgebrannt von der sengenden Sonne, ihr Haar dagegen war so weiß wie Wolle, doch trug sie es kurz, nicht weiter als bis zum Hals.« Dies konnte Zosimus sehen, weil sie ihm den Rücken zudrehte. Dennoch war sie es, die das Schweigen brach: »Zosimus«, sagte sie, ihn so vertraut beim Namen nennend, als kennten sie einander im Grunde längst, »ich möchte mich umdrehen. Aber ich bin eine Frau, und wie du siehst, völlig nackt. Bitte gib mir, damit ich mit dir sprechen kann, deinen Mantel.«

»Ganz schnell«, so fährt der griechische Text fort, »tat Zosimus, was sie ihn geheißen hatte, zog seinen Mantel aus und warf ihn über die Schlucht.« Behend fing sie ihn auf, und während er zur Seite blickte, »hüllte sie den größeren Teil ihres Körpers darin ein«. Dann wandte sie sich um. Unerreichbar, und doch ganz nahe, sah sie ihm ins Gesicht.

Sprachloses Staunen überwältigte Zosimus. Zwanzig Tage war er durch die Wüste gezogen, um einen »abba« zu suchen. Gefunden hatte er eine »amma«, die ihn beim Namen kannte. Als wäre sie sein »abba«, so bat er sie, ihn zu segnen. Und er warf sich vor ihr in den Staub.

»Es war tatsächlich eine Frau«: Zosimus begegnet der Wüstenmutter Maria (koptische Ikone)

Nachdem auch sie, wie unter Wüstenvätern üblich, sich in den Staub geworfen und gleichermaßen seinen Segen empfangen hatte, nahmen sie einander gegenüber Platz, jeder auf seiner Felsnase. Wie es stehe um das Römischen Reich, wollte sie als erstes wissen, wer in den letzten Jahren alles Kaiser geworden sei. »Und wie verhalten sich die Christen, und wie wird die Kirche inzwischen regiert?« So gut als möglich gab Zosimus Auskunft, so kurz als möglich auch, brannten ihm doch selber die Fragen auf den Lippen: »Amma, sag, wer bist du, und aus welchem Lande kommst du? Und was ist der Grund, daß du hierher geflohen bist, nackt in die schrecklichste aller Wüsten? Bitte erzähle alles und, um der Liebe Jesu Christi willen, verbirg vor mir gar nichts.«

»Wenn ich vor dir gar nichts verberge«, antwortete die Wüstenschwester mit tief gesenktem Blick, »dann wirst du, fürchte ich, vor mir davonlaufen, schneller als ich vor dir davongelaufen bin. Doch da du mich nackt gesehen hast, will ich dir die Wahrheit meines Lebens genauso nackt erzählen.«

Ägypterin war sie, ein Fellachenmädchen, das nicht lesen und schreiben konnte, eins von vielen aus irgendeinem Dorf am Nil. Zwölf Jahre war sie alt, als eine unbezähmbare Gier nach Leben in ihr aufstieg, sie hinaustrieb aus dem Elternhaus, sie hinunterschwemmte, den Nil hinab bis in die Großstadt Alexandrien. »Dort verlor ich meine Ehre.«

Und wie sie einmal ihre Ehre verloren hatte, da erfaßte die junge Ägypterin eine derart lodernde, verzehrende Gier nach Männern, daß sie kein Maß des Lasters mehr kannte. »Und so suhlte ich mich süchtig, ohne Unterlaß, im Sumpf der schauderbarsten Frevel.«

Es lag nicht an der mittäglichen Wüstensonne, daß dem heiligen Zosimus die Schweißperlen auf der Stirn standen.

Nicht selten, fuhr sie fort, habe sie sich sogar geweigert, von ihren Freiern Geschenke anzunehmen oder Geld. »Das Laster selbst war meine Lust.« Nur um der Sünde willen habe sie gesündigt. Gehurt aus reiner Freude an der Hurerei. Regelrecht verhext habe sie das Männervolk von Alexandrien. »Und es war um mich ein maßloses Gedränge.«

Sie hielt inne. Auch die Wüste schien den Atem anzuhalten. »Erzähle weiter, meine Amma«, sagte der heilige Zosimus, »und verschweige mir keine Einzelheit dieser so lehrreichen Geschichte.«

Siebzehn Jahre lang habe sie es so getrieben. Doch eines Tages, als sie, immerzu nach Männern Ausschau haltend, am Kai spazierenging, was sah sie da? »Neun oder zehn Kerle, deren Gesichter und Figur meiner entfesselten Begierde nur allzusehr gefielen.« Und sie erfuhr, daß dies fromme junge Christen waren, im Begriff, ein Pilgerschiff zu besteigen, das sie nach Palästina bringen sollte, zum Fest des heiligen Kreuzes in Jerusalem.

Jetzt war ihre Neugier so erwacht, daß sie das Schiff genauer ins Auge faßte. Sie sah, daß es von jungen Männern wimmelte. Dreihundert waren schon an Bord. Lauter junge Christen, einer schöner, einer unschuldiger als der andere. Und es kam ihr eine verbrecherische Idee. Wie, wenn sie das ganze Schiff verführen würde? »Zosimus, ich darf es dir nicht sagen, aber eben dies wollte ich: sie alle zusammen zu Komplizen meiner Lüsternheit machen.« Dreihundert unschuldige junge Christen auf einmal.

»Geld habe ich keins, aber nehmt mich trotzdem mit. Reuen soll es euch gewiß nicht.« Mit diesen Worten, schamlos lachend, stieg sie an Bord. Noch zügellosere Worte fügte sie hinzu, »so daß die jungen Männer alle lachen mußten«. Und so nahm das Pilgerschiff, unter allgemeinem Gelächter, von Alexandrien Kurs aufs Heilige Land.

Jetzt rann der Schweiß dem heiligen Zosimus über die Wangen. Die Amma sah ihn an: »Was auf diesem Schiff geschah, das, Zosimus, muß ich dir verschweigen. Keine Zunge kann erzählen, kein Ohr kann hören, wie abscheulich raffiniert ich daranging, diese unschuldigen Jünglinge, allesamt, an Leib und Seele zu verderben.«

Eines, fuhr sie fort, wundere sie noch heute: daß kein Orkan losgebrochen sei, um dieses Schiff der Sünde hinabzuziehen in den Schlund der Hölle. Doch merkwürdig, der Himmel blieb wolkenlos, die See blieb friedlich. Und so ging es, wie geplant, in Askalon von Bord.

Ist es nötig zu berichten, was alles noch Verwerfliches geschah auf dem Pilgerweg von Askalon nach Jerusalem? Als der Tag des heiligen Festes anbrach, der Tag der Kreuzeserhebung, war die Unselige am frühen Morgen schon mit nichts anderem beschäftigt, als die Männer von Jerusalem, auch sie noch, einzuführen in alle Laster Alexandriens.

Da! Was war das nur? Urplötzlich liefen alle von ihr weg. Aus allen Gassen Jerusalems lief das Volk zur festlich geschmückten Kirche mit dem Grab und mit dem Kreuz Jesu Christi. Von Neugier getrieben, rannte sie hinterdrein. Schon waren alle andern drin, schon erklangen aus dem Innern die heiligen Chöre, da kam sie selbst als letzte am Portal der Grabeskirche an.

In diesem Augenblick geschah, was längst hätte geschehen müssen: Eine unsichtbare göttliche Hand packte die ägyptische Hure und schleuderte sie mit gewaltiger Kraft weit auf dem Vorplatz des Heiligtums in Jerusalem zurück.

Trotzig stand sie auf. Trotzig stapfte sie erneut zum Portal des Heiligtums. Und wieder packte sie die unsichtbare Hand und schleuderte sie mit göttlicher Kraft zurück.

Als Gottes Faust ein viertes Mal zugeschlagen hatte, kauerte auf dem Vorplatz der Grabeskirche in Jerusalem nur noch ein heulendes Häuflein Elend. Jäh wurde es ihr klar: Ja, sie war verstoßen. Ausgeschlossen aus den Chören der Seligen, die sie, aus dem Innern der christlichen Kirche, so herrlich singen hörte. Verdammt war sie in alle Ewigkeit.

Ihre Kraft reichte grade noch aus, sich in einen Winkel hinter der Grabeskirche zu schleppen. Dort brach sie haltlos zusammen. Ihr ganzes verruchtes Leben lief vor ihrem Gewissen ab. Sie war die schändlichste Verbrecherin auf Erden. Nein, für sie gab es keine Hoffnung mehr.

Plötzlich war ihr, als höre sie eine Stimme. Sie sah auf. Über ihr, ganz nah, im herrlichen Strahlenkranz, schwebte die Selige

Jungfrau Maria. »Geh in die Wüste am Jordan«, sprach mild die allzeit Reine zu der Sünderin, »und du wirst Frieden finden.«

Allzeit hat es Männer verblüfft, wie unvermittelt eine Frau aus überwältigenden Gefühlen übergehen kann zur ganz banalen Erledigung praktischer Belange. Verblüfft hörte der heilige Zosimus zu, wie sie nach ihrer erschütternden Bekehrung vor der Grabeskirche stracks »in eine Bäckerei« gelaufen sei. Aber warum eigentlich nicht? Wollte sie in die Wüste, so brauchte sie Proviant. So kaufte sie sich drei große Brote. Und bei der Gelegenheit stellte sie dem Bäcker die nächstliegende Frage in der nächstliegenden Form: »Wo geht's hier lang zum Jordan?«

Zosimus, schweißgebadet, fiel ihr ins Wort: »Amma, erzähle mir jetzt bitte einfach, wie lange du schon büßest, hier in dieser schrecklichen Einsamkeit.«

»Ich habe es zusammengerechnet«, sagte sie, »seit 47 Jahren bin ich in der Wüste.« Das schwerste sei das erste Jahr gewesen. Als die drei Brote zu Ende waren, habe sie lernen müssen, von Kräutern zu leben und von Wurzeln, von brackigem Wasser aus dem Fluß, aus Felsspalten und aus Höhlen. »Und jedesmal, wenn ich nur ein bißchen aß oder ein bißchen trank, stiegen in mir die leidenschaftlichsten Begierden hoch.« Nach den Fleischtöpfen Ägyptens sehnte sie sich. Vor allem sehnte sie sich nach Wein. »Mitten in der Wüste starb ich vor Begierde, unanständige Lieder zu singen.« Alle die schändlichen Lieder, die sie ihren Freiern frech vorgesungen hatte, damals, ja damals in den Lasterhöhlen von Alexandrien.

Seit der Mittagsstunde saßen sich die beiden in der glühenden Sonne gegenüber. Jetzt brach die Nacht herein, die frostklare Nacht der Arabischen Wüste. Vielleicht war Zosimus inzwischen auch in seiner männlichen Aufnahmefähigkeit etwas überfordert. Ob man sich nicht in einem Jahr wiedersehen könne, fragte er seine »amma«. Er erzählte ihr von der Sitte des alljährlichen Wüstenurlaubs in seiner Laura. Und so beschlossen sie einträchtig, sich nächstes Jahr wieder zu treffen – aber diesmal bei ihm, besser gesagt: in *seiner* Wüste, westlich vom Jordan. »Und er warf sich nieder«, heißt es bei Sophronius, »und küßte die Spur ihres Fußes im Sand.«

»Es war Vollmond«, so fährt der Bericht fort, als ein Jahr später der Wüstenvater Zosimus, seiner Wüstenmutter harrend, wiederum am Jordan saß. Ein paar asketische Geschenklein hatte er mitgebracht für sie, nämlich »einen Binsenkorb voll Datteln, Feigen und eingeweichten Linsen«. Zosimus wartete.

Er wurde unruhig. Warum kam sie nicht? »Vielleicht war sie schon hier, hat mich nicht gefunden und ist wieder gegangen.« Plötzlich ging es ihm auf: »Sie kann gar nicht zu mir kommen. Sie hat doch gar kein Schiff. Warum haben wir das nicht bedacht?« Hilflos spähte er über den Jordan.

Da! Quer über den mondbeglänzten Wüstenfluß kam eine Silhouette geschwebt. Zosimus sah schärfer hin: Es war, »in dem äußerst hellen Licht des Mondes klar erkennbar«, die Silhouette einer Frau.

Sie gaben einander den Friedenskuß. »Hier« sagte er, »ich habe etwas mitgebracht, iß, Amma, eine Kleinigkeit davon.« Immer wieder wehrte sie ab. Bis sie schließlich, weil er so drängte, drei eingeweichte Linsen annahm. Ihm zuliebe. Dann fing sie an zu beten. Zosimus, den Blick gesenkt, betete mit. »Doch da sie immer länger im Gebet verharrte, hob er ein wenig die Augen. Da sah er, daß sie etwa eine Elle hoch über dem Boden schwebte. So wirklich sah er sie schweben, daß er Gott zum Zeugen dafür anrief.«

Wie lange sie zusammen gebetet haben, der Abba und die Amma, im Mondenschein am Jordan? Als der Morgen graute, war es abgemacht: In einem Jahr sehen wir uns wieder. Dann aber wieder bei ihr, in *ihrer* Wüste. Und nachdem er zum Abschied nicht nur wie beim letzten Mal die Spuren ihrer Füße im Sand geküßt hatte, sondern diesmal die Füße selbst, schwebte sie, im letzten Strahl des Mondes, über den Jordan zurück. Erst als Zosimus wieder in seiner Laura saß, fuhr es ihm plötzlich heiß durch den Sinn: Die ganze Nacht hatte er, vor lauter Beten, vor lauter Schweben, das Wichtigste vergessen. Er hatte vergessen zu fragen, wie sie hieß!

Mit nichts als dieser bangen Frage im Kopf setzte, ein Jahr später, der heilige Zosimus wieder über den Jordan. Doch als er nach zwanzig Tagen in der Sandwüste des Ostens angekommen war, wurde er unruhig. Nicht eine Spur im Sand. Nicht ein Schatten in den Dünen. Wo war sie nur, die namenlose Silhouette, die seine Seele suchte?

Es war Abend schon, als er sie fand. Nackt und schwarzgebrannt wie damals saß sie im Sand, das Gesicht nach Osten gewandt, wie zum Gebet. Doch sie regte sich nicht. Und als er ihre Füße berührte – »ein anderes Glied zu berühren getraute Zosimus sich nicht« –, da fühlte er, daß sie gestorben war.

Im Wüstensand kniend brach Zosimus in Tränen aus: Gottes Vorsehung hatte ihn zu ihr geführt, damit er der Welt ihre Geschichte erzähle. Die schönste aller Geschichten aus der Wüste. Und jetzt? Nie würde er ihren Namen wissen. Ein Abschiedsbrief? Er suchte gar nicht danach. Sie hatte ihm ja gleich am Anfang erzählt, daß sie nicht schreiben könne.

Da! Zufällig hatte er zu Boden geschaut. Und siehe, er las, mit geheimnisvollem Finger in den Sand geschrieben, ihren Scheidegruß: »Zosimus, begrabe meinen Leib im Staub, von dem er kam. Und bitte Gott um Gnade für die arme Sünderin MARIA.«

Sancta Maria Aegyptiaca! Am 1. April in den Kirchen des Ostens, am Tag danach in den Kirchen des Westens schwebt sie, jedes Jahr neu wie einst am Jordan, über allen christlichen Altären: die berühmteste aller Wüstenmütter, des großen Antonius große Wüstenschwester Maria. Und über dem Altar, die große Maria von Ägypten umschwebend, der ganze Chor der kleineren Wüstenmütter: »Ammas heißen sie in den alten Überlieferungen, führten ein hartes Asketenleben, ausgefüllt mit Beten, Meditieren, Fasten, aber auch mit einfacher Handarbeit«, so preist die Aachener Kirchenzeitung, religiously korrekt, die heilige Thais und die heilige Chariclea, die heilige Cyra und die heilige Marina, die heilige Athanasia und die heilige Apollinaria Syncletica. Muß ich alle aufzählen?

Es ist nicht nötig. Ob das der »Kirchenzeitung für das Bistum Aachen« gefällt oder nicht – eines haben die kleineren Büßerinnen mit der großen Maria von Ägypten gemein: Diese Wüstenmütter haben allesamt, von der kleinsten bis zur größten, niemals existiert. Präziser gesagt: Entweder haben sie gar nicht existiert, oder, wenn sie existiert haben – ohne Zweifel existierten viele Prostituierte in Alexandrien –, dann waren sie niemals in der Wüste.

Wohlmeinende TheologInnen vom Schlage Anne Jensens (»Gottes selbstbewußte Töchter«) klammern sich historisch am liebsten an Palladius, jenen spirituellen Reiseschriftsteller, dem wir bereits unter den Drei Palmen Nitriens begegnet sind. Im Vorwort zu dem Wüstenväter-Buch, das er im Jahr 419 für den Hofkämmerer Lausos in Byzanz verfaßte, der »Historia Lausiaca«, kündigt Palladius dem Leser Berichte an »über die heiligen Väter, Männer *und Frauen*, die ich aus eigener Erfahrung oder vom Hörensagen kenne und mit denen ich Umgang pflegte in der Wüste Ägyptens, in Libyen, in der Thebais« und anderswo. Von »ammas« wolle er berichten, von »Müttern«, die den »abbas« in der Fähigkeit, die Strapazen der Wüste zu ertragen, in keiner Weise nachgestanden hätten. Das läßt hoffen.

Doch was müssen wir dann lesen? Wir lesen von einer Grand Old Lady der christlichen Gemeinde in Alexandrien, die Palladius persönlich interviewt hat, deren Namen er aber nicht zu nennen wagt. Warum nicht? »Der ganze Klerus in Alexandrien bezeugt, sie sei in ihrer Jugend, als sie etwa zwanzig war, so ungemein schön gewesen, daß jeder, der nicht ins Gerede kommen wollte, ihren Umgang meiden mußte.«

Zeitgenosse dieser betörend schönen Christin war Bischof Athanasius von Alexandrien (295–373), jener heilige Athanasius, aus dessen Feder wir schon soviel über seinen Freund Antonius erfahren haben. Daß der Bischof von Alexandrien weit draußen in der Wüste Freunde suchte, hatte seinen Grund: In Alexandrien selber gab es niemanden, mit dem er nicht Streit hatte. Um den Frieden in der Stadt wiederherzustellen, schickte Kaiser Konstantius II. im

Jahr 355 seine Häscher in den Bischofspalast von Alexandrien. Davon bekam Athanasius gerade noch rechtzeitig Wind. »Um Mitternacht nahm er seine Tunika und floh.«

Wohin? Im ersten Augenblick dachte Athanasius an eine der vielen reichen alten Damen, die seit den Tagen des Origenes den Klerus in Alexandrien betreuten. Sofort verwarf er die Idee. Bei denen würde ihn die Polizei suchen, gerade bei denen.

Nur eine gab es, bei der ihn niemand suchen würde. Kein Polizistengehirn käme je auf die Idee, daß ein so asketischer Bischof wie er bei der schönsten Jungfrau von Alexandrien untergeschlüpft sein könnte. Verängstigt öffnete sie, als kurz nach Mitternacht der Bischof an ihr Türchen klopfte. Doch er konnte sie beruhigen: »Der Herr hat mir offenbart, daß ich bei niemand anderem Zuflucht finde als bei dir!«

Palladius fährt fort: »Vor lauter Freude ließ jene alle Bedenken fallen und ergab sich ganz dem Herrn. Und so hielt sie diesen hochheiligen Mann während sechs Jahren – solange Konstantius noch lebte – versteckt, wusch ihm selber die Füße, schaffte seinen Kot aus dem Haus, sorgte für alle seine Bedürfnisse, ging sogar in die Bibliothek und lieh auf ihren eigenen Namen Bücher, damit er etwas zum Lesen habe.«

Hier stimmt etwas nicht. Nach seinen eigenen – nicht unglaubwürdigen – Angaben steckte Bischof Athanasius in eben diesen Jahren nicht mitten in Alexandrien bei jener Schönen im Kleiderschrank, sondern »weit draußen in der Wüste« in einer Einsiedelei, ganz damit beschäftigt, das »Leben des Antonius« zu schreiben. Vor allem aber: Wie kann Palladius uns allen Ernstes eine zwanzigjährige stadtbekannte Schöne, die, und sei's mit einem Bischof im Unterrock, zwischen Appartement und Bibliothek hin- und herrennt, als Wüstenmutter auf die Nase binden!

Und so die andern alle. Wenn sie überhaupt existiert haben, dann, nach heutigem Forschungsstand, entweder in den Vorstädten von Alexandrien oder in den Dörfern am Nil. Aus allerbestem Grunde.

Wüste ist Männersache.

»Siebenmal standen wir im Angesicht des Todes«, so faßt Rufin seinen Expeditionsbericht aus der ägyptischen Wüste zu einer Zeit zusammen, als dies bereits ein touristisches Programm war und kaum ein griechischer oder lateinischer Kirchenvater mehr darauf verzichten mochte, gelegentlich Wüstenvater auf Zeit zu spielen. Doch was in der dritten oder vierten Generation Romantik war, wenn nicht Roman, war in der ersten Generation, um Antonius, grausame Wirklichkeit. Sonnenglut und klirrend kalte Nächte, Hunger und Durst, Sandstürme, Salzsümpfe und Banditen – der Exodus in die Wüste war der Lange Marsch der Christenheit. Lange Märsche sind, ganz physisch, Männersache. Wer's nicht glauben will, der lese die Erfahrungsberichte jener wenigen Gefährtinnen Maos, die 1936 heil in Jünan angekommen sind.

Physisch und nervlich war die Wüste Männersache. Und noch in einem andern Sinne, den zu verstehen modernen Frauen genausowenig schwerfallen dürfte wie antiken. Die Wüstenväter entstammten ja in ihrer großen Mehrheit den einfachsten sozialen Schichten. Nicht wenige hatten eine ähnlich kriminelle Vergangenheit wie Abba Moses. Wilde Männer waren das mit rauhen Formen und jähen Impulsen. Jetzt waren sie, unzweifelbar, geläutert. Heilige waren sie, unzweifelbar, schon fast. Sehr erfreulich. Aber nicht verläßlich. Es gibt, gerade bei Heiligen, so etwas wie Versuchung. Es gibt, gerade bei bekehrten Räubern, eine Rückfallquote. Mit solchen Gesellen als Nachbarn draußen in der Wüste leben zu wollen, schutzlos, als Einsiedlerin Tag und Nacht allein, das hat sich keine noch so gottbegeisterte Christin Ägyptens zumuten wollen.

Allein oder in kleinen Gemeinschaften lebten die frühen christlichen Asketinnen hinter den sicheren Mauern der Stadthäuser angesehener Familien, fast immer unter dem persönlichen Schutz des örtlichen Bischofs. In einer solchen frühklösterlichen Gemeinschaft hat zum Beispiel nach dem Bericht des Athanasius des großen Antonius eigene Schwester gelebt. Weibliche Askese setzt körperliche Sicherheit voraus. Wüste ist das Gegenteil. Für die Schwester die sichere Gemeinschaft, für den Bruder das Abenteuer der Wüste: Das entspricht gewiß nicht den pastoralpädagogischen Normen für die postkonziliare Begegnung der Geschlechter in katholischen Pfarrgemeinden. Dafür entspricht es den zeitlosen Normen plebejischer Vernunft.

Es ist jetzt wichtig zu wissen, daß die Legenden von den Wüstenmüttern zwar für ein urbanes Bildungspublikum erdichtet wurden, jedoch nicht für ein modernes, sondern für ein antikes. Nichts aber hat die antike Phantasie, die religiöse wie die literarische, so leidenschaftlich geliebt wie Geschichten von Menschen und von Göttern, die einander unerkannt erscheinen. Ob Zeus sich der Leda als Schwan nähert oder der Europa als Stier, nie wissen die Menschen, in welcher Gestalt er nächstens inkognito erscheint. »Metamorphose« nannten die Alten dieses Wechselspiel der Erscheinung. Metamorphosen zu erfinden, Metamorphosen zu enträtseln bereitete dem hellenistischen Bildungspublikum solche Lust, daß ein Zeitgenosse Jesu Christi, der römische Dichter Ovid, die gesamte antike Mythologie in einen Band von zweihundert Metamorphosen zusammenfassen konnte.

Hätte Ovid nicht der alten heidnischen »ars amandi« gehuldigt, sondern dem neuen christlichen »bios angelikos«, spätestens in der Verbannung im Pontus hätte er diese Metamorphose geschrieben:

In der christlichen Gemeinde zu Alexandrien gab es keine vorbildlichere Gattin und Mutter als sie: die heilige Athanasia. Doch Gott ließ ihre beiden Kinder sterben. Da überredete sie ihren Gatten Andronicus, um der Liebe Christi willen alles zu verlassen und hinauszuziehen in die Nitrische Wüste.

Die ersten Wüsten-Eltern? Adam und Eva in der Wüste? Unmöglich. Um bleiben zu dürfen unter den Vätern im Wadi Natrun, mußte Andronicus seine Gattin verstoßen. Sie aber schnitt sich ihre wallenden Haare kurz, zog Männerkleider an und wanderte heimatlos unstet bettelnd so lange durch die Wüste, bis »ihre

Schönheit ganz verwelkt und ihr Gesicht schwarz geworden war wie das einer Äthiopierin«.

So stand sie nach zwölfjähriger Odyssee schwarzgebrannt vor der Wüstenhöhle des heiligen Andronicus: »Ich heiße Athanasius und bin ein Bruder auf Reise. Darf ich,« fragte sie scheu, »bei dir übernachten?« Und er erkannte sie so wenig wie Penelope den Heimkehrer Odysseus.

Woran es nur liegen mochte, daß dieser fremde Abba Athanasius dem Abba Andronicus vom ersten Augenblick an dennoch so gefiel? Seine Sittenstrenge, seine Herzensgüte, alles gefiel Andronicus an Athanasius. Er bat ihn, länger bei ihm zu bleiben. Ganz zu bleiben bat er ihn. Und so lebten sie schuldlos zusammen in der Wüste, Andronicus und Athanasius, wie einstmals Adam und Eva vor dem Sündenfall im Paradies.

Wiederum gingen zwölf Jahre ins Land. Da ward Bruder Athanasius krank. Aufopfernd pflegte ihn Bruder Andronicus, so aufopfernd, wie sonst nur Liebende einander pflegen. Von Zeit zu Zeit nur schenkte Bruder Athanasius Bruder Andronicus einen langen Blick. Ob Männer wirklich so sind? Ob Männer wirklich gar nichts merken? Nein, Männer merken gar nichts. Sollte sie es also darauf ankommen lassen, daß er bei der Leichenwäsche einfach merken *mußte*, daß sie eine Frau war? Nein! Dann würde er ja immer noch nicht merken, daß sie seine eigene Frau war. Und so hat sie es ihm in ihrem letzten Stündlein leise, zärtlich anvertraut: »Bruder Andronicus, merkst du es nicht? Ich bin Athanasia. Dein Weib bin ich.« Und sie verschied.

Als Mann erscheint die Frau dem Mann und bleibt doch bis zum letzten Atemhauch sein Weib. Gibt es in der Geschichte der christlichen Keuschheit eine schönere Metamorphose als die der heiligen Athanasia?

Ja.

Hure wird Heilige. Alexandriens größte Hure wandelt sich, übernatürlich, zur größten Heiligen der Wüste. In der Gestalt der heiligen Maria von Ägypten hat ein christlicher Ovid die ganze Geschichte der späten Antike genial verdichtet zur großen Poesie.

Wer der fromme Schreibtischtäter war, ist unbekannt. Sophronius, der Patriarch von Jerusalem (gestorben 638), dem die Geschichte lange Zeit untergeschoben wurde, gilt heute als unschuldig. Vermutlich war es jemand aus seinem hochgebildeten klerikalen Umfeld. Im heiligen Zosimus hat der Unbekannte uns seinen psychoanalytischen Steckbrief hinterlassen: ein Mönch einer palästinensischen Laura, der in einer männlichen Krise steckte. Sind Männer in der Krise nicht oft die besten Dichter?

In einer besonders tiefen Krise steckte im Jahre 1829 Johann Wolfgang Goethe. Gerade war er achtzig geworden. »Als Altmeister sitze ich da«, beklagte er sich, »doch die schönen Kinder, sie bleiben fern.« Und noch immer hatte Faust II keinen sinnvollen Schluß. Auf der dringenden Suche nach Motiven, die ihm helfen könnten, Gretchens tragisches Schicksal doch noch ganz zum Schluß himmlisch zu wenden, geriet Goethe an die »Acta Sanctorum«. Das ist jene immense Sammlung von Quellen zur Heiligengeschichte, an der die Brüsseler Jesuiten jahrhundertelang gearbeitet haben, ohne je zu einem Ende zu kommen. Ganze Wände von Bibliotheken füllen diese lateinischen Akten. Doch nur eine interessierte den Dichter, die Akte von 1643, Spalte 67 bis Spalte 90: »Maria Aegyptiaca«.

Mit steigender Spannung las Goethe die Geschichte von Zosimus und der ägyptischen Maria. War hier nicht, archetypisch, fast alles vorweggenommen, was ihm selber zur Begegnung von Faust und Gretchen eingefallen war? Und dann gar in den Acta Sanctorum die Stelle der Verklärung, wo die ägyptische Maria langsam aus dem Wüstensand abhebt und sich »etwa eine Elle über dem Boden schwebend« verklärt. Vor den verzückten Augen des heiligen Zosimus.

Vor den verzückten Augen Goethes. Im 5. Akt und in der letzten Szene von Faust II wird die heilige Maria von Ägypten zu einer der drei himmlischen Büßerinnen, die, einstmals selber tief gefallen, für Fausts gefallene Geliebte schwesterlich eintreten:

»Bei dem hochgeweihten Orte,
Wo den Herrn man niederließ,
Bei dem Arm, der von der Pforte,
Warnend mich zurücke stieß;
Bei der vierzigjährigen Buße,
Der ich treu in Wüsten blieb,
Bei dem seligen Scheidegruße,
Den im Sand ich niederschrieb –«

erwirkt Maria von Ägypten für Gretchen himmlische Verzeihung. Und wie jetzt auch in Goethes Faust die ägyptische Wüstenmutter, aktengetreu, nach oben schwebt, entschwebt an ihrer Seite Gretchen selbst ins unvergängliche Gleichnis: »Das Ewig-Weibliche zieht uns hinan.«

Hier irrt Goethe.

So wie jene irren, die sich heute viel frauenforscherische Mühe geben, in der frühen Geschichte der Christenheit nach Spuren weiblicher Selbstverwirklichung zu suchen. Da wird dann Jesus zum »Gesalbten der Frauen«, Maria Magdalena wird zur »apostola«, und es ist an manchem etwas dran. Aber nicht viel. An Maria von Ägypten ist gar nichts dran.

Die Zukunft der Frau ist etwas, was die Frauen heute selber unternehmen müssen. Spurensicherung im Treibsand der christlichen Vergangenheit wird ihnen dabei nicht helfen. Im Gegenteil.

So ist auch jene Stelle der Sophronius-Legende, wo Maria von Ägypten überm Sand der Wüste schwebt, die einzige Passage, die, historisch-kritisch gesehen, als wahr bezeichnet werden darf. So wahr wie Gretchen aus Goethes Phantasie in den Himmel über Weimar entschwebte, so wahr ist einst Maria von Ägypten aus der Phantasie eines spätantiken Mönchs am Jordan in den Himmel über der Wüste Arabiens entschwebt.

Das Ewig-Männliche hob sie hinan.

Kapitel 11: Der Fluch der späten Geburt

Noch immer ist historisch-kritisch ungeklärt, wo Athanasius der Große sich eigentlich versteckt hielt, als er im Jahr 357 sein »Leben des Antonius« schrieb. Steckte der eigensinnige Bischof von Alexandrien, wie Palladius versichert, tief im Kleiderschrank der schönsten Jungfrau seiner Stadt, oder steckte er, wie er selbst behauptet, eingehüllt in den Schafspelz, den ihm sein Freund Antonius geschenkt hatte, »weit draußen in der Wüste«?

Vermutlich wohl im Schafspelz, jedoch im Kleiderschrank. Darauf schließen lassen jene bedenklichen Mängel seines Manuskripts, die deutschen Altphilologen Anlaß geben werden zu strengen Rügen. In großer Hast habe er schreiben müssen, gibt Athanasius selber im Vorwort zu. Zu viele Anhänger des Antonius, aus Westeuropa vor allem, hätten, ein Jahr nach dem Tod des großen Wüstenvaters, nach diesem Buch aufs dringendste verlangt. Jetzt wo im Hafen von Alexandrien das letzte Postschiff vor der schlechten Jahreszeit schon die Segel setze, reiße ihm »ho grammatophoros« – der Briefträger – die »Vita Antonii« ganz einfach aus der Hand.

Es war nicht nur der grammatophoros. Das ganze Römische Reich schien auf dieses Buch gewartet zu haben, so ungeheuer war sein Publikumserfolg. Für Jahrhunderte wurde es zu einem Bestseller, für den es in der modernen Literatur nur eine Parallele gibt: Genauso überwältigend wird im 18. Jahrhundert Daniel Defoes »Robinson Crusoe« zum Bestseller der protestantischen Welt.

»O happy desert!« Wörtlich so, wie ein antiker Wüstenvater, preist Robinson nach seiner Bekehrung und Läuterung die Einsamkeit seiner karibischen Insel. Dabei hat Daniel Defoe als Sohn von »Dissentern«, von radikalen Protestanten, die »Vita Antonii« nie zu lesen bekommen. In freier Phantasie hat der Engländer das klassische Abenteuer der Antike in die Moderne projiziert, aus der Wüste in die Karibik, aus der katholischen Erlebniswelt in die protestantische. Und es wird das populärste, meistgelesene Buch der Moderne. Als gebe es nichts, was über alle Jahrhunderte hinweg so viele Menschen so archetypisch zu fesseln vermag wie das Abenteuer der Einsamkeit.

Die Leser des 4. Jahrhunderts allerdings hat, viel stärker als das Archetypische, das Aktuelle fasziniert. Nur deshalb ist das »Leben des Antonius« zum Bestseller der späten Antike geworden, weil dieses scheinbar weltentrückte Buch den Nerv der Epoche traf.

Im Jahr 313 zieht Antonius nach Kolzim, hinaus in die äußerste Wüste. Im selben Jahr 313 erläßt Konstantin das »Edikt von Mailand«; die katholische Kirche wird Staatskirche.

Zuerst wurde der katholische Klerus für steuerfrei erklärt, was – noch war der Zölibat nicht Pflicht – einen Sturm reicher römischer Familienväter auf die katholische Priesterweihe auslöste. Vor allem auf die Bischofsstühle drängten jetzt, mit Jacob Burckhardt zu sprechen, »rhetorische und politische, namentlich finanzielle Talente«. Plötzlich saß so ein christliches Finanztalent sogar auf dem römischen Stuhl des »Flamen Dialis«, des hochbezahlten staatlichen Jupiterpriesters, der sich übrigens im Erscheinungsbild von den katholischen Bischöfen nur dadurch unterschied, daß von der Spitze seiner Mitra an einem Schnürchen ein Hölzchen herunterbaumelte. Drüben in Konstantinopel kam, noch machtbewußter, die neue herrschende Klasse der Bischöfe in den »plaustra« einhergefahren, den prachtvollen kaiserlichen Staatskarossen.

»Kirche der Märtyrer«?

Für den gesamten Zeitraum der ersten vier Jahrhunderte bekam die Forschergruppe um den belgischen Historiker Henri Grégoire, trotz ameisenhaftem Fleiß, nicht mehr als knapp 10.000 Märtyrer zusammen. Trotzdem ist etwas dran an der späteren Legende von den unzähligen Märtyrern des Christentums. Diese unzähligen Märtyrer hat es gegeben. Allerdings erst nach 313.

Als nach dem 2. Weltkrieg aus allen Büschen Frankreichs unzählige »Résistants« hervorgekrochen kamen, um sich auf die Posten und Pöstchen zu stürzen, die nach der militärischen Wende neu zu besetzen waren, haben sich die wenigen echten Widerstandskämpfer gewundert. Nicht so der katholische Theologe Louis Bouyer. Ihm als Kirchenhistoriker kam das alles nur zu vertraut vor.

Hinter allen Büschen des Römischen Reiches kamen im Jahr 313 die »Märtyrer« hervor, Wendechristen ohne Zahl, die ungeniert in die steuerfreien Posten und Pöstchen der neuen Staatskirche drängten. Und wenn einer beim besten Willen nicht glaubhaft machen konnte, er habe in den Jahren der Verfolgung – »martyr« heißt auf griechisch »Zeuge« – für den christlichen Glauben mannhaft gezeugt? Dann hatte er wenigstens, irgendwann in schlimmer Zeit, einen echten Märtyrer versteckt gehalten. Dafür hatte er, nach der Wende, einen schriftlichen Beweis. »Versöhnungsschein« hieß ein solcher echt antiker Persilschein: »libellus pacis«.

Das Himmelreich hatte Jesus prophezeit. Gekommen war das Gegenteil: die Staatskirche.

Und jetzt aus Ägypten die Sensation: Noch gab es sie, die echten Märtyrer. Es gab sie neu: Tausende von Männern, die mit ihrem ganzen Leben dafür zeugten, daß Christentum das Gegenteil von Macht und Pfründe ist, von Korruption und Karriere.

Die Wüstenväter!

Im 8. Kapitel seiner »Bekenntnisse« beschreibt Augustinus den religiösen Schock, den die »Vita Antonii« in seinem Mailänder Freundeskreis ausgelöst hat: »Hast du gehört! Ungebildete Leute stehen auf und reißen das Himmelreich an sich!« Fast unmittelbar danach wird Augustinus Christ, kehrt nach Africa zurück und gründet dort, von Antonius bewegt, seine erste asketische Lebensgemeinschaft.

Weitaus am stärksten war die Resonanz bei den Frauen. Von Anfang an waren in den christlichen Gemeinden die Frauen in der Mehrheit. Reiche und gebildete Frauen zog das Christentum besonders an. So eindrucksvoll war schon um Jesus selbst die Zahl der reichen Jüngerinnen, daß Lukas sie gar nicht alle mit Namen aufzählen mag: »... und viele andere Frauen, die mit ihrem Vermögen für ihn sorgten« (Lukas 8, 3).

Wie um Jesus, so um Origenes. Ein erlesenes Publikum von begüterten und gebildeten Frauen war es, vor dem der Alexandriner seine Lehre vom »engelgleichen Leben« entwickelt hatte. Die Begeisterung dieses Publikums war um so größer, als viele christliche Frauen wegen des Männermangels in den christlichen Gemeinden gar nicht heiraten konnten.

Südwärts »absickernd« in die Dörfer Ägyptens war die alexandrinische Askese, unerwartet, zur rauhen Männerbewegung mutiert. Mit allen Postschiffen nordwärts befördert, mutierte sie jetzt in Rom und in Konstantinopel genauso unerwartet zum aberwitzigen Gegenteil: Zur ersten großen Emanzipationsbewegung europäischer Frauen. Zu einer, so der britische Sexualhistoriker Havelock Ellis, »revolt of women against men and marriage«.

Das lag an einer Besonderheit des römischen Rechts. Wenn eine Frau heiratete, verlor sie die Verfügung über ihr Vermögen. Blieb sie dagegen ledig, so blieb sie Herrin ihres Geldes. Danach freilich hatte nie eine Römerin gestrebt. Zu verachtet war im heidnischen Rom die unverheiratete Frau.

Jetzt kam aus Alexandrien als neuer Lifestyle das »engelgleiche Leben«. Mit seiner für Rom ganz neuen Hochschätzung des unverheirateten Menschen, ob Mann, ob Frau. In Scharen wurden die reichen römischen Frauen katholisch, legten das Gelübde der Keuschheit ab und wurden so, dank »bios angelikos«, Herrinnen über ihr Vermögen. Mitten in der Kapitale der Patriarchen gewannen sie als zölibatäre Christinnen die Verfügungsgewalt über sich selbst.

Angeführt hat die Bewegung Roms schönste Christin, die heilige Marcella. Einen steinreichen römischen Patriarchen hatte die junge Marcella geheiratet, der jedoch kaum sieben Monate nach der Hochzeit unter nicht mehr zu klärenden Umständen starb. Jetzt war Marcella nicht nur die schönste, sondern auch eine der reichsten Witwen von Rom. Mitten in der Stadt der »paterfamilias«-Allmacht wandelte sich ihr luxuriöser Familienpalast auf dem Aventin zur Kommandantura einer Frauenbewegung für Keuschheit und

Zölibat. Die heilige Rufina und die heilige Praetextata, die heilige Fabiola, die heilige Principia und die heilige Furia – »Gottes selbstbewußte Töchter« (Anne Jensen) – gingen da ein und aus.

Abenteuerlicher noch war der weibliche Betrieb in der Zweitvilla der heiligen Marcella. In diesem Landhaus vor den Toren Roms gründete sie eine ökospiritistische Frauengemeinschaft, in der sie, einmal abgesehen vom Joghurt, sämtliche spezifisch weiblichen Formen der Askese als erste entwickelte: »Selbstgebackenes Brot, Gemüse aus dem eigenen Garten, frische Milch, all die Köstlichkeiten des Landes bieten uns eine bescheidene, aber bekömmliche Nahrung. Wenn wir so leben, wird uns der Schlaf nicht vom Meditieren, die Übersättigung nicht vom Lesen abhalten. Im Sommer wird uns ein Baum mit seinem Schatten beschirmen. Im Herbst wird die milde Luft und das Laub, das den Boden bedeckt, uns zur Ruhe laden. Im Frühling sind die Wiesen mit Blumen übersät.«

Noch schöner, noch reicher als die heilige Marcella, sagen manche, war die heilige Melania. Mit 22 Jahren wurde auch sie, verwunderlich schnell, Witwe. Zum Trost las sie »drei Millionen Zeilen Origenes« (Peter Brown). In ihrer Zweitvilla am Ölberg in Jerusalem widmete sich Melania der großzügigen Förderung von jungen christlichen Intellektuellen. Sie hat Rufin von Aquileja gesponsert samt seinem Expeditionsbericht. Sie war es, die den verstörten Evagrius Ponticus nach seinem byzantinischen Liebeskummer in Jerusalem aufopfernd pflegte.

Noch reicher, noch keuscher als Marcella und Melania war nur eine: die heilige Paula. Paula die Willensstarke aus dem Geschlecht der Scipionen. Paula die Hochgebildete, die das Alte Testament im hebräischen Original las. Mit 31 Jahren war auch sie bereits Witwe. Ihr immenses Familienvermögen steckte sie in die neue Bewegung für Keuschheit und Zölibat.

Was Gottes reiche Witwen vormachten, das machten Gottes reiche Töchter nach. »Verwöhnte Damen, die in jungem Alter in den Besitz eines großen Vermögens und eines umfangreichen Hauswesens gekommen waren« – so charakterisiert der evangelische Historiker Hans Achelis das Milieu –, warteten jetzt gar nicht mehr darauf, Witwen zu werden, sondern legten gleich das Gelübde der Jungfräulichkeit ab. Und blieben so, lebenslang, Herrinnen ihres Erbteils. Herrinnen ihrer selbst.

Ein einziges Wort besagt im Grunde alles: »Zölibat« kommt von »coelebs«, das heißt ursprünglich »Fräulein«, »unverheiratete Frau«. Nicht »paterfamilias« zu sein, keinen Sohn gezeugt zu haben war für einen römischen Mann so peinlich, so unrömisch, daß es dafür nur ein Fremdwort aus dem Griechischen gab: »monachus« (»Single«, »Mönch«).

Solche monachi tauchten jetzt auch in Rom auf. Weil das Gesinde einer Frau nicht gehorchen wollte, nahmen sich sogar die meisten »coelibes« einen »monachus« ins Haus. Als Verwalter. Als zölibatären Gefährten. Doch das Prestige dieser »Mönche« war gering. »Die Frau«, so umreißt es Hans Achelis, »blieb die Eigentümerin des Hauses und seiner Reichtümer, sie bestimmte die Rechte ihres Beistandes, konnte seine Stellung heben und drücken nach Gutdünken, und es fehlten die natürlichen Motive, die den Gatten der Gattin überordnen.«

Maßlos war der Ärger jener, denen die natürlichen Motive nicht fehlten: der katholischen Familienväter in Rom. Gegen ein bißchen Keuschheit hatten sie nichts einzuwenden gehabt. Solange dies nichts weiter war als ein Erziehungsmittel, um ihre Töchter auf den unberührten Eintritt in eine standesgemäße Ehe vorzubereiten. Aber doch nicht so etwas!

Nicht so etwas Unrömisches, so etwas typisch Griechisches wie die neue Szene von zölibatären Intellektuellen, die den reichen römischen Witwen und Jungfrauen hofierten. Am allerwenigsten so einen wie den heiligen Hieronymus, der, als linker Keuschheitsapostel, der heiligen Paula auf der Tasche lag.

Immer unerträglicher wurden die Witze der Heiden. Die katholischen Familienväter beschlossen zu handeln. Damit nie wieder einer auf den Gedanken komme, in Rom so etwas Linkes, so etwas Unrömisches zu propagieren wie den Zölibat, verbannten sie im

Jahr 385 durch Konzilsbeschluß den heiligen Hieronymus samt seinem »Mönchsgesindel« aus der Heiligen Stadt.

Das war die Schwäche der römischen Frauenbewegung: Ihr fehlten die richtigen Männer. Nichts hatten sie zur Seite als einerseits rechte Porneia-Papis und anderseits linke Keuschheits-Softies.

Um so größer die Sensation aus Ägypten: Da war sie, eine Männerbewegung, die den kühnsten Träumen der römischen Frauenbewegung unverhofft entsprach. Starke Männer. Unverbildete Männer. Echte martyres des Evangeliums. Echte Zeugen auch der »vita rusticana«, jenes ursprünglich gesunden, natürlichen Lebens, von dem »Gottes selbstbewußte Töchter« in ihren römischen Landhauskommunen so leidenschaftlich schwärmten. Stand nicht bei Athanasius zu lesen, daß es Antonius in seiner Einsiedelei als erstem gelungen sei, ganz »nach der Natur« zu leben?

Auf zu den Wüstenvätern! Auf nach Ägypten!

Nitriens Wüste hielt den Atem an, als im Jahr 385, aus Palästina kommend, die ungewöhnlichste aller Karawanen unter den Drei Palmen Einzug hielt. Vorneweg, hoch zu Kamel, Roms mächtigste Frau, die heilige Paula, dahinter ein Heerwurm von selbstverwirklichten Witwen und Jungfrauen, von Lasttieren und männlichem Personal. Nicht zu vergessen, ganz hinten beim Gepäck, der heilige Hieronymus, uns bekannt als Seelenfreund und Privatsekretär der heiligen Paula, neuerdings jedoch mehr damit beschäftigt, die beiden Töchter der heiligen Paula, Blesilla und Eustochium, in die Keuschheit einzuführen.

Wo immer diese Karawane durch Dörfer und Städte gezogen war, hatten Ägyptens Christen, von ihren Bischöfen geführt, die mächtige Römerin aus konsularischem Geschlecht in kniefälliger Prozession willkommen geheißen. Jetzt, bei den Drei Palmen von Nitria angelangt, stieg Paula selber ab. Vor den versammelten Vätern der Nitrischen Wüste warf Scipios stolze Erbin sich huldigend in den Sand. Mit Psalmen und mit Lobgesängen bereitete sodann der Chor der Wüstenväter der römischen Frauenbewegung einen hymnischen Empfang.

In der allgemeinen Begeisterung ging nur einer allen auf die Nerven: der heilige Hieronymus. Paula hatte ihn nach Ägypten mitgenommen, einmal weil sie ihn ohnehin überall mitnahm, vor allem aber weil sie auf seine Wüstenerfahrung vertraute.

Als spiritueller Trendsetter war Hieronymus tatsächlich zuvor schon einmal in der Wüste gewesen. Zwischen Syrien und dem Libanon, in der Wüste Chalkis, hatte er versucht, als Asket auf Zeit »die Tänze der jungen Römerinnen zu vergessen« (Hieronymus über Hieronymus).

In Wirklichkeit pflegen Intellektuelle die Einsamkeit zu suchen, um endlich ungestört schreiben zu können, was sie schon lange schreiben wollten. Aus purer Eifersucht auf den heiligen Athanasius und den ungeheuren Publikumserfolg seines »Lebens des Antonius« war Hieronymus in die Wüste gegangen, um dort einen »Ureinsiedler Paul« zu erfinden. Lange vor dem Einsiedlerpatriarchen Antonius habe dieser uralte Paul schon in der Wüste gelebt. Ganz nahe übrigens bei der Höhle des heiligen Antonius. In einer echten Falschmünzerhöhle. Umgeben von lauter echt antiken Wüstenmonstern, von echten Satyrn und echten Zentauren. Für alle, die noch zu zweifeln wagten, erfand der heilige Hieronymus gar eine historische Begegnung, in der Antonius, der Jüngere, Paul als dem Älteren huldigt.

Neid macht schöpferisch. So fabelhaft erzählt ist die Fabel vom Ureinsiedler Paul, die Hieronymus aus Chalkis nach Rom zurückbrachte, daß er damit – zuvor kaum bekannt – aufstieg in die römische Bestsellerliste. Allerdings weit hinter Athanasius auf Platz 2. Die Eifersucht zerfraß ihn weiter, wo er hinkam, bekam er mit allen Streit, auch in der Keuschheit war Roms avantgardistischer Zölibatsapostel als Wüstenvater auf Zeit wenig vorangekommen: »In dieser Gegend, in die ich mich aus Angst vor der Hölle begeben hatte und wo Skorpione und Raubtiere mich umringten, träumte ich davon, daß Scharen von Jungfrauen mich umringten«, bekennt er. »In einem Körper, der schon abgehärtet schien, loderten wild die Flammen der Lust.«

Jetzt, in der Nitrischen Wüste, loderte es erneut. Unter dem Vorwand, er müsse mit Didymus dem Blinden, dem Nachfolger des Origenes, über das Wesen der christlichen Keuschheit reden, ließ der heilige Hieronymus die heilige Paula mitten in der Wüste im Stich und verschwand in die Großstadt Alexandrien.

Er fehlte ihr nicht. Von Einsiedelei zu Einsiedelei ritt Paula immer tiefer in die Wüste und mit jeder Begegnung wuchs ihre Begeisterung. In Makarius dem Jüngeren glaubte sie sogar, Jesus Christus selber zu erkennen. Ernsthaft überlegte sie einen Augenblick, sich mit allen ihren Witwen und Jungfrauen mitten unter den Wüstenvätern als Wüstenmutter niederzulassen. Noch bevor die Wüstenväter dazu Stellung nehmen konnten, entschied sie sich dann aber doch, nach Bethlehem weiterzureiten, um von dort aus den heiligen Hieronymus zum Entsetzen der römischen Familienväter als Zölibatsapostel ganz neu aufzubauen.

Ungewöhnlich starke Persönlichkeiten pflegen nicht zu merken, was sie um sich herum anrichten. Was sie mit ihrer spektakulären Wallfahrt zu den Wüstenvätern losgetreten hatte, hat auch die heilige Paula nicht gemerkt. Seit heidnischen Tagen gehörte eine Reise nach Ägypten zum Kulturprogramm jeder jungen Griechin oder Römerin aus gutem Hause. In Satiren, die sich heute noch so frisch lesen wie am ersten Tag, haben Lukian und Theodorus Siculus diesen Strom leichtgläubiger Bildungstouristinnen und -touristen karikiert, die sich von den Pyramiden bis hinauf zu den Königsgräbern von Theben (heute Luxor) alle echten Wunder Ägyptens vorführen ließen. Und noch einige mehr.

Gerade diese vermögenden und gebildeten Kreise waren jetzt christlich geworden. Kein Gedanke, der frommen Tochter deshalb die traditionelle Bildungsreise zu Ägyptens Kulturwundern vorzuenthalten. Wohl aber galt es, die alten Wunder zu ergänzen durch neue. Durch echt christliche Wunder. Aus den Reiseführern der Epoche, zum Beispiel aus der vielgelesenen »Peregrinatio ad loca sancta« der gallischen Schriftstellerin Aetheria, geht hervor, daß eine Orientreise ohne Abstecher zu den Wüstenvätern schon bald gar nicht mehr denkbar war.

Fortan ritt die junge römische Christin zuerst, wie ihre heidnische Großmutter, nach Arsinoë, um dort die heiligen Krokodile zu füttern. Weiter ging es nach Memphis, wo sie dem göttlichen Stier ein Bündel Heu ins heilige Maul stopfte. Doch dann – aufregend neu und christlich – führte sie ihr ägyptischer Guide hoch zu Kamel hinaus in die Wüste. Um, als Höhepunkt der Reise, einen christlichen Wüstenvater in natura zu erleben. Um aus seinem koptischen Munde ein schwer verständliches, aber gerade deshalb um so ursprünglicheres Wort der Weisheit zu vernehmen.

Es war nicht ganz so schlimm wie in den achtziger Jahren in der Wüste Arizonas, als vor jedem Hopi-Indianer ein Dutzend deutsche Psycho-TouristInnen im andächtigen Halbkreis kauerten, alle auf der Suche nach Weisheit aus der Wüste. Es war nicht ganz so schlimm wie heute in den Wüsten Australiens, wo jedem Aborigine, der noch halbwegs in der Wildnis lebt, ein halbes Dutzend Ethnologinnen und Ethnologen auf den Fersen sind, alle auf der Suche nach Echtheit und Ursprünglichkeit.

Aber es war fast so schlimm. Über Nacht waren die Wüstenväter die Aborigines der späten Antike geworden. Sie waren die Hopi-Indianer des konstantinischen Imperiums.

Einer, der sich zu wehren suchte, war der heilige Arsenius. Vielleicht weil er selber kein Fellache war, sondern Römer, und zwar aus edlem altem Senatorengeschlecht. Kaiser Theodosius hatte ihn nach Konstantinopel gerufen als Erzieher seiner beiden Söhne Arkadius und Honorius. Doch dann hatte der Römer den Ruf der Wüste vernommen. Vielleicht dank göttlicher Inspiration, vielleicht auch, weil ihn seine beiden kaiserlichen Zöglinge ermorden wollten. Mit seiner hohen, hageren Gestalt, mit seinem bis zum Gürtel wallenden schneeweißen Bart ragte er unter allen Einsiedlern Nitriens unverwechselbar hervor. »Abba Arsenius«, heißt es, »wollte nicht leicht einem Menschen begegnen.«

Plötzlich kam Erzbischof Theophilus von Alexandrien persönlich in seine Klause galoppiert. Eine der reichsten und mächtigsten christlichen Jungfrauen Roms sei gelandet, besessen von einem einzigen Wunsch: ihn kennenzulernen, den berühmten Asketen Arsenius. Ein Nein sei unmöglich, die Jungfrau sei zu einflußreich. Auf der Stelle sagte Arsenius nein.

Für eine reiche christliche Jungfrau war das Nein eines Mannes kein Nein. Als Theophilus ihr die Absage überbrachte, gab sie sofort »den Befehl, die Lasttiere zu satteln«, und machte sich selbst auf den Weg zu Arsenius. In wortlosem Grimm sah der Römer die Römerin kommen. So grimmig sah er sie an, daß sie vom Kamel stieg und sich vor ihm in den Sand warf.

»Was vergräbst du dein Gesicht im Sand?« fragte in jähem Zorn der heilige Arsenius. »Du bist doch gekommen, um mich anzugukken. Also guck mich an.« Da getraute sie sich erst recht nicht mehr aufzusehen. »Wie konntest du es wagen«, schimpfte Arsenius weiter, »eine so große Überseereise zu unternehmen? Ist dir nicht klar, daß du eine Frau bist? Daß es dir nicht ziemt, dich nach Belieben auf der ganzen Welt herumzutreiben? Wahrscheinlich bist du nur gekommen, um vor den andern Frauen in Rom aufzuschneiden: ›Ich habe den Arsenius gesehen!‹ Damit dann ganze Schiffsladungen von Frauen übers Meer kommen!« So am Boden zerstört war die römische Jungfrau über die lateinische Abfuhr, die ihr der heilige Arsenius erteilt hatte, daß sie vor Gram fieberkrank wurde und Erzbischof Theophilus die größte Mühe hatte, sie auf griechisch zu trösten.

Inzwischen war, »in Begleitung einiger ihr besonders ergebener Sklaven und Frauen«, die heilige Melania in die Nitrische Wüste eingefallen. Mit Bischof Isidor von Damanhur als noch ergebenerem Guide zog sie ein halbes Jahr lang von einer Einsiedelei zur andern. Hinter den Frauen und den Sklaven her ein langer Zug von Lasteseln. Dreihundert Pfund Silber hatte Melania mitgebracht. Als kleine Entwicklungshilfe der römischen Frauenbewegung für die ägyptische Männerbewegung. Vor der Höhle des heiligen Pambo befahl sie abzuladen.

Der greise Pambo, ganz damit beschäftigt, aus Palmblättern einen Korb zu flechten, sah nicht einmal auf. »Damit du weißt, wieviel es ist«, sagte sie etwas gereizt, »es sind dreihundert Pfund.« »Mein Kind«, gab er zur Antwort, »der die Berge wägt, braucht keine Waage, um zu wissen, wieviel all dein Silber wiegt.« Und er schenkte ihr zur Erinnerung einen Korb. Immerhin geht aus der Erzählung hervor, daß der heilige Pambo die dreihundert Pfund Silber nicht verschmäht hat.

Und die vielen kleinen Wüstenväter, die sich bisher mühselig zur Erntezeit als Ährenleser ins Nildelta verdingt hatten? Auch Wüstenväter werden älter. Die meisten wurden sogar steinalt. War es da nicht viel bequemer, von Zeit zu Zeit eine reiche griechische oder römische Touristin zu empfangen, ihr ein bißchen koptische Wüstenweisheit vorzumurmeln und anschließend, wenn sie wieder auf dem Kamel saß, mit dem einheimischen Guide, der die Fremde angeschleppt hatte, augenzwinkernd halbe-halbe zu machen?

Fürchtenswert mag der »Dämon der Mittagsstunde« sein. Aber es gibt einen Dämon, der Asketen noch fataler ins Verderben stürzt. Das ist der Dämon der dritten Generation. »Seit der dritten Generation«, klagte der große Poimen, haben Ägyptens Einsiedler »keine Fortschritte mehr gemacht«.

Das ist, in der Geschichte des westlichen Mönchtums, das Eherne Gesetz der Dekadenz. In der dritten, spätestens in der vierten Generation sei stets das schöpferische Charisma der »großen Gründergestalt« »aufgebraucht«, urteilt Karl Suso Frank, als Franziskaner im Aufbrauchen von Gründer-Charisma besonders erfahren.

»Star der Wüste« geworden zu sein hat nicht einmal Antonius selber gutgetan. Jetzt aber, am Ende des 4. Jahrhunderts, brach der griechisch-römische Ägypten-Tourismus ein in die ungleich labilere Szene der Wüstenväter dritter Generation.

Während christliche TouristInnen sich noch voll Gottvertrauen zum heiligen Anuph schleppen ließen, der überhaupt nichts Irdisches aß, sondern ausschließlich von der Himmelsspeise der heiligen

Kommunion lebte – wie später der heilige Niklaus von Flüe –, nahmen heidnische Augen die gleiche Szene schon deutlich weniger erbaulich wahr. Die Wüstenväter, die er gesehen habe, schreibt der Römer Ammianus Marcellinus, seien ihm »gieriger als Schweine« vorgekommen; »gefräßiger als Elephanten« präzisiert, ums vegetarische Bild bemüht, der Grieche Libanios. Beide sind Heiden, die sich sonst im Urteil über die Christen durch Zurückhaltung auszeichnen.

Es wird schon alles mit rechten Dingen zugegangen sein, als der heilige Hephestion vor den staunenden Augen der heiligen Melania nichts als Fladenbrot kaute, lediglich gewürzt mit einer Prise Salz. Die meisten Wüstenväter aber hatten in dieser dritten Generation die Vitamine entdeckt: Endivie, Lattich und Lauch, Feigen, Datteln und Oliven verwandelten die fortschrittliche Einsiedelei in eine Oase reformerischen Wohlbefindens. Auch Räucherschinken hat Kassian schon gerochen und marinierten Fisch. An die fünfzigmal treffen wir in den »Vätersprüchen« Wüstenväter beim Wein.

Es wird schon alles mit rechten Dingen zugegangen sein, als der heilige Hephestion die heilige Melania einen staunenden Blick in seine spartanische Hütte werfen ließ. Zwei Körbe und eine geflochtene Matte, mehr Mobiliar sah sie nicht. Doch die meisten Wüstenväter waren anspruchsvoller eingerichtet. Die dritte Generation hat stets ganz andere Ansprüche an Immobilien und an Mobiliar.

Zwei Generationen sind es her, seit in den fünfziger Jahren der deutsche Koptologe Otto Meinardus in der damals noch unberührten Nitrischen Wüste eine atemberaubende Szene entdeckte. Koptische Intellektuelle aus Kairo hatten sich hierher zurückgezogen. Am gleichen Ort, in den gleichen Höhlen und in strengster Askese lebten sie mitten im 20. Jahrhundert noch einmal das Abenteuer der Wüstenväter. Aus dieser asketischen Bewegung um Matta el-Meskyn, draußen im Wadi Natrun, ist das moderne Revival der koptischen Kirche hervorgegangen.

Zwei Generationen nach Meinardus habe ich diese Szene wieder besuchen wollen. Auf einer ganztägigen Wanderung nahe dem

Kloster Deir el-Suryani, wo die Wüste noch nicht zerstört ist, stieß ich tatsächlich auf insgesamt sechzehn moderne Einsiedeleien. Doch was ich sah, unterschied sich um Welten von dem, was Otto Meinardus 1961 beschrieben hat.

Die meisten dieser modernen Einsiedeleien sind inzwischen regelrechte kleine Wüstenvillen. Es fehlt nicht einmal die Solaranlage auf dem Dach. Und damit mir nichts erspart blieb, war alles zart gestrichen in jenen gediegenen Pastellfarben, wie sie auch Hannelore Kohl fürs Hotel Petersberg persönlich ausgesucht hat.

Von den sechzehn Einsiedlern waren zwei daheim. Einer kam gerade von der Versorgungsfahrt nach Hause. Im Geländewagen. Der andere wollte mich nur kurz empfangen: »Ich bin am Renovieren.« Das überraschte mich nicht. »Diese beiden da helfen mir.« Er deutete auf zwei Knaben. Das überraschte mich etwas mehr.

So ist das, nach kaum zwei Generationen, heute. Genauso klagt Abba Isaak gegen Ende des 4. Jahrhunderts, daß viele Brüder nicht mehr, wie Antonius und Amun, mit einer engen Hütte oder Höhle zufrieden seien, sondern sich mitten in der Wüste regelrechte Fünf-Zimmer-Villen bauen ließen. Sogar auf Sieben-Zimmer-Einsiedeleien stießen schweizerische Archäologen bei ihren Grabungen in den achtziger Jahren.

In der ersten Generation hatten alle in »Monozellen« (Lucien Regnault) gelebt. In der zweiten Generation hatten prominentere Einsiedler eine Zwei-Zimmer-Einsiedelei, mit einem Zimmer zum Schlafen und Beten und einem zweiten zum Empfangen von Verehrerinnen und Verehrern. In der dritten Generation schritt dann die Entwicklung rasch fort von der Drei-Zimmer-Einsiedelei zur Sieben-Zimmer-Einsiedelei (kombiniert mit der Fünf-Tage-Woche). Dies in einer Zeit, in der die normale ägyptische Großfamilie – drei Generationen, beide Geschlechter und alles Vieh – ihre Sieben-Tage-Woche in einem einzigen Raum verlebte.

Die Luxus-Einsiedelei dritter Generation umfaßte einen Gebetsraum, eine Wohnstube, ein Schlafzimmer für den Einsiedler, ein Schlafzimmer für seinen »Schüler«, das heißt wohl Diener, einen

Arbeitsraum, mehrere Vorratsräume, eine Küche sowie eine Toilette. Diese allerdings quer über den Hof vom Gebetsraum so weit als möglich entfernt. Heiligkeit oblige.

Die anspruchsvolle Ausführung der sanitären Anlagen, der luxuriöse Verputz mit Spuren von Wandmalereien, die technisch ungewöhnlich fortgeschrittenen Backöfen und Herde lassen einem belgischen Forschungsbericht von 1984 zufolge darauf schließen, daß mancher Einsiedler gar nicht mehr selber Hand anlegte, sondern sich »Teams von hochqualifizierten Facharbeitern« in die Wüste kommen ließ.

Und mitten in der Sieben-Zimmer-Einsiedelei etwas auffällig Neues. Der eigentliche Kultraum für den Dämon der Dekadenz: Einsiedlers kostbare Bibliothek.

Antonius, der Analphabet, hatte nicht einmal eine Bibel. Ihm genügte das »Buch der Natur«, der Blick hinaus in die Wüste. Besarion, der große Wandereremit, zählte ausdrücklich den »Umgang mit Büchern« zu jenen »fleischlichen Begierden«, die einen Asketen verderben. Nicht um Buchstaben zu lesen, sei er in die Wüste gegangen, sondern um Gott zu schauen.

Doch nun war die dritte Generation gekommen. Und mit ihr die Klage der »Vätersprüche«: »Die Propheten haben Bücher geschrieben. Dann sind unsere Väter gekommen und haben die Bücher umgesetzt in die Tat. Dann kamen jene, welche Bücher auswendig lernen. Und jetzt ist eine Generation gekommen, die Bücher kopiert und an die Wände stellt.«

Frisch aus Alexandrien geliefert die neuesten Kopien der neuesten esoterischen Literatur. Bücher von Origenes. Bücher für Origenes. Bücher gegen Origenes. Alles über Origenes. An allen Wänden der Sieben-Zimmer-Luxus-Eremitage nichts als Origenes.

Zuviel Origenes. In Jerusalem hatte der »Origenistische Streit« angefangen, hatte rasch auf Alexandrien übergegriffen und wenig später war Ägyptens Wüste ein dogmatisches Tollhaus. Die Origenistische Streitfrage lautete: »Hat Gott ein Gesicht?«

Ja, sagten die »Anthropomorphisten«, Gott hat wirklich ein Gesicht, heißt es doch gleich am Anfang der Bibel: »Und Gott sprach: Lasset uns Menschen bilden nach unserem Ebenbild« (Genesis 1, 26). Nein, sagten die »Origenisten«, natürlich hat Gott kein Gesicht, lehrt doch Origenes, daß Gott reiner Geist sei und somit alles, was die Bibel über ihn sagt, reine »Allegorie«.

Ein klassisches Klassenproblem. Das gemeine Volk hat es in der Religion gerne wörtlich, das heißt materiell, die herrschende Klasse hat Religion lieber nur allegorisch. Genauso wird sich, ein Jahrtausend später, der Franziskanerorden heillos spalten in einen linken Flügel, der die Armut Jesu Christi wörtlich meint und einen rechten Flügel, der nur »allegorisch arm sein« will.

Wie mit der Armut Jesu, so mit Gottes Angesicht. Gewiß nicht alle, jedoch die meisten ägyptischen Wüstenväter, aus Bauern-

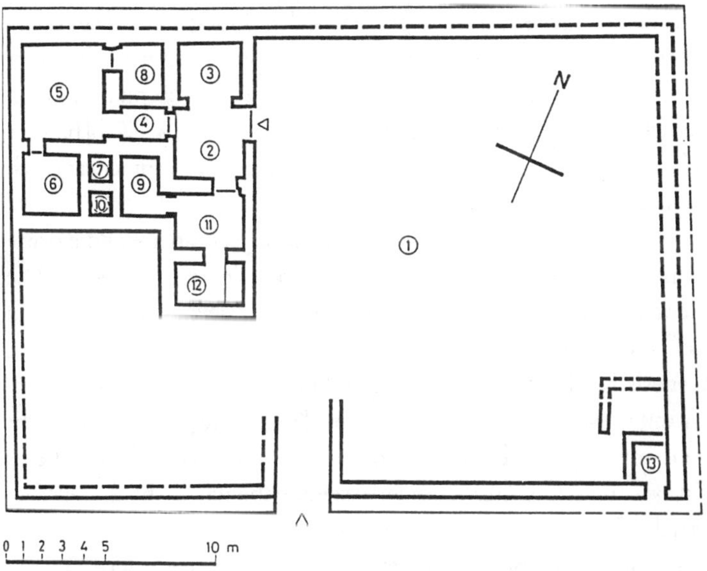

Grundriß einer 1982 ausgegrabenen Einsiedelei in der Kellia. (1) Innenhof, (2) und (3) Vestibül, (4) Flur zum Oratorium, (5) Oratorium, (6) Schlafzimmer des Eremiten, (7) Vorratsraum, (8) Privatraum, (9) Schlafzimmer des Schülers, (10) Vorratsraum für den Schüler, (11) Arbeitsraum, (12) Küche, (13) Toilette

dörfern stammend, wollten die göttlichen Dinge weiterhin so wörtlich verstehen wie ihre analphabetischen Väter. Ihr Himmel war der Himmel über Ägypten, und ihr Gott war unter allen Abbas Ägyptens der Urabba. Die neue Klasse anspruchsvoller und gebildeter Wüstenväter konnte in dritter Generation über einen solchen Köhlerglauben nur lächeln. Ein Schritt in die griechische Bibliothek der Sieben-Zimmer-Einsiedelei. Ein Griff zu Origenes. Und alles war »Allegorie«.

Nicht daß die Fronten ganz so einfach verlaufen wären. Nichts verlief einfach im christlichen Orient. Es gab auch ägyptische Wüstenväter genug, die für Origenes waren, anderseits Griechen und Römer, die ihn ins Grab hinein als Ketzer brandmarkten. Je wirrer die Fronten durcheinandergerieten, desto böser wütete die religiöse Rechthaberei in der Wüste.

Einmal, heißt es in den »Apophthegmata Patrum«, hatte Antonius der Große seine Jünger prüfen wollen. Er legte ihnen ein Bibelwort vor und bat, beim Jüngsten anfangend, jeden nach seiner Interpretation. Als ältester und letzter kam Abba Joseph dran. Hilflos schwieg er. Endlich sagte er: »Ich weiß es nicht.« »Wahrhaftig«, schloß Antonius, »Joseph hat den Weg gefunden. Denn er sagt: Ich weiß es nicht.«

Rechthaben ist keine religiöse Kategorie. Jetzt aber war die dritte Generation gekommen. Die mit der Gnade der späten Geburt. Die Generation, die recht hat. Bis hinein nach Alexandrien prügelten sich rechthabende Einsiedler über die rechte Interpretation von Genesis Kapitel 1, Vers 26. Als ihm eine empörte Rotte Wüstenväter mit Gewalt drohte, wenn er den – längst toten – Origenes nicht verdamme, fiel Erzbischof Theophilus, um sie zu beruhigen, dieses ein: »Wenn ich in eure Gesichter sehe, habe ich wirklich den Eindruck, Gottes Gesicht zu sehen.«

Römische Truppen erst, von Theophilus angefordert, setzten den dogmatischen Krawallen in der Wüste ein Ende. Zu Hunderten mußten die »Origenisten« aus der Wüste fliehen. Die Anthropomorphisten hatten gesiegt. Doch das, was Chitty die »glory« der

Wüstenväter nennt, die göttliche Faszination des Lebens in der Wüste, war dahin.

Einmal, auf der Autofahrt zum Antoniuskloster, bin ich in einen schweren Sandsturm geraten. So schlecht war die Sicht wie bei uns im Schneesturm. Plötzlich tauchte die gewaltige Mauer des Klosters mitten aus dem Orkan vor mir auf. Ein Schritt nur durchs Tor. Und drinnen ein Frieden wie im Paradies. Nichts als das Rauschen der Palmwipfel, die die hohen Mauern des Klosters kaum überragen. Dazu das Wispern der Olivenbäume. Und die weißgetünchten Mauern der Kirchen und der aneinandergereihten kleinen Häuser der Mönche. Ein Bild des göttlichen Friedens. Ein »Paradies« im eigentlichen, persischen Wortsinn des »geschlossenen Gartens«.

In der Einöde ein »neues Paradies« geschaffen zu haben, einen Ort des himmlischen Friedens, das war die »glory«, die biblische Vision, mit der die Wüstenväter die Welt fasziniert hatten. Daher auch die Legenden, in denen ihnen selbst Löwen und Schakale so friedlich zu Füßen liegen wie den Ureltern vor dem Sündenfall. Jetzt aber drangen nach all den üblen Berichten über Luxus und Faulenzerei, Touristennepp und Zank neue, noch schlimmere Gerüchte aus den Einsiedeleien nach Alexandrien.

Dämon der dritten Generation, dich auf lateinisch beim Namen zu nennen, hat kein Alter sich getraut. Du bist das »griechische Laster«.

Chitty ist nicht der einzige Historiker, der feststellt, ein Jahrhundert lang, bis etwa zum Jahr 390, sei Homosexualität in den Quellenberichten aus der Wüste »refreshingly absent«. Allein steht der britische Historiker allerdings mit der Behauptung, in der dritten Generation hätten sich zu gleicher Zeit und aus dem gleichen Grund die Historiker und die Homosexuellen unter die Wüstenväter gemischt. Was verbindet diese beiden Personengruppen? Historiker und Homosexuelle, vermutet Chitty, bewege ein gleiches Lebensgefühl, nämlich die »wistfulness of such an age«. Auf deutsch gesagt: Das Aufschreiben des Gewesenen und die

Zärtlichkeit unter Männern gehören beide zur wehmütigen Stimmungslage kurz vor dem Untergang.

Den Untergang prophezeit hat, auf seinem Totenbett im Jahr 390, Makarius der Große: »Wenn ihr seht, daß nahe am See eine Einsiedelei gebaut wird, dann wisset, daß die Verwüstung naht. Wenn ihr Bäume seht, dann steht sie vor der Tür. Wenn ihr aber Knaben seht, dann nehmt eure Mäntel und flieht.«

In der dritten Generation kamen die Knaben. Ob sie mit dem Touristenbetrieb gekommen sind oder mit den Buchhändlern? Wohl eher mit den Weinhändlern. »Wo Wein und Knaben sind«, warnen die »Vätersprüche«, »da braucht der Satan selber nicht mehr zu kommen.«

Und mittendrin in all der gottverdammten Dekadenz, hoch zu Kamel, die römische Frauenbewegung. Und wo sie hinsah, sah sie nichts als wahre Askese, nichts als rustikale Ursprünglichkeit.

Prophetisch kam aus dem Mund des steinalten Wüstenvaters Isaak die allerletzte Warnung: »Bringt keine Knaben hierher! Vier Kolonien in der Sketischen Wüste sind schon zugrunde gegangen an den Knaben.«

Mit Feuer und Schwefel hat Gott die Sünden von Sodom und Gomorrha gerächt. Das war das Alte Testament (Genesis 19, 24). Im Neuen Testament kommt das Ende anders. Aber genauso schrecklich. Als wären sie die Reiter der Apokalypse (Offenbarung 6, 8), so mörderisch fielen im Winter 408 die Maziken, ein Berberstamm aus Libyen, über die allzu üppig blühenden Eremitensiedlungen der ägyptischen Wüste her.

Wer fliehen konnte, floh. Aber einige wollten nicht fliehen. Moses nicht, der schwarze Riese, der alte Straßenräuber, der sich in seiner Einsiedelei so geläutert hatte, daß er in den »Apophthegmata« als der menschlichste, der liebenswürdigste von allen Wüstenvätern erscheint.

In seiner Höhle saß der alte Moses, um ihn von einstmals über siebzig noch sieben Gefährten. »Seht«, sagte er mit einem Mal, »heute kommen die Barbaren. Steht auf und flieht!« Sie sagten zu

In der Wüste ermordet: Moses von Äthiopien
(koptisches Fresko)

ihm: »Du fliehst also nicht, Alter?« Er schüttelte den Kopf. Er dachte an die Menschen, die er selber, als junger Straßenräuber, umgebracht hatte: »So viele Jahre warte ich auf diesen Tag. Damit sich das Wort des Herrn Christus erfüllt, der sagt: Alle, die zum Schwert greifen, kommen um durch das Schwert« (Matthäus 26, 52). Da sprachen die sieben: »Dann fliehen wir auch nicht, wir wollen mit dir sterben.« Und er zu ihnen: »Seht, die Barbaren sind vor der Tür.«

Schreiend stürmten die Plünderer die Einsiedelei. Und Moses, der in der Welt zum Schwert gegriffen hatte, kam in der Wüste um durch das Schwert.

Teil II

Pachomius – Einsamkeit für alle

1. Kapitel: Ganze Kompanie Wüstenväter, antreten zum Gebet!

Es ist in der Religion wie in der Kunst: Das Wichtigste ist die Szene. Nicht noch auf Capri zu malen, während die Szene längst – sagen wir mal – in San Diego malt, darauf kommt es im Leben eines modernen Künstlers an.

Im Leben eines antiken Asketen auch. Daß zur Einsiedelei des Antonius bei Pispir ein Liniendienst der Kamelpost eingerichtet worden war, daß die ahnungslosen Karawanen römischer Bildungstouristinnen sich kreuz und quer durch Nitriens Wüste an der christlichen Nase herumführen ließen, konnte Insidern nur ein ägyptisches Lächeln entlocken. Sie wußten: Die wahre Szene war bereits woanders. Ganz woanders. Tief in Ägyptens afrikanischem Süden, dort wo die Wüste zu Recht Thebais heißt, schon fast bei Theben (Luxor heute), war etwas los, was Europa ungleich stärker prägen sollte als alle Abenteuer des heiligen Antonius.

Tabennesi!

Tabennesi? Niemand in Rom, niemand in Byzanz wußte, wo dieser oberägyptische Flecken lag. Aus Alexandrien aber waren einige schon dort gewesen. Was sie schilderten, war eine Wüstenväter-Szene – so erstaunlich neu und anders, daß Gott im Himmel sie selber kaum für möglich hielt:

Am großen Nilbogen bei Theben ein mächtig ummauertes Lager. Eher ein römisches Heerlager oder eher ein pharaonisches Arbeitslager? Jedenfalls 1300 junge Wüstenväter, hinter vier hohen Mauern konzentriert und kaserniert. Alle in der gleichen Kutte uniformiert. Nur hinten, am Ende der Kapuze, jeder mit dem Buchstaben seiner Abteilung nach dem griechischen Alphabet erkennungsdienstlich markiert. Alpha bis Omega, 24 Wüstenväter-Abteilungen. So marschieren sie in Viererkolonne über den Hof oder durch das einzige Tor der spirituellen Kaserne hinaus zur Arbeit. Gesenkten Blicks. Schweigend. Nichts ist zu hören als von Zeit zu Zeit das schmetternde Signal der Tuba, der antiken Militärtrompete, gefolgt von einem kurzen, klaren Kommando: »Abteilung Gamma, antreten zum Wäschefassen!« »Abteilung Rho, antreten zum Binsenmähen!« »Abteilung Psi, antreten zum Gebet!«

Und über allen einer. Von Gott selbst berufen. Der Chef. Pachomius der Große!

Daß in dem jungen Mann Pachomius schon vor der Berufung zum Wüstenvater ein militärisches Talent schlummern mußte, leuchtet fraglos ein. Ums Jahr 292 – etwa vier Jahrzehnte nach Antonius – als Sohn eines Fellachen in Latopolis nahe bei Theben geboren, wurde der junge oberägyptische Heide, »obwohl nicht allzu kräftig«, im Alter von zwanzig Jahren von Kaiser Konstantin ausgehoben. Zum Waffendienst gegen die Perser unter der neuen christlichen Reichsfahne. Weit kam er nicht. Schon in Antinoe, am mittleren Nil, wurden die thebanischen Rekruten wieder ausgemustert, »denn der gottliebende Kaiser Konstantin hatte seine Feinde mit Gottes Hilfe bereits besiegt«.

So steht es in der »Bohairischen Vita« des Pachomius, die sonst als die beste der koptischen Quellen für sein Leben gilt. Trotzdem ist daran kein wahres Wort. Konstantin hat in Ägypten keine Truppen ausgehoben, schon gar nicht zu dieser Zeit, schon gar nicht gegen die Perser. Seit hundert Jahren bemüht sich die winzigkleine, dafür aber hochspezialisierte Schar der Pachomius-Forscher, Licht in die militärisch finsteren Jugendjahre des großen Ägypters zu bringen, der eine, indem er Konstantin gegen einen andern Kaiser austauscht, der andere, indem er die Perser austauscht gegen einen anderen Feind. Fest steht nur eines: »Man spürt, daß Pachôm mit einer gewissen Freude Soldat gewesen ist« (Leipoldt). Sein gesamtes späteres Leben zeugt von einer derart geschliffenen Routine, ja Virtuosität des Kommandierens und Exerzierens, daß seine eigene Behauptung, die Römer hätten ihn zum Waffendienst gezwungen, selbst unter Christen wenig Glauben finden kann.

Glaubwürdiger ist die Nachricht, daß schlechte Kameraden den Legionär Pachomius immer wieder an »schlimme Orte weltlichen

Vergnügens« zu locken suchten. Zweimal, in Antinoe und in Theben, geriet der Legionär Pachomius in den Knast.

So lernte er die Christen kennen. Was das für Leute seien, fragte der eingelochte Soldat, die wildfremden Menschen wie ihm Essen ins Gefängnis brächten? Und nicht nur Essen, sondern auch Trost? Eine neue Religion sei das, erfuhr er, und zwar, gänzlich neu, eine Religion mit Nächstenliebe. Da ließ Pachomius sich taufen.

Nach der Entlassung aus dem Heer, fährt die Bohairische Vita fort, »kehrte ein jeder voller Freude nach Hause zurück«. Das stimmt am allerwenigsten. Nach jener allzu wirren Zeit beim Militär seinen alten anständigen heidnischen Eltern wieder unter die Augen zu kommen, hat sich der neugetaufte Christ Pachomius geschämt. Statt nach Hause zu kehren, verkriecht er sich an einen Ort mit Namen Pmampesterposen.

Das heißt wörtlich »Backsteinbäckerei« und war, so bezeugt der koptische Chronist, ein gottverlassener Ort am Nil, »von der Hitze ganz versengt«. Da also kauerte der neugebackene Christ Pachomius, buk Backsteine in der glühenden Sonne und stellte sich die Frage, die sich vermutlich jeder junge Backsteinbäcker stellt: Soll ich so etwas mein Leben lang tun?

Lieber Wüstenvater werden.

Zu den ersten, welche die neue Lebensweise des heiligen Antonius nach Oberägypten getragen hatten, gehörte Abba Palamon. In seiner Einsiedelei klopft der junge Backsteinbäcker an. Der Empfang ist, erwartungsgemäß, rauh: Wenn es ihm ernst sei, solle er wiederkommen. Als Pachomius wiederkommt, stellt ihm der Abba, voller Zweifel, die Frage: »Willst du dich selber kennenlernen?« Der Junge nickt. Der Alte schweigt. Dann spricht er jenen Satz, der, durch zwei Jahrtausende, größer, klassischer nachhallen wird als jeder andere Spruch der Mönchsgeschichte:

> *»Mein Sohn, es ist kein leichtes Ding, was du hier suchst. Dieser Sache wegen ist mancher schon gekommen. Und hat nicht ausgehalten.«*

Ein prophetisches Wort. »Verläßt du mich auf meine alten Tage?« wird, sieben Jahre später, der alte Palamon unter Tränen klagen. Doch nicht aus schwächlicher Unfähigkeit »auszuhalten« läßt Pachomius seinen Abba im Stich. Der Fall wiegt schwerer: Pachomius, der neubekehrte Christ, hat die Lebensweise der Einsiedler vor Ort als »etwas Minderwertiges« (Georg Grützmacher) erlebt.

Pachomius empfängt vom Engel die göttliche Regel
(spätbyzantinisches Fresko)

Wenn er später einen Jungen aus seiner Kaserne verjagt, dann wird er dem Gescheiterten den sarkastischen Spruch nachwerfen: »Weg mit dir in eine Einsiedelei!«

Einzigartig war das Abenteuer des Wüstenstars Antonius. Gerade deshalb gelang die Nachahmung nur wenigen. Statt asketischer Selbstbeherrschung in der Wirklichkeit des Wüstenalltags das peinliche Geratewohl unkontrollierter Gammelei. Statt der erhofften Selbsterkenntnis verlorene Zeit. Die Langeweile vor allem, die tödliche »acedia« beim hilflosen ökospiritistischen Gewurschtel in der Einsamkeit.

Was hat es überhaupt mit Nächstenliebe, und das heißt: mit Christentum zu tun, wenn ein einsamer Held allein in der Wüste nach Selbsterkenntnis strebt? Was hat das auch nur mit »Askese« zu tun? Selbstbeherrschung »trainieren« kann einer doch ungleich besser, wenn er in Gemeinschaft mit andern Menschen lebt. Vor allen Dingen: »askesis« heißt nicht nur »sportliches Training«. »Askesis« heißt auch »militärisches Exerzieren«.

Das ist der Augenblick göttlicher Erleuchtung. Zuerst Soldat, dann Backsteinbäcker, dann Wüstenvater – arg verworren dünkte Pachomius bislang sein eigener Lebensweg. Wie aber, wenn die göttliche Vorsehung ihn absichtsvoll so verschlungene Wege geleitet hätte? Wie, wenn Gott selber gerade ihn als gelernten Soldaten und Backsteinbäcker berufen hätte, in den Chaotenhaufen der Wüstenväter Ordnung zu bringen?

In den Backsteinmauern von Tabennesi, am Ufer des Nils, erklingt im Jahr 325 feierlich zum ersten Mal die Tuba, die Signaltrompete der römischen Legionen: »Antreten zum Gebet!« Ein feierlicher Augenblick ist es in der Tat: Dies ist, historisch folgenreich, das erste Kloster der katholischen Kirche.

Dieser – weiß Gott feierliche – Augenblick wird in den Pachomius-Legenden noch ungleich feierlicher dargestellt. Ein Engel des Herrn, berichtet Sozomenos, sei strahlend vom Himmel gestiegen, um Pachomius auf goldener Tafel das Gesetzbuch für seine Wüstenväter-Kaserne zu übergeben. Mit einem neuen, unter

Wüstenvätern nie gehörten Wort wird dieses Gesetzbuch bezeichnet. Es ist das Wort, dem die Zukunft des westlichen Mönchtums gehört. Auf der Tafel aus reinem Gold, ewig, heilig, steht »Regel«.

Und zu der goldenen Regel hinzu aus dem Mund des Engels die göttliche Verheißung an Pachomius: »Gar viele werden zu dir kommen.«

Zu Tausenden lockt die Tuba des heiligen Pachomius Eremiten, die das geniale Irgendwie leid sind, aus den Wüstenbergen zu Tal, in den verheißungsvollen Exerziergrund militärisch organisierter, kollektiv betreuter Einsamkeit. Junge vor allem. Aber auch alte, gebrechliche Einsiedler nimmt Pachomius willig auf. Kassian schildert den Fall eines Eremiten namens Johannes, der sich auf seine alten Tage erst von Antonius zu Pachomius bekehrte, mit dem ungescheuten Eingeständnis, die neue Lebensweise sei »zwar weniger sublim, aber dafür sicherer«.

Für sich allein leben heißt auf jeden Fall eins: selber kochen müssen. Selber kochen ein Leben lang? Noch für manchen modernen Mann ein erniedrigender Gedanke. Ganz unerträglich für einen antiken orientalischen Macho. Zu den erfolgreichsten Ideen des heiligen Pachomius gehörte von Anfang an die zentrale Großküche. Ihre Anziehungskraft auf gottbegeisterte antike Jünglinge, so vermutet der belgische Historiker René Draguet, kann gar nicht hoch genug eingeschätzt werden.

Mit 1.300 kasernierungswilligen Jünglingen war das Kloster von Tabennesi alsbald so hoffnungslos überfüllt, daß sich die Mönche, heißt es in der Bohairischen Vita, »vor Platznot nicht mehr regen konnten«. Im nahen Pbow gründete Pachomius ein zweites Kloster, in dem er selber als Generalabt residierte, sodann, immer nur dem Nil entlang, eins nah am andern, insgesamt neun Mannsklöster, die alle zusammen, nach modernen Berechnungen, zwölf- bis vierzehntausend Mönche beherbergten. Das heißt: Mit über tausend Mönchen ist jedes der neun Klöster gerammelt voll.

Und in all dem frommen Gedränge kein einziger Faulenzer mehr. Dafür sorgt die Engelsregel.

Regel Numero 4: »Wer in der Kirche an seinen Platz geht, der gehe behutsam, damit er die ausgelegten eingeweichten Binsen nicht zertritt.« Eingeweichte Binsen in der Kirche, wozu?

Engelsregel Numero 5: »Du sollst nicht faul dasitzen im Gottesdienst, sondern mit flinker Hand Seile für das Mattengeflecht drehen. Bei dieser Arbeit eine Pause einzulegen, ist nur Kranken zu erlauben.«

Engelsregel Numero 7: »Keiner darf beim Seildrehen oder Beten den andern anschauen, vielmehr kümmere sich jeder mit niedergeschlagenen Augen um seine eigene Arbeit.«

Arbeit in der Kirche, wohlgemerkt. Im Gottesdienst.

Jeden normalen Menschen dürfte es überfordern, Gottes Lob schön zu singen und zugleich Binsen fehlerfrei zu drüllen. Verständlich, daß der heilige Pachomius auf Chorgesang verzichtete. Von benediktinischer Feierlichkeit keine Spur: Ein einziger sang die Psalmen vor, die andern nahmen teil am Gebet durch aufmerksames Hören und, natürlich, noch aufmerksameres Drüllen ihrer Binsen. Die kargen Gottesdienste fanden auch nur zweimal am Tag statt, morgens zum Aufstehen und abends vor dem Schlafengehen.

Und, dazwischen, den Rest des Tags? »In Furcht und Zittern«, heißt es in der Bohairischen Pachomius-Vita, »ging ein jeder der Arbeit nach, die ihm sein Hausmeister zugewiesen hatte.«

Zuerst, in Tabennesi, hatte Pachomius seine 1.300 Mann nach mystischen Gesichtspunkten eingeteilt, eben nach den vierundzwanzig Buchstaben des griechischen (dem koptischen fast gleichen) Alphabets. Wessen Kapuze ein schönes ρ (Rho, R) zierte, der war – angeblich, weil der Buchstabe einer Keule gleicht – als besonders tüchtig ausgezeichnet. Wen ein schlichtes ι (Iota, I) markierte, der galt, so oder so zu verstehen, als »arm im Geiste«. Wer ein häßlich verschlungenes ξ (Xi, X) hintendrauf gemalt bekommen hatte, der war nicht dumm, hatte aber Dummheiten gemacht und mußte im Strafbataillon malochen.

Ein Heerlager, selbst ein religiöses, läßt sich nach mystischen Gesichtspunkten nicht effizient durchorganisieren. Diese Erleuchtung scheint dem heiligen Pachomius recht bald zuteil geworden zu sein. Er teilte seine Jünger neu ein, und zwar nach beruflicher Eignung in »Häuser«, zum Beispiel für die Schneider, die Bäcker, die Kameltreiber, die Schmiede, Weber, Gerber, Sandalenmacher und, besonders wichtig, für die klostereigene Polizei (»Wachmannschaft«). Jedes Haus unterstand einem »Hausmeister«, drei Hausmeistereien bildeten zusammen einen »Stamm«, mehrere Stämme zusammen kommandierte ein »hegemon«. Das heißt »Führer, Herrscher, Offizier«. Und klingt sehr mächtig. Doch über allen »Führern« stand, weit mächtiger, dem heiligen Pachomius als dem Generalabt unmittelbar unterstellt und ihm allein verantwortlich, der wahre Chef über alle neun Klöster: »ho oikonomos megas«.

Der »Großökonom«. Eine Art Superminister für Wirtschaft und Finanzen. In seiner zentralen Buchhaltung wurden, über ein ausgeklügeltes System von Täfelchen, alle Arbeitsabläufe und Arbeitsleistungen in allen Klöstern registriert und ausgewertet. Jedes Löffelchen, jedes Lämpchen mußte jedes Kloster bei dieser zentralen Buchhaltung bestellen. Sämtliche Arbeitserzeugnisse, Matten, Besen, Körbe, später auch Leinen, Häute und Sandalen, mußten bei ihm abgeliefert werden und wurden von ihm zentral vermarktet. Möglichst, mit den klostereigenen Schiffen, auf dem Großmarkt in Alexandrien, wo die klösterliche Fließbandware, dank »unstreitig niedrigerer Preise« (Jacob Burckhardt), zum Albtraum des alten heidnischen Handwerks wurde.

Jedes Jahr im Herbst mußten alle Mann, aus allen neun Klöstern, in Reih und Glied antreten vor dem Großökonom. In einer Art Jüngstem ökonomischem Gericht bekamen sie, Stamm für Stamm, Haus für Haus, öffentlich vorgerechnet, was sie in einem Jahr geleistet hatten. Und was nicht.

Auch die mysteriösen Buchstaben auf den Kapuzen scheinen so – historisch ganz geklärt ist es nicht – einen neuen Sinn gewonnen zu haben. Innerhalb der Gruppe als individuelle Auszeichnung im Wettbewerb der Leistung und der Tugend: »Schau her, ich bin ein Rho. Und was bist du?«

Ist das wirklich das erste katholische Kloster? Ist das nicht eher das erste protestantische Arbeitshaus oder besser, beim Barte Max Webers, die erste kapitalistische Fabrik?

Nein, es ist wirklich das erste Kloster, und das heißt, daß die Arbeit, bei allem gebotenem Fleiß, nie protestantischer Selbstzweck ist. Sie kann sogar verboten sein. Regel Numero 123: »Keiner darf irgendeine Arbeit verrichten, noch Krüge voll Wasser herumtragen oder auch nur ein Seil drehen, wenn sein Chef es nicht befiehlt.«

Eigenmächtige Rekorde bei der Arbeit bestraft der heilige Pachomius unnachsichtig. So läßt er einmal fünfhundert Matten, die ein Küchenmönch »in ungeordnetem Arbeitseifer« (Heinrich Bacht SJ) nebenher angefertigt hatte, nur um die andern Mönche allesamt zu übertrumpfen, öffentlich und feierlich verbrennen.

Die Arbeit ist kein protestantischer Leistungswahn, schon gar nicht ein Mittel, sich hervorzutun, sondern Ausdruck des Gehorsams und der demütigen Einordnung in den Verband. Besonders viele Regeln hat sich Pachomius deshalb für Arbeiten außerhalb der Klostermauern ausgedacht. Kaum auszudenken, was alles »beim Holzsammeln im Gebirge« passieren könnte! Pachomius beugt vor:

Regel No. 58: »Wenn das Signal für den Abmarsch zur Arbeit ertönt, gehe der Hausmeister an der Spitze seiner Männer. Keiner stelle beim Aufbruch die Frage, wohin es geht.«

Um so mehr, als das der Hausmeister in der Regel selbst nicht weiß. Erst nämlich, wenn auf diese Weise mehrere Häuser zum Abmarsch angetreten sind, »gehe der Chef des ersten Hauses allen voran. Geordnet nach dem Rang der Häuser und nach dem Rang der einzelnen folgen alle, ohne miteinander zu reden. Vielmehr soll ein jeder Bibelverse auswendig vor sich hersagen«.

So geht es »zum Holzsammeln ins Gebirge«. Es geht zu wie in Gottfried Kellers Phantasie:

»Durchs afrikanische Felsental
Marschiert ein Bataillon,
Sich selber fremd eine braune Schar
Der Fremdenlegion.«

Greifen wir unserem nächsten Kapitel nicht vor, sondern nehmen wir wider besseres Wissen an, es sei noch einmal alles gutgegangen beim »Holzsammeln im Gebirge«. Dann zieht die gottgeweihte Legion heim gemäß Regel Numero 65: »Auch auf dem Rückmarsch ins Kloster bleibe jeder in Reih und Glied. Nach der Ankunft sammle der stellvertretende Chef des Hauses die Arbeitswerkzeuge ebenso wie die Sandalen ein, bringe sie in ein spezielles Magazin und schließe dort ab.«

Der kasernenerfahrene Leser ahnt, was los ist. Das ärgerlichste Problem jeder geschlossenen Männergesellschaft ist, daß da ständig – es sorgt ja keine Frauenhand für Ordnung – alles mögliche Zeugs fahrlässig verlorengeht. Ich selber habe erlebt, wie durch ein einziges beim Ausmarsch ins Gebirge spurlos verschwundenes »Ersatzteil-Büüteli« eine ganze schweizerische Kaserne drei Tage lang in kollektive Hysterie geriet.

Ein Ersatzteil-Beutelchen wird in der Engelsregel nicht ausdrücklich erwähnt. Aber es geistert, fast mit Händen zu greifen, darin herum. Mit einer Serie von scharfen Mahnungen und Strafen versucht Pachomius, das klassische Kasernen-Problem in den Griff zu bekommen. Regel 131a: »Wenn einer etwas verloren hat, soll er vor dem Altar öffentlich angeprangert werden.«

Wie nun, wenn einer sein Nachthemd verliert? Regel 131b: »Wenn das, was verlorenging, zu seinen eigenen Kleidungsstücken gehört, dann soll er drei Wochen lang keinen Ersatz dafür bekommen. Erst in der vierten Woche und nach abgeleisteter Buße soll man ihm das, was er verloren hat, ersetzen.«

Was ist das Gemeinsame zwischen dem Ersatzteilbüüteli eines schweizerischen Soldaten und dem Nachthemd eines ägyptischen Mönchs? In beiden Fällen handelt es sich um streng normierte, uniforme Gegenstände. Ob 1.300 Mann mit dem genau gleichen Ersatzteilbüüteli ausgerüstet sind oder mit dem genau gleichen Nachthemd, ist im Grunde gleich. Die Folge der Uniformierung ist ja stets gleich: Nach einer Weile weiß, beim besten Willen, in der Kaserne keiner mehr, wem was gehört. Es ist ja im wahrsten Sinn sowieso alles gleich.

Apropos Nachthemd: Wer in eines der neun Klöster des heiligen Pachomius eintreten wollte, mußte sich zuerst beim Torwächter seiner eigenen Kleider entledigen. Sauber gebündelt und etikettiert wurden sie in ein eigenes Magazin weggeschlossen – für den (recht wahrscheinlichen) Fall des baldigen Rausschmisses. Danach faßte der Novize »to schema«. Das Schema, das heißt die Uniform, bestehend aus zwei Leinenhemden, ärmellos und knielang, einem leinenen Gürtel, einem Schafspelz, zwei Kapuzen sowie einem Nachthemd. Das besagte Nachthemd sah haargenau gleich aus wie alle Uniformhemden, stammte jedoch aus älteren, stark abgenützten Magazinbeständen. Mit um so größerer Sorgfalt war das Nachthemd zu behandeln. Besonders bei der Wäsche.

Denn so wollte es der heilige Pachomius: Jeden Sonntag war großer Waschtag. »Alle, ausgenommen die Schiffer und die Bäkker«, schreibt Regel Numero 67 vor, »haben an diesem Tag ihr Hemd zu waschen sowie alles andere, was zur Mönchskleidung gehört.«

»Wohltuend«, lobt Jesuitenpater Heinrich Bacht, hebe sich die pachomianische »Sorge für die Reinlichkeit« ab vom Erscheinungsbild der Einsiedler, die ja draußen in der Wüste nicht nur von Schmutz strotzten, sondern auch noch stolz drauf waren – wie Antonius auf seine ungewaschenen Füße.

Es versteht sich, daß auch dieser frühkatholische Trieb zu jesuitischer Reinlichkeit sorgfältiger Reglementierung bedurfte. Regel Numero 68 über den sonntäglichen Waschmarsch zum Nil: »Zum

Waschen breche keiner auf, bevor nicht für alle das Signal dazu erklingt. Sodann gehe jeder hinter seinem Chef her. Seine Wäsche wasche er schweigend und mit Disziplin.«

»... et cum disciplina«. Vollständig erhalten ist die Regel des heiligen Pachomius nur in lateinischer Übersetzung. Auch wer nicht Lateinisch kann, sollte sie im Original überfliegen. Unablässig stechen die gleichen zwei Wörter ins Auge: »ordo« und »disciplina«. Ordnung und Disziplin. Disziplin und Ordnung.

Tatsächlich scheint sich Pachomius im Alltag ähnlich benommen zu haben wie Ignatius von Loyola in jener späten Phase, als der Stifter des Jesuitenordens das römische Professhaus ruhelos von oben bis unten inspizierte, ob da vielleicht einer am Spucknapf vorbeispucke, ob da vielleicht ein Schuh herumliege, sogar ein unpolierter Schuh vielleicht, ob die Klobrille geputzt worden sei und, wenn ja, ob auch der zweite Arbeitsgang, nämlich die Nachkontrolle der Kloreinigung, seinen Befehlen entsprechend ausgeführt worden sei.

Ein ähnlich dringendes Bedürfnis, das klösterliche Abtrittswesen zu kontrollieren, hat schon Pachomius empfunden. Regel No. 11 schreibt vor: Wenn ein Mönch es »propter necessitatem naturae« (»eines natürlichen Bedürfnisses wegen«) nicht mehr aushält beim Beten und beim Mattenflechten, darf er nicht einfach so austreten. Den natürlichen Drang hat er vielmehr seinem Chef zu melden. Und nur wenn sein Chef nach erfolgter Anhörung ausdrücklich die Genehmigung dazu erteilt, darf der Gottesmann in Gottesnamen »exire pro naturae necessitate«.

Unverzüglich bestraft wurde, wer einer Rede seines Chefs nicht aufmerksam folgte. Strafkodex-Regel Numero 21: »Wenn einer bei der Unterweisung durch seinen Führer oder Hausmeister im Sitzen einschläft, werde er sofort zum Aufstehen gezwungen. Er muß dann so lange stehen bleiben, bis er die ausdrückliche Erlaubnis bekommt, sich wieder zu setzen.«

Schon etwas strenger bestraft wurde, wer frühmorgens das Signal der Militärtrompete – alle Mann antreten zum Gebet! – verschlief. Gebeugten Hauptes mußte die Schlafmütze vor den Altar treten, um dort die öffentliche Schelte seines »Hegemon« (Führers) entgegenzunehmen; damit er nicht so bald wieder einschlafe, wurde er am selben Tag im Speisesaal noch ein zweites Mal an den Pranger gestellt.

Höchstpersönlich, mit aller Kraft und großem Spaß hat Pachomius die Prügelstrafe vollzogen. Dies geschah vor dem Klostertor. Zur Erbauung der dort auf die Aufnahme ins Kloster wartenden Kandidaten, aber auch damit der Delinquent selber merke, daß es jetzt nicht mehr weit war bis zum endgültigen Rausschmiß.

Wer Glück hatte, kam vorher noch ins Gefängnis. Sieben Tage laut der lateinisch überlieferten Regel, laut dem äthiopischen Regelfragment fünfzig Tage. Bei Wasser und Knäckebrot, als wäre er der heilige Antonius, saß er dort, aus der Gemeinschaft ausgeschlossen, und durfte als Einsiedler auf Zeit überlegen, ob Gemeinschaft nicht auf die Dauer das Bessere sei. Zumindest doch das Klügere.

Was waren sie eigentlich, diese hoch ummauerten neun Mega-Klöster des heiligen Pachomius? War das nicht, in den Nilsümpfen bei Theben, eine Art Archipel Gulag für Wüstenväter?

Ganz im Gegenteil: Dies war das Paradies auf Erden.

»Compelle intrare – Zwinge sie einzutreten«, das bedenkliche Missionsprinzip des heiligen Augustinus lag Pachomius fern. Keinen einzigen hat er in seine Klöster gezwungen, im Gegenteil, seine Hauptbeschäftigung, nächst dem Ordnungmachen, war das Rausschmeißen. Zu Hunderten hat er sie rausgeschmissen. Und für jeden einzelnen, den er rausschmiß, warteten vor dem Tor mindestens zehn, die, bittebitte, hereinwollten. Was immer das war, ein Archipel Gulag war es nicht.

Jesus hatte das Himmelreich prophezeit. Die Urchristen hatten es in vergeblicher Sehnsucht erwartet. Antonius war ihm, ganz allein, in die Wüste entgegengestürmt. Pachomius aber hat es organisiert, für ganz normale Menschen, hier auf Erden, ganz konkret.

Für einen ganz normalen jungen Mann, der es in seinem oberägyptischen Kolonialdorf nicht mehr aushielt, den aber auch der geniale Aufbruch allein hinaus in die Wüste schlicht überforderte, war die Stiftung des Pachomius das Himmelreich der Nächstenliebe. Das Paradies auf Erden. Etwas weniger christlich gesagt: Dies war, von einem Wüstenvater prophetisch vorwegorganisiert, der westeuropäische Wohlfahrtsstaat des 20. Jahrhunderts, »Schwedisches Modell«.

Gewiß war von jedem fleißiges Arbeiten, pflichtbewußter Gehorsam und anständiges Benehmen kompromißlos gefordert. Dafür wurde er aber auch himmlisch belohnt, und zwar durch perfekte, für die Zeit beispiellose Betreuung.

Die pädagogische Betreuung fing schon vor dem Eintritt ins Kloster an. Da nämlich die neun Klöster allesamt überfüllt waren und sich die Kandidaten vor den Toren haufenweise drängten, erhielten sie, um die lange Wartezeit sinnvoll zu nutzen, schon vor dem Klostertor Unterricht im Alphabet. Aus zahllosen Kehlen jugendlicher Kandidaten erscholl es hoffnungsfroh: »Alpha, Beta, Gamma, Delta, Epsilon, Zeta, Eta, Theta, My, Ny, Xi ...«

Der praktische Nutzen lag auf der Hand: Wenn einer nicht wenigstens die Buchstaben auf den Kapuzen lesen konnte, würde er kaum in der Lage sein, sich später drinnen im Gewimmel von über tausend Mönchen zu orientieren. Vor allen Dingen aber hielt Pachomius Schulbildung für eine gute Sache. Das war neu. Antonius hatte sich seiner Unbildung frech gerühmt und noch Evagrius Ponticus mußte sich unter Wüstenvätern ständig ringsum entschuldigen, ein gebildeter Mensch zu sein.

Aber hat der heilige Pachomius nicht recht? Ist Schule nicht, mehr noch als Arbeit, das ideale Mittel, einen Menschen zu disziplinieren?

Besonders gut war natürlich die religionspädagogische Betreuung. Vorbei die Zeiten, in denen ein junger Wüstenvater jahrelang darauf warten mußte, daß ihm sein Alter aus der Fülle des Geistes »ein Wort schenkte«. Ein Wort nur? Dreimal wöchentlich, schreibt die Regel vor, hat jeder »Führer« seinen Mönchen einen ausführlichen religionspädagogischen Vortrag zu halten. Pachomius selber, als Generalabt, hielt täglich irgendwo eine religionspädagogische Rede, die in der Regel so lang ausfiel, daß Amélineau, der böse Antiklerikale unter den Wüstenväter-Forschern, schreiben kann, der heilige Pachomius habe an der »maladie de la parole« gelitten. An krankhaftem Redezwang.

Ist es nicht schrecklich, jahrelang denselben Leuten zuhören zu müssen? Gar einem alten römischen Legionär, der endlos immer nur die gleichen mehr oder minder religiösen Kommis-Weisheiten verzapft?

Nein. Ich habe selber als junger Mönch im Dominikanerorden drei Jahre lang nichts als Thomas von Aquin zu lesen und zu hören bekommen. Und ich bin froh darüber. So ist wenigstens etwas hangengeblieben. Pädagogisch gibt es nichts Wertvolleres als eine sich ständig wiederholende Autorität.

Vorbildlicher noch als die seelische und geistige Betreuung war die ernährungsphysiologische Versorgung der Mönche: Getreidemüesli, Linsenbrei, Brot und Käse, Oliven, Feigen und Datteln – zweimal am Tag ließ es der heilige Pachomius seinen Mönchen an nichts fehlen, was zu einer kräftigen, gesunden Biohausmannskost gehört.

Askese?

Schon in der Wüste hatte Pachomius von Hungerkünstelei nichts gehalten. Wenn der alte Palamon an Fastentagen seinen Salat trocken hinabwürgte, goß der junge Pachomius, zum Befremden des Alten, demonstrativ Olivenöl darüber. Für das Salatdressing seiner Jünger ordnet er in Regel Numero 80 zusätzlich »Essig und Salz« an.

Olivenöl, Essig, Salz – da behaupte einer noch, die Vinaigrette sei erst während der Pest von Venedig erfunden worden. Erfinder der klassischen europäischen Salatsauce ist der heilige Pachomius.

Ja gewiß, wenn einer sich unbedingt weiter so ernähren wollte wie draußen in der Wüste, mit Knäckebrot und Wasser, dann war

Pachomius tolerant. Auf ausdrücklichen Antrag, nach ausdrücklicher Sondererlaubnis durch den Vorgesetzten, durfte einer fasten. Aber viel hielt Pachomius nicht davon. Fasten hielt er einfach nicht für asketisch.

Soldat war er gewesen, Soldat war er geblieben. »askesis« hieß für ihn nichts als »militärisches Exerzieren«. Wer bei der Askese – in diesem Wortsinn – nicht versagen will, braucht Kraft.

Der wahre Asket ißt deshalb nicht weniger als andere Menschen – er ißt vielmehr disziplinierter. Regel Numero 31: »Du sollst dich nicht unterstehen, bei Tisch zuzulangen, bevor dein Chef zugelangt hat. Ebenso sollst du nicht andern beim Essen zuschauen.«

Regel Numero 32: »Jeder Chef soll seiner Mannschaft Unterricht geben, wie man mit Disziplin und Anstand ißt. Wenn einer beim Essen schwatzt oder lacht, soll er Buße tun und an Ort und Stelle sofort gescholten werden.«

Um so mehr überrascht das genuin vegetarische Kraftpaket, das jeden dritten Tag am Ausgang des kollektiven Speisesaals ausgeteilt wurde. Es bestand aus einer Mannsration »tragematia«. Manchmal wird das mit »Naschwerk« übersetzt, manchmal mit »Bonbons«. Wahrscheinlich waren es getrocknete und kandierte Früchte. Drei Tage lang durfte jeder davon naschen, wann und wieviel er wollte. In Regel 38 warnt allerdings der heilige Pachomius vor dem Unfug, sich auch noch die Kapuze mit Bonbons vollzuschütten.

Wie die beiden täglichen Mahlzeiten für immerhin – im Kloster Tabennesi – 1.300 Mönche stammte auch das asketische Sondernaschwerk aus der zentralen Großküche. So sehr war sie der Stolz jedes Klosters, daß die Köche den respektgebietenden Titel »Klein-Ökonomen« trugen: »mikroi oikonomoi«.

Noch besser ausgerüstet als die zentrale Großküche war nur das Krankenhaus der Wüstenväter-Kaserne. Wer da hineinkam, der hatte es gut.

Aber wie hineinkommen? Krank *sein* genügte keineswegs, es kam darauf an, »*obtendere* infirmitatem«, »sich als krank *auszu-*

weisen« (Regel No. 40). Auf deutsch gesagt: der heilige Pachomius ist der Erfinder der »Krankmeldung«.

War die Krankheit aber gemeldet und war sie auch, nach eingehender Untersuchung, anerkannt, so erwartete den kasernierten Wüstenvater im pachomianischen Krankenhaus die schönste Zeit seines Lebens. Eine medizinische Bäderabteilung hatte das Krankenhaus, da wurde er gebadet, geschrubbt und geölt. Dann hieß es »Tischlein deck dich!«

Oliven, Feigen, Datteln und Salate, Käse, Müesli, Brei und Brot? Das Beste, was die zentrale Großküche hergab, war dem heiligen Pachomius für seine Kranken gerade gut genug. Das Allerbeste aber wurde in der krankenhauseigenen Diätküche extra zubereitet: die exzellente hauseigene Bouillabaisse (»liquamen de piscibus«) für die einen, für die andern Fleischgerichte »ad omnem copiam – in jeglicher Fülle«.

Was durfte es zu trinken sein? »Wenn einer sich so sehr des Weins enthielte, daß seine Gesundheit Schaden nähme, so wäre er nicht frei von Schuld«, schreibt Thomas von Aquin und gibt damit, im 13. Jahrhundert noch, eine medizinische Ansicht der Antike wieder. So überrascht es auch nicht, von Hieronymus zu erfahren, daß in den Klöstern Ägyptens »den Greisen und den Knaben« häufig Wein serviert wurde, »damit die einen gegen die Schwäche des Alters gestärkt werden, die andern im Wachstum«. Getrunken wurde eine Art Portwein, für unsere Begriffe unerträglich süß.

Dem Krankenhaus des Klosters organisatorisch eingegliedert war das Seniorenheim. Hier genoß der hochbetagte Asket die Früchte lebenslanger Arbeit und Disziplin. Als wäre er schon im Himmel.

Und wie er so, frisch gebadet und geölt, mit Bouillabaisse und Schmorbraten wohlgesättigt, fröhlich in seinen Becher sah, schweiften die Gedanken des emeritierten Asketen wohl gelegentlich zurück in ferne Jugendtage. Was war das eigentlich gewesen, damals mit der großen Freiheit, mit dem göttlichen Abenteuer allein in der Wüste?

Im Sande verweht. »Wie gut, daß es die Pflege gibt!« (Norbert Blüm).

Bei so vorbildlicher Versorgung fällt eins um so erstaunlicher auf: die geringe Zahl der Senioren in den Krankenhäusern. Die Lebenserwartung der Mönche in den Klöstern des heiligen Pachomius war verblüffend niedrig.

Sein eigener Fall ist paradigmatisch: Pachomius ist im Jahr 292 geboren – ganze 41 Jahre *nach* Antonius. Dafür ist er dann aber auch schon im Jahr 346 gestorben, im klostereigenen Krankenhaus natürlich – ganze zehn Jahre *vor* dem Einsiedler weit draußen in der Wüste. Das heißt: Pachomius ist nur 54 Jahre alt geworden – nur halb so alt wie der pflegedienstlich so gar nicht versorgte, sozialmedizinisch nicht betreute Antonius in seiner einsamen Höhle am Roten Meer. Besteht da vielleicht ein Zusammenhang?

Ja. Wenn 1.300 Männer wie in einer asketischen Legebatterie auf engstem Raum, fest ummauert, zusammenleben, braucht es nur einen einzigen zu erwischen. Und schon sind alle angesteckt.

Ähnlich wie der »Schwarze Tod« im späten Mittelalter gerade den mächtigsten und bestorganisierten Orden, die Dominikaner, heillos zerrütten wird, so hat die ägyptische Pest ein übers andere Mal die neun Großklöster des heiligen Pachomius tödlich heimgesucht.

Gewiß, wenn in antiken Texten von »Pest« die Rede ist, so ist das nicht immer der moderne, eng umrissene medizinische Begriff. Jede Typhusepidemie wird da schnell als »Pest« verflucht. Bei den Seuchen im pachomianischen Klosterverband spricht aber manches dafür, daß es tatsächlich die Pest war.

Bedenkenlos war Pachomius aus den Wüstenbergen hinabgezogen an den Nil. Was brauchte er die weite menschenleere Wüste, ihm genügte, um sich abzusondern, eine hohe Mauer. Am Nil zu wohnen, mitten unter den Menschen, war auch ungleich günstiger für den Verkauf der klösterlich geflochtenen Matten,

Körbe und Seile. Und erst die klostereigenen Schiffe. Zwei waren es zuerst, später mindestens neun. Alles, was der »Großökonom« der pachomianischen Klöster zentral feilzubieten hatte, trug diese veritable Klosterflotte rasch und leicht hinab auf den Großmarkt nach Alexandrien. Was kümmerten den heiligen Pachomius die Heere von Ratten am schlammigen Ufer vor den Klöstern von Tabennesi oder von Pbow. Was störte ihn das Gewimmel von Menschen, und das heißt in jener Zeit das Gewimmel von Flöhen an den Ufern des Nils. Daß Ratten und Flöhe die Pest übertragen, konnte Pachomius, bei aller Erleuchtung, nicht wissen.

Bis ihm im Alter von 54 Jahren im Kloster Pbow jäh die Pest in die Glieder fuhr. Das schöne Krankenhaus dieses Klosters war zu dem Zeitpunkt nur noch ein elendes Sterbelazarett, in dem schon die halbe Mannschaft dahinsiechte. Daß er, der Generalabt, selber angesteckt werden könnte, war ihm dennoch unfaßbar. Krankheit konnte nichts anderes sein als eine Sache des Willens. Und er beschloß, auch die Pest, wie bisher jedes andere Problem, niederzukämpfen mit eisernem, unbeugsamem Willen. Als ob nichts wäre, zog er mit den gesunden Brüdern noch mehrere Tage hinaus zur Feldarbeit. Mit einem Mal übermannte ihn ein Schüttelkrampf. Hilflos fiel Pachomius vornüber zu Boden. Als ihn die Brüder aufhoben, sahen sie einander betroffen an: Der Körper des Heiligen war von Fieber glühend heiß.

Das hohe Fieber ließ nie mehr nach. Als Theodor, sein Vertrauter, ihn vierzig Tage später im Krankenhaus des Klosters Pbow aufsuchte, packte ihn der helle Jammer angesichts des abgezehrten, vom Fieberfrost geschüttelten Gerippes, das ihm, vom Tod schon gezeichnet, auf einer Matte zu Füßen lag. Rasch eilte er in die Kleiderkammer und ließ sich eine Decke geben. Eine ausgesuchte Decke, besonders leicht und besonders warm. Die breitete er über den sterbenden Abba aus.

Pachomius warf die Decke von sich: »Siehst du nicht, daß hier alle so krank sind wie ich? Willst du, daß ich es im Sterben besser habe?«

In der fachhistorischen Literatur wird der ägyptische Stifter des westlichen Klosterwesens immerzu mit Ignatius von Loyola verglichen, dem Gründer der »Gesellschaft Jesu«. Einer ist sogar soweit gegangen, die gesamte Geschichte des westlichen Mönchtums unter den Titel »From Pachomius to Ignatius« zu fassen. Ein katholischer Vergleich. Die Welt ist aber nicht katholisch. Für den weltlichen Verstand drängt sich ein anderer Vergleich auf: Pachomius und Josef Stalin.

Pachomius gilt als Stifter der »koinonia«. Das frühchristliche Wort wird gerne, fromm und harmlos, mit »Gemeinschaft« oder »Kloster« übersetzen. In politisches Deutsch übersetzt ist dieser Kernbegriff des Christentums (Apostelgeschichte 2, 44) sehr viel weniger harmlos. »koinonia« heißt »Kommunismus«: Gemeinschaft und Gleichheit zugleich.

Pachomius und Stalin: Nach den Abenteurern, nach den Anarchisten sind sie beide gekommen. Beide hielten es für ihre Sendung, Ordnung zu bringen in die utopische Szene. Beide fühlten sich berufen, ihre Brüder ins Heil zu prügeln. Beide wußten, daß die Utopie, soll sie Realität werden, der Gewalt bedarf. Jesus hat das auch gewußt: »Das Himmelreich leidet Gewalt«, ist eines seiner abgründigsten Worte, »jene, die Gewalt tun, werden es an sich reißen« (Matthäus 11, 12).

Hier endet der Vergleich: Was immer typisch kommunistisch sein mag an Pachomius und seiner Wüstenväterkaserne, eine Nomenklatura hat er uns, wie Stalin, nicht beschert. Im Gegenteil: Seine Regel enthält eine lange Reihe von Anweisungen, die dafür sorgen sollen, daß es die Oberen im Kloster, in gesunden wie in kranken Tagen, nicht einen Deut besser haben als die Unteren. Priester hat er deshalb nur widerwillig in seine Klöster aufgenommen, und nur dann, wenn sie sich ausdrücklich bereitfanden, auf jegliches Privileg zu verzichten und genauso zu leben wie die jungen Analphabeten aus den Fellachendörfern.

Plötzlich richtete sich der sterbende Patriarch auf, schlug seinen

Jünger auf die Brust und zerrte ihn am Bart zu sich herunter: »Höre gut zu, Theodor!«

Mit letzter Kraft begann der Heilige zu spotten. Über die Begräbnissitten seines Volkes spottete der Ägypter Pachomius. Wie Antonius spottete er über die Pyramiden und die Mumien, über die Pharaonen und die Einbalsamierer. Pachomius wörtlich: »Theodor, das alles ist Geschäftemacherei.«

Jäh zerrte der Heilige seinen Jünger ein zweites Mal am Bart: »Bring mich hinaus in die Wüste. An einem Ort, den keiner kennt, begrabe mich. Tu das für mich, Theodor, und tue es schnell!«

Kommunismus ja – Nomenklatura und Mausoleen nein. Das ist das urchristliche Vermächtnis des heiligen Pachomius.

So ist er gestorben, und was er im Leben nicht war, das wurde Pachomius im Tod: ein vollkommener Jünger des heiligen Antonius.

Sein Wüstengrab ist unbekannt.

2. Kapitel: Skandal beim Holzsammeln

Beim Holzsammeln sei es passiert, so schildert der Augenzeuge Ammon in seinem Brief »An einen Gottesfreund« jenen schweren Zwischenfall, der alle Klöster des heiligen Pachomius in helle Aufregung versetzen sollte: »beim Holzsammeln im Gebirge«.

Zum Holzen »in den menschenlosen Bergen« waren aus dem Kloster Pbow zwei pachomianische Brigaden aufgebrochen. Eine schwere Brigade, vierzig Mann, in Reih und Glied unter dem bewährten Kommando des heiligen Theodor, zum Schlagen von Bauholz. Und eine leichte Brigade, vier Mann nur und – kaum begreiflich – ohne Chef, um Brennholz zu sammeln. Vier junge Brüder, die als Kinder schon zu Pachomius ins Kloster gekommen waren. Sorglos schweifend durchs Gehölz entfernte diese leichte Brigade sich von der schweren immer weiter, bis sie sich schließlich hinter allen Büschen »von den übrigen ganz abgesondert dünkten«.

Da passierte es.

Zuerst, gestanden später die vier, hätten sie nur »dummes Zeug geredet«, doch dann, ja dann hätten sie auch, selbstviert, »dummes Zeug getan«. Sehr dummes Zeug sogar: »lachazein«. Kein anständiges Wörterbuch führt dieses griechische Verb. Nur wir, die letzten alten versprengten humanistischen Hühner, wir, die wir noch unseren Aristophanes im Original gelesen haben, wir wissen, was geschah, hinter allen Büschen Ägyptens. Aber wir sagen es nicht. Gesehen hat es sowieso keiner.

Irrtum. Der heilige Theodor sieht alles. »In einer Vision«, heißt es, habe er alles gesehen. Vielleicht ist er auch nur seiner leichten Brigade ahnungsvoll nachgekrochen und hat sie durchs Unterholz beim »Lachazein« gespannt observiert.

Was er sah, schien jedenfalls dem heiligen Theodor gravierend genug, um die Holzfällerei im Gebirge sofort abzubrechen und die schwere Brigade im Eiltempo zurückzuführen ins Kloster Pbow.

Alsbald rief die Militärtrompete dort die Mönche zur Vollversammlung.

Als das pubertierende Quartett wenig später mit gespielter Unschuld durchs Klostertor hereinspaziert kam, ließ es vor Überraschung fast die Holzbündel fallen. Der Hof war schwarz von finsterstarrenden Brüdern. Wieder erklang die Tuba. Vor aller Ohren, ohne Nachsicht, ohne falsche Scham, schilderte der heilige Theodor seine »Vision«.

Was tun?

Hosen runterlassen! Auf der Stelle legten die vier gefallenen Teenager vor der Vollversammlung von Pbow ein rückhaltloses Geständnis ab. Als Zeichen tiefer Reue warfen sie sich »nach Osten vor Gott in den Staub«. Dem heiligen Theodor gelobten sie »wehklagend und weinend«, nie wieder zu »lachazein«. Von Stund an, schließt erbaulich Ammons Brief »An einen Gottesfreund«, wandelten die vier unter allen Söhnen des heiligen Pachomius als »Muster und Modelle wahrer Heiligkeit«.

Im ursprünglichen eremitischen Mönchtum weit draußen in der Wüste mag Homosexualität vorgekommen sein wie auf den ägyptischen Dörfern. Doch sie war kein Thema. Das Thema dort war »askesis«, Selbstbeherrschung. Das ist das Gegenteil. Erst in der späten Phase der Sieben-Zimmer-Einsiedeleien wird das »griechische Laster« seinen Auftritt und auch schon seinen Abtritt haben.

Unten am Nil aber, in der Gemeinschaft des heiligen Pachomius, hat das Virus der Schwulität von Anfang an dringesteckt. Mit Zuständen, von denen der Historiker René Draguet sagt, daß er sie »am liebsten auf lateinisch oder griechisch« schildern würde.

Engelsregel No. 109 auf lateinisch: »Super nudum dorsum asini duo pariter non sedebunt, nec super temonem plaustri.«[1] Dazu die scharfsinnige Fußnote des Jesuitenpaters Heinrich Bacht: »Der Sinn dieser Vorschrift dürfte ... die Sicherung der mönchischen Keuschheit sein.«

1 »Auf dem nackten Rücken eines Esels dürfen zwei nicht hintereinander sitzen, auch nicht auf einer Wagendeichsel.«

Es ist jetzt wichtig zu wissen, daß der heilige Pachomius ein antiker Mensch war, kein moderner. Nach unserem modernen Vorurteil ist Homosexualität ein Wesenszug. Ohne Zögern sagen wir heute von einem Menschen: »Er *ist* homosexuell.«

Der heilige Pachomius hätte diesen Satz nicht verstanden. Nach antikem Vorurteil ist Homosexualität kein Sein, sondern ein Tun. Hatte der griechische Dichter Pindar »sein Haupt auf seines Lieblings schönes Knie geleget« (Platen), so fand er zweifellos, daß er da etwas Homosexuelles und, nach eigenem Empfinden, etwas Schönes *tat*. Hätte aber einer deshalb gesagt »Pindar, du *bist* homosexuell«, so hätte selbst ein griechisches Genie wie Pindar einen solchen Satz nicht verstanden. Der ägyptische Legionär Pachomius erst recht nicht. Kein Sein war Homosexualität im antiken Verständnis, sondern ein Tun.

Das mußte Pachomius, zu Anfang jedenfalls, zuversichtlich stimmen. Ist nämlich Homosexualität ein Tun, so kann man etwas *dagegentun*.

Regel No. 94: »Keiner darf mit einem andern im Dunkeln sprechen.«

Regel No. 2: »Der Neuling soll mit aller Zucht und Bescheidenheit dasitzen. Das Fell, das seitlich über der Schulter hängt, soll er unter die Arschbacken klemmen (»ex inferiori parte subdens natibus«). Das Gewand, das heißt: den ärmellosen Rock aus Leinen, genannt Lebitonarium, soll er straff herabziehen, so daß es die Knie bedeckt.«

Wo sind wir? In einem viktorianischen Mädchenpensionat? Nein, in einem ägyptischen Männerkloster vor der Erfindung der Unterhose. Daher Regel No. 69: »Keiner darf beim Wäschewaschen sein Kleid höher schürzen, als es die Vorschrift gestattet.«

Und jetzt die berühmteste aller Regeln des heiligen Pachomius: Regel No. 95: »Keiner darf mit einem andern zusammen auf der Matte schlafen. Keiner darf die Hand eines andern halten oder sonst etwas von ihm. Jeder soll vielmehr, sei es im Stehen, Gehen oder Sitzen, vom andern eine Elle Abstand halten.«

Eine Elle Abstand: das ist die klassische »regula tactus« (»Berührungsregel«), die das europäische Mittelalter vielfältig abwandeln wird, etwa in der »Mönchsregel« des Spaniers Fructuosus mit der Bestimmung, im großen klösterlichen Schlafsaal sei zwischen den einzelnen Betten »eine Elle Abstand« einzuhalten.

Eben diesen kollektiven Schlafsaal, der den europäischen Klosteralltag des Mittelalters prägen wird, kennt der heilige Pachomius nicht. Vielmehr weist er jedem Mönch eine einzelne »Zelle« zu. Also, im Kloster Tabennesi, 1.300 Einzelzellen, die man sich, ganz eng aneinandergereiht, wohl etwa so vorstellen muß wie die Schlafzellen in einem modernen japanischen »capseru hoteru« (»Kapselhotel«).

Schon im Gottesdienst war es aufgefallen: Das pachomianische Kloster ist durchaus nicht, wie später im Westen die Benediktinerabtei, eine Gemeinschaft, ein Chor. Vielmehr singt einer solo vor, während die andern zuhören und dazu fleißig Matten flechten: jeder still und einsam vor sich hin. Und so des Nachts bis in den Schlaf. Mag der heilige Pachomius das Wort »Gemeinschaft« (»koinonia«) so oft wiederholen, wie er will: Dies ist nicht Gemeinschaft, sondern kollektiv veranstaltete Einsamkeit: 1.300 Einsiedler in 1.300 Mikroeinsiedeleien wie in Bienenwaben aneinandergereiht.

Im Kampf gegen die Homosexualität aber ist die Einzelzelle Risiko und Chance zugleich. Chance, weil sie gottseidank schon mal einen vom andern mit einer Mauer trennt. Risiko, weil es fast nicht möglich ist, 1.300 Schlafzimmer ständig unter Kontrolle zu halten. Zumindest Stichproben müssen aber jederzeit möglich sein.

Regel No. 107: »Bei verschlossener Zelle darf keiner schlafen.«

Daraus ergibt sich jedoch ein weiteres Risiko, nämlich daß die offene Tur als Einladung zu nächtlichem Herumstreunen verstanden werden kann:

Regel No. 126: »Wenn nach den Sechs Gebeten alle zum Schlafen auseinandergehen, darf, außer in einem Notfall, niemand mehr sein Zimmer verlassen.«

Auch soll, von offener Tür zu offener Tür – quer über den Flur sozusagen –, kein dummes Zeug mehr geredet werden:

Regel No. 88: »Wenn einer sich zum Schlafen niedergelegt hat, soll er nicht mehr mit einem andern schwatzen. (...) Außer seiner Matte soll er auf dem Schlafsessel auf keinen Fall etwas ausbreiten.«

»Schlafsessel«? »sellula ad dormiendum« heißt das auf lateinisch und ist die originellste Erfindung des heiligen Pachomius. Es scheint sich um eine schräge Kuhle oder Kapsel gehandelt zu haben, vielleicht auch nur um eine Lehne nach Art des früher auf Ozeandampfern üblichen »transatlantique«. Das Originelle an der pachomianischen Liege war, daß sie gerade bequem genug war, damit man darin einschlafen konnte, aber doch auch unbequem genug, um die Lust zu irgend etwas mehr als zum soldatisch disziplinierten Erholungsschlaf gar nicht erst aufkeimen zu lassen. Vor allen Dingen war die »sellula ad dormiendum« so eng, daß ein Versuch, darin zu zweit zu schlafen, so qualvoll mißlungen wäre wie heute in der Koje eines japanischen capseru hoteru.

Sittenpolizeilich besonders verdächtig war die Badestube. Gewiß gehört Sauberkeit zum militärischen Selbstverständnis, und so lag Pachomius viel daran, daß seine Mönche nicht nur ihre Röcke, sondern auch sich selber regelmäßig wuschen. Um so strenger aber auch die Vorschriften, die verhindern sollen, daß die Badestube zum Spaßbad wird:

Regel No. 92: »Den *ganzen* Leib ölen oder baden darf man nur aus Krankheitsgründen. Desgleichen darf man nur dann mit völlig nacktem Körper duschen (»Wasser über sich gießen«), wenn offenkundig eine Krankheit vorliegt.«

Vor allen Dingen gilt es auch in der Badestube die regula tactus:

Regel No. 93: »Keiner darf einen andern baden oder salben, wenn er dazu keinen Befehl erhalten hat.«

Diese Bestimmung betrifft eigentlich schon das Krankenhaus. Pachomius fiel auf, daß da zuviel Verkehr herrschte.

Regel No. 47: »Keiner wage es, einen Kranken zu besuchen ohne Erlaubnis des Chefs. Nicht einmal ein Verwandter, ja nicht einmal der leibliche Bruder darf einen Kranken pflegen, wenn der Hausmeister ihm nicht den Befehl dazu erteilt hat.«

Die Kontrollen wurden noch verschärft nach dem Skandal mit Bruder Duiduna, der sich darauf spezialisiert hatte, junge Mitbrüder im Krankenhaus »besonders zärtlich zu pflegen«. Nicht einmal den Fuß eines Mitbruders durfte einer fortan noch berühren ohne Spezialerlaubnis:

Regel No. 96: »Keiner wage es, einen Dorn aus dem Fuß eines andern herauszuziehen. Dies tun darf nur der Hausmeister, sein Stellvertreter oder einer, der dazu den Befehl erhalten hat.«

Niemand hat je behauptet, der heilige Pachomius habe nationale Vorurteile gehabt. Nach allen andern Maßnahmen zur Eindämmung des »griechischen Lasters« schien es ihm aber doch geboten, die griechischen Brüder im Kloster unter Quarantäne zu stellen. Während die andern Mönche nach Berufen gruppiert waren, blieben die Griechen in einem Speziallager, prophylaktisch, abgesondert.

Noch mißtrauischer als griechischen Mitbrüdern im Haus begegnete der heilige Pachomius fremden Mönchen auf der Durchreise. Ihnen wies er ein besonderes Fremdenhaus außerhalb der Klostermauern zu, mit der auffälligen Begründung, den fremden Mönche sei der Kontakt zu den »Knaben« im Kloster »nicht zuzumuten«.

Pachomius war stolz darauf, viele unmündige Knaben durch ganz frühe Aufnahme ins Kloster vor der Welt bewahrt zu haben. Manche, heißt es, habe er so früh aufgenommen, daß sie in ihrer Unschuld nie eine Münze gesehen hatten »und Gold von Silber nicht unterscheiden konnten«.

Lauter Unschuldsknaben?

Der erste Verdacht scheint Pachomius gekommen zu sein, als er das Kloster Schenesit inspizierte. Plötzlich stieg ihm »ein abscheulicher Geruch« in die Nase. Persönlich verhörte er den Knaben, »dessen sich der Satan bedient hatte«. Der gestand, daß ihm kein Geringerer nahegetreten sei als Apollonius, der Abt des Klosters, höchstselbst. Apollonius, seinerseits von Pachomius verhört, versuchte sich herauszureden: Er habe den Knaben nicht vergewaltigt, »sondern nur damit begonnen«. Das half ihm bei Pachomius nichts. Er verurteilte Abt Apollonius »zu einer schweren Buße«, was wohl heißt, daß er ihn vor versammelter Mannschaft verprügelte. Anschließend jagte er ihn mit Schimpf und Schande in die Wüste.

Nach solchen Vorkommnissen hat Pachomius alle Knaben unter zwölf streng abgesondert und ihnen insbesondere den Zutritt zum Zellenbereich der Erwachsenen verboten. Und umgekehrt:

Strafkodex Regel No. 7: »Wenn einer von den Brüdern dabei erwischt wird, daß er gern mit Knaben lacht und scherzt und daß er Freundschaften zarten Alters unterhält, soll er dreimal ermahnt werden, von ihrem Umgang abzulassen und auf Anstand und Gottesfurcht bedacht zu sein. Wenn er dann immer noch nicht aufhört, soll man ihn, wie er es verdient hat, mit strengsten Strafen bestrafen.«

Das heißt, man soll ihn, laut Strafkodex Regel No. 5, »aus dem Kloster aussperren, draußen vor dem Tor prügeln und ihm dort nichts als Wasser und Brot zu essen geben, bis er von der Besudelung gereinigt ist«.

Manche soll der heilige Pachomius persönlich fast zu Tode geprügelt haben. Und manchmal hatte er mit seiner Prügeltherapie Erfolg.

»Schauspieler« sei Bruder Silvanus einst in der Welt gewesen, heißt es in den pachomianischen »Paralipomena«. Stephan Schiwietz übersetzt lieber mit »Komiker«. Sagen wir »Kabarettist«. Nachdem er für dieses bedenkliche Vorleben zwanzig Jahre lang Buße getan und unter den Brüdern untadelig gelebt hatte, wurde Silvanus plötzlich rückfällig: »Weich wollte er leben und Spaß haben, ja er begann frech, vor den Brüdern unanständige Theaterszenen aufzuführen.«

Ein obszönes Klosterkabarett war das letzte, was dem heiligen Pachomius noch fehlte. »Oftmals habe ich dich geprügelt«, sagt er eine Weile danach zu Silvanus stolz. Stolz auf den Erfolg. Der Vielgeprügelte nämlich »bezwang sich mit ganzer Seelenkraft, so daß er ein Vorbild jeglicher Tugend wurde, für alle Brüder, die Großen und die Kleinen«.

Mit der Zeit scheint Pachomius die Lust am Prügeln verloren zu haben. Er schmiß jetzt nur noch raus. Einmal, berichtet die »Bohairische Vita«, habe er von 360 verdächtigen Brüdern hundert in die Wüste geschickt. Wirklich hinaus in die Wüste. An Gehässigkeit gegen Antonius kaum zu überbieten ist der Ratschlag, den er einem Ausgestoßenen mitzugeben pflegte: »Für dich ist eine Einsiedelei der richtige Ort.«

Auf einer Inspektionsreise kam ihm einmal vor den Toren des Klosters, das er besuchen wollte, ein Trauerzug entgegen. Es waren Mönche eben jenes Klosters, die, mit hocherhobenen Fackeln, den Sarg eines ihrer Mitbrüder zum Begräbnis im Gebirge geleiteten, dahinter der weinende Zug der Familienangehörigen.

Sofort gebot Pachomius halt. Er hatte nämlich im Geist erkannt, daß der tote Mitbruder »den Leidenschaften seines Körpers gehorcht hatte« und sogar – uns bleibt doch nichts erspart – »bei schändlichen Handlungen gestorben war«.

Auf sein Geheiß wurde der Tote von der Bahre geholt. Die Kleider wurden ihm vom Leib gerissen und vor aller Augen verbrannt. Und obwohl die Familienangehörigen laut klagten und protestierten, »warfen sie den Leichnam ohne Gebet weg und kehrten ins Kloster zurück. Die übrigen Brüder aber, die ihr Heil vernachlässigt hatten, wurden von Schrecken erfüllt.«

Damit ihr Schreck nicht nachließ, schilderte ihnen Pachomius die Höllenfahrt, die ihm in einer Entrückung zuteil geworden war:

»Und siehe, Pachomius sah die Hölle voll Brunnen und Zisternen, aus denen wild das Feuer loderte. Bei genauerem Hinsehen wurde ihm klar, daß in jeder dieser Zisternen eine Seele einsam brannte. Die beiden Beine der Seele – körperlich sahen sie aus wie einst im Leben – waren über dem Feuer weit gespreizt. Und siehe, die Flammen verzehrten, eins nach dem andern, die Glieder, mit denen jene Seele, einst in der Welt, sich befleckt hatte.«

Georg Grützmacher hält Pachomius zugute, »daß es eine außerordentlich mühevolle Arbeit war, die durch Jahrhunderte langen Druck moralisch verkommene Bevölkerung der armen Fellahs zu einer höheren sittlichen Lebenshaltung zu erziehen, ihnen insbesondere ihre geschlechtlichen Sünden, die Erbsünden der ägyptischen Bevölkerung, abzugewöhnen«. Dem Kampf des heiligen Pachomius gegen die Homosexualität zollt dieser liberale protestantische Theologe im Jahr 1896 noch hohes Lob: »Mit bewunderungswürdiger Energie bekämpft Pachomius diese Sünde.«

Wie aber ist es zu erklären, daß soviel bewunderungswürdige Energie erfolglos blieb? Der Ägyptologe Emile Amélineau, ein französischer Zeitgenosse Grützmachers, erklärt das mit dem Klima. Von einem bestimmten südlichen Breitengrad an, so Amélineaus eigene Beobachtung in Ägypten, sei Keuschheit physisch nicht mehr möglich und mit keiner Strenge durchsetzbar. In derart glühender Hitze sei sexuelle Enthaltung allenfalls zu verwirklichen als titanische Spitzenleistung, die dann auch von allen andern, die dazu gar nicht fähig sind, begeistert bestaunt und gefeiert wird.

Das Klima! Plötzlich verstehen wir, warum die Keuschheit, die doch für unser nordisch kühles Empfinden eine Tugend unter anderen ist, in Ägypten zur christlichen Tugend par excellence werden konnte. Vor allem verstehen wir die ungeheure Begeisterung, mit der ganz Ägypten den Sieg des heiligen Antonius über den Dämon der Unkeuschheit gefeiert hat. Pachomius dagegen, der eine Anstalt nicht für Heroen, sondern für durchschnittliche Menschen gründen wollte, dazu noch ein ganzes Stück weiter südlich, mußte an diesem Klima scheitern. Amélineau: »Sous un climat de feu, les ardeurs du sang sont extrêmes.« Wo die Flammen entfesselter Gelüste einmal lodern, da vermöge, in der Hitze Afrikas, »kein christliches Taufwasser sie mehr zu löschen«.

Da ist was Wahres dran.

Die Vermutung sei dennoch gestattet, daß Pachomius nicht am Wetter gescheitert ist, sondern an einem Denkfehler, zu dem allzu intensive Beschäftigung mit der Sexualität anderer Menschen verleitet. Ähnlich wie der heilige Sigmund Freud hat auch der heilige Pachomius in bester Absicht zwei Dinge verwechselt, die man nicht miteinander verwechseln sollte: Das Kloster »ist die Krankheit, für deren Therapie es sich hält«.

3. Kapitel:
Warum die oberägyptische Bischofskonferenz den heiligen Pachomius zu Recht ermorden wollte

Um fertig zu werden mit schwierigen Heiligen (soziologisch gesagt: mit »abweichenden Charismatikern«), hat die katholische Kirche, seit antiken Tagen, eine fast unfehlbar wirkende Methode entwickelt. Das klassische System besteht aus sechs abgestuften Sanktionen.

Stufe I: Der aufregende neue Heilige wird von der Kirche ignoriert. Das macht ihn, ganz von selber, wieder winzig und bescheiden. Andernfalls droht ihm Stufe II: die väterliche Ermahnung. Da sie selten wirkt, folgt Stufe III: »Promoveatur ut amoveatur«, »Entfernung durch Beförderung«, also etwa Beförderung zum Caritasdirektor auf der Insel Timor. Stufe IV: (falls jetzt noch nötig) Mord. Stufe V: (wenn sich um den Ermordeten ein unkontrollierbarer Kult zu entwickeln droht) Rufmord. Schließlich (wenn sowohl Mord als auch Rufmord so wenig ausgerichtet haben wie etwa im Fall der Jeanne d'Arc) Stufe VI: die Heiligsprechung.

Von diesem ausgetüftelten Gesamtkunstwerk kirchlicher Sanktionen verdienen im Jahr 345 die Stufen IV und VI unsere Beachtung. Wir befinden uns in der Kirche von Latopolis bei Theben. Auf koptisch heißt die Stadt Esneh, und sie ist die Heimatstadt des heiligen Pachomius. Nicht zufällig haben sich ausgerechnet dort alle Bischöfe Oberägyptens feierlich versammelt. Einziger Tagungspunkt: der Fall Pachomius.

Ein todeswürdiges Verbrechen wird dem 53jährigen vorgeworfen. Nicht nur in seinen neun Klöstern kommandiere er wie ein römischer Diktator, auch über seine Klostermauern hinaus regiere er im christlichen Leben Oberägyptens herum, als gäbe es die Bischöfe nicht. Jetzt aber sei er in seinem Größenwahn einen Schritt zu weit gegangen. Zum zweiten Christus habe sich Pachomius erklärt. Wörtlich habe er behauptet, er sei in Person, genau wie Jesus Christus selbst, »zum Himmel aufgefahren«.

Pachomius wird vor das Tribunal geladen. Doch nicht zufällig ist er der Erfinder der Krankmeldung. Krank sei er, läßt er die versammelten Bischöfe wissen, viel zu krank, um ihnen Rede zu stehen. Doch die Bischöfe lassen nicht locker: Gerade wenn er wirklich krank sein sollte, sei mitten unter ihnen, in der Kirche von Latopolis, der Ort, wo er gesunden könne.

Kneifen kann Pachomius nicht länger. Aber er sieht sich vor. Statt allein vor das bischöfliche Gericht zu treten, wählt er aus seinen vielen tausend Mönchen eine Hundertschaft muskelstrotzender Jünglinge aus. Diese furchterregende Kohorte trägt den Krankgemeldeten auf der Bahre in die Kirche von Latopolis.

Nie, so verteidigt er sich dort, habe er erklärt, daß er, Jesus gleich, »in den Himmel aufgefahren« sei. Behauptet habe er nur, er sei »auf Gottes Geheiß in den Himmel aufgenommen worden«.

Anscheinend will sich da einer herausreden wie die Deutsche Bischofskonferenz, wenn sie das Fest »Mariä Himmelfahrt« umtauft in »Mariä Aufnahme«. Deutsche Gläubige lassen sich so etwas bieten. Aber nicht ägyptische Bischöfe. Schon schickt sich die Synode von Latopolis an, den heiligen Pachomius als Gotteslästerer zum Tode zu verurteilen, da nimmt ein Attentäter die Verdammnis vorweg. Mit mörderisch gezücktem Dolch stürzt er sich auf den wehrlos daliegenden Patienten Pachomius.

Er kommt nicht bis zur Bahre. Mit kräftigen Fäusten strecken die jungen Muskelmönche um Pachomius den Attentäter nieder.

Das ist das Signal zu einer jener blutigen Schlägereien, mit denen so viele antike Kirchenversammlungen zu Ende gingen. Wohl sind die Mönche an jugendlicher Kraft der Fäuste den Bischöfen überlegen. Doch jetzt drängen durch alle Türen die Bürger von Latopolis in ihre Kirche, der arg bedrängten Bischofskonferenz zur schlagkräftigen Hilfe.

Der Faustkampf endet mit einem Rückzug der Mönche, der, militärstrategisch, dem Rückzug der Eidgenossen nach der verlorenen Schlacht von Marignano gleicht. Im trotzigen Geviert, schützend in die Mitte genommen die Verwundeten, ganz in der Mitte der aufgebahrte Chef, so zieht sich, langsam und geordnet, die bedrängte Heerschar der Mönche durch die Straßen von Latopolis zurück.

Von allen Seiten, aus den Fenstern, von den Dächern, von den Terrassen hagelt es Steine. Scheinbar ist der heilige Pachomius in seiner Vaterstadt so wenig beliebt wie Jesus daheim in Nazareth (siehe Markus 3, 21). Nur die römische Drohung, mit Legionärsgewalt durchzugreifen, wenn nicht stante pede Schluß sei mit dem ägyptischen Krawall, rettet Pachomius das Leben.

In zerfetzten Kleidern, blutüberströmt, erreichen die Mönche samt Bahre und Chef die rettenden Mauern des Klosters von Phnoum. Pachomius der Große aber – ein Jahr später wird er eines natürlichen Todes sterben – ist reif für die Heiligsprechung.

Folgen wir Adolf von Harnack, dem großen protestantischen Historiker jener frühkatholischen Zeit, so ist das Attentat von Latopolis keineswegs irgendeine von vielen lustigen klerikalen Mordsgeschichten aus dem untergegangen Bazar des christlichen Orients. In Latopolis war heiliger Ernst. Nicht aus Bosheit haben die thebanischen Bischöfe versucht, Pachomius umzubringen, sondern weil sie keinen anderen Weg mehr sahen, eine verheerende Fehlentwicklung in der katholischen Kirche aufzuhalten.

Sie hielten sich für die Nachfolger der Apostel. Seit der konstantinischen Wende waren sie die mächtigen Statthalter der Reichskirche. Doch es war eine Macht ohne Ruhm. Statt von seinen Bischöfen schwärmte das ägyptische Volk vom heiligen Antonius und den Einsiedlern draußen in der Wüste. Mit solcher Begeisterung, daß uns auf koptisch, in der Sprache des ägyptischen Volkes, zahllose Geschichten von Wüstenvätern erhalten sind – aber keine einzige Vita eines Bischofs.

Macht ohne Ruhm – Ägyptens Bischöfe haben es ertragen, solange wenigstens die Stars alternativer Christlichkeit weit draußen in der Wüste saßen, groß in der Phantasie der Gläubigen, doch fern aller kirchlichen Macht.

Mit Pachomius kehrt ein Wüstenvater der Wüste den Rücken. Aus der fernen Wüste kommt die alternative Elite der Christen mitten in die Welt zurück. Mitten ins Menschengewimmel des Nilbogens bei Theben setzt Pachomius ein Kloster neben das andere.

Als gäbe es die Bischöfe nicht, so unbekümmert baut er am Nil ein religiöses Großunternehmen auf. Arme Schlucker sind die oberägyptischen Bischöfe mit einem Mal – verglichen jedenfalls mit dem »Großökonomen« der Pachomianer. Wenige Jahre nach dem Tod des Pachomius klagt Theodor, sein zweiter Amtsnachfolger, er wisse nicht mehr wohin »mit den vielen Feldern, Viehherden und Schiffen«. Der Bischof von Latopolis hätte schon gewußt wohin damit.

Als gäbe es die Bischöfe nicht, erläßt Pachomius für seinen Mönchsstaat am oberen Nil selber die Gesetze. Nie im Leben hat Antonius so etwas getan. Als echter Abba enthielt er sich anderen Menschen gegenüber jeglicher Vorschrift und jeglichen Befehls. Pachomius dagegen erläßt ein komplettes Gesetzeswerk samt Strafkodex. Fürs Gesetzgeben und fürs Bestrafen sind aber doch wohl in der katholischen Kirche die Bischöfe zuständig. Oder nicht?

Nein, nicht von den Bischöfen hatte Pachomius seine Regel empfangen, sondern unmittelbar, persönlich, von Gott selbst. Von Gottes Engel auf goldener Tafel. Man braucht kein Ägypter zu sein, um gleich an den Berg Sinai zu denken. Will sich da einer aufbauen als zweiter Moses?

Nur als Moses? Zu wenig für einen Pachomius. War Jesus Christus »abgestiegen zu der Hölle«, so stieg auch er, persönlich, zur Hölle ab, und sei es nur, um dort für seine Brüder die Höllenstrafen im voraus zu erkunden. War Jesus »aufgefahren in den Himmel«, so fuhr auch Pachomius zum Himmel auf. Aber nicht nur einmal wie Jesus. »Viele Male«, heißt es in der »Bohairischen Vita«, »wurde er ins Paradies entrückt«. Jedesmal kam er zurück mit neuen, immer wichtigeren, immer weniger kontrollierbaren Extra-Erleuchtungen. Muß man der oberägyptischen Bischofskonferenz angehören, um das Bedürfnis zu fühlen, eine innerchristliche Extrabewegung dieses Kalibers, wie Grützmacher es formuliert, »durch einen gemeinsam zu führenden Schlag unschädlich zu machen«?

Bischofskirche contra Mönchskirche: die ganze katholische Kirche hätte das Attentat von Latopolis sprengen und spalten können, wäre nicht hoch über der thebanischen Bischofskonferenz einer gewesen, der diese Dinge, aus überlegener Warte, strategisch kühn und anders sah:

Athanasius der Große!

Im tatkräftigen Alter von 33 Jahren hatte er 328 den Stuhl von Alexandrien bestiegen. Das war, neben Rom und Antiochien, einer der drei Heiligen Stühle der katholischen Kirche. Heute noch führt Schenuda III., das Oberhaupt der koptischen Kirche, den Titel »Papst von Alexandrien«, und es herrscht um ihn eine Papolatrie byzantinischer als der römische Kult um Johannes Paul II. Doch schon im Jahr 328, mehr als ein Jahrhundert bevor sich die Kopten von der katholischen Kirche trennten, wurde Athanasius bei seinen Besuchen in den Klöstern der Pachomianer als »pappas« empfangen. Das Allererste nämlich, was der neue Papst von Alexandrien unternahm, war eine Dienstreise nach Oberägypten.

So bildhaft, als wär's die Tagesschau, läuft in der Bohairischen Vita die historische Zusammenkunft ab. Nilaufwärts kommen sehen wir Pappas Athanasius »mit zahlreichen Bischöfen und einer immensen Menge von Gläubigen mit Lampen, Kerzen und Weihrauchfässern«. Nilabwärts kommt ihnen der heilige Pachomius mit seinen Mönchen in Zweierkolonne entgegen.

Sobald sie aufeinandertreffen, setzt sich die Mönchskohorte an die Spitze der Prozession. Feierlich geleitet Pachomius den Erzbischof ins Kloster von Tabennesi. Athanasius besichtigt, des Lobes voll, die Zellen, betet im Versammlungsraum.

Plötzlich steht der Erzbischof von Alexandrien auf. Vor sprachloser Versammlung verkündet er seinen spontanen Beschluß,

Pachomius als »Vater aller Mönche« zum Priester zu weihen. Das heißt: zum regulären Mitglied des katholischen Klerus und somit zum gehorsamen Mitarbeiter der Bischöfe.

Nicht ausgrenzen, nicht verdammen, sondern fördern, loben. Einbauen ins System. Nicht ermorden, sondern heiligsprechen. Wie der mächtigste Papst des Mittelalters, Innozenz III., souverän zugehen wird auf den gefährlichsten Aussteiger seiner Zeit, auf Franz von Assisi, so ist, lange vor ihm, Papst Athanasius von Alexandrien in genialer Strategie auf den umstrittenen Stifter der Mönchskirche zugegangen. Die spannendste aller Priesterweihen kann beginnen.

Warum beginnt sie nicht?

Weil Pachomius im Nu Reißaus genommen hat. Fieberhaft werden die Zellen des Klosters, wird die ganz Nachbarschaft, bis hinaus in die Wüste, durchkämmt. Vergeblich. »Fliehe den Bischof ...«

In diesem Augenblick erweist sich Athanasius der Große als ein Papst, der allen Umständen gewachsen ist. Statt blamiert herumzustehen, improvisiert er eine Lobespredigt auf seinen verschwundenen Weihling: »Wohlan, da du geflohen bist vor eitler, vergänglicher Würde ...«

Bischofskirche hier, Mönchskirche dort. Das halbe Mittelalter muß noch vergehen, bis die beiden Eliten des antiken Christentums einander näherkommen und es zur Regel wird, daß Mönche Priester, die Priester ihrerseits, durch den Zölibat, wenigstens halbe Mönche werden. Aber noch im ganz gewöhnlichen katholischen Empfinden des 21. Jahrhunderts ist »ein Pater« (das lateinische Wort für »abba«) etwas geheimnisvoll anderes als »so ein gewöhnlicher Pfarrer«. Organisatorisch und rechtlich bleiben die Mönche aus dem Gefüge des »Weltklerus« weithin ausgenommen (»exempt«). Zu Recht. Die einen kommen aus dem byzantinischen Reichs-Beamtentum, die anderen kommen aus der Wüste. Die einen wollen sich einrichten in der Welt, die andern wollen in den Himmel. Das ist nicht das gleiche.

Um so genialer das grand design des Athanasius. Nicht anders konnte die katholische Kirche, nach der konstantinischen Wende, ihre tiefe Identitätskrise überwinden als durch eben dieses duale System: im Innern künftig die Mönchskirche, die noch immer, wie Jesus selber und wie die Märtyrer vor Konstantin, mit der Welt bricht und aus der Wüste aufbricht in den Himmel. Darum herum als zweiter, größerer Kreis die neue Reichs- und Staatskirche, die diese Welt beherrschen will. Und beides nicht im zerstörerischen Gegensatz, sondern genial verschränkt, sich gegenseitig segnend, weihend. Katholizität als duales System.

Mit Pachomius selber ist Erzbischof Athanasius nicht mehr zusammengetroffen. Doch die beiden wichtigsten Mitarbeiter des Pachomius, Theodor und Zachäus, suchen Athanasius in Alexandrien so häufig auf, daß sich der Eindruck aufdrängt, die Klosterflotte auf dem Nil diene mehr der Kirchenpolitik als dem Verkauf der klösterlichen Matten und Körbe auf dem Markt von Alexandrien. Auch der Erzbischof selber, ein Meister des überraschenden Auftauchens und Verschwindens, bedient sich der pachomianischen Schiffe, als wären sie seine persönliche Taxiflotte auf dem Nil. Vor den Toren von Alexandrien wird ein pachomianisches Kloster entstehen. Im chaotisch wechselnden, oft handgreiflichen Streit zwischen Arianern und Katholiken, Katholiken und Meletianern wird das militarisierte Mönchtum zur einzigen verläßlichen Eingreiftruppe des alexandrinischen Papstes. Und was Pachomius selber betrifft: Während er sich mit den Bischöfen Oberägyptens tödlich zerstreitet, betet er für Papst Athanasius als den »Christophoros«, modern gesagt, den Stellvertreter Christi.

Ein Einvernehmen bahnt sich an, fast so aufregend wie im 13. Jahrhundert der Versuch der römischen Päpste, die Kirche über alle Bischöfe hinweg mittels der beiden Bettelorden, der Dominikaner und der Franziskaner, direkt zu regieren. Nach dem Tod des Pachomius wird unter seinen Nachfolgern dieses Einvernehmen noch enger. So eng, daß im Jahr 360 Artemisius, der römische Statthalter, den entflohenen Athanasius ganz selbstverständlich im Kloster

»Um die Seele der heiligen Frau zu erquicken ...«
Hieronymus, der Übersetzer der Pachomius-Regel
(Rembrandt, um 1634)

Tabennesi suchen läßt. Die aufwendige Razzia bleibt ohne Erfolg. Der raffinierte Erzbischof steckt ja gar nicht unter den frommen Brüdern am oberen Nil, sondern, mitten in seiner Stadt, bei Alexandriens schönster Jungfrau, tief im Kleiderschrank. Das wissen wir längst alles. Aber kann die römische Polizei alles wissen?

Es ist jetzt Zeit, der heiligen Paula zu gedenken. Am 26. Januar 404 stirbt sie in Bethlehem. Das macht aber nichts. Heilige Frauen lenken und führen uns vom Himmel aus noch intensiver als einstmals auf Erden. Und keinen hatte Paula, auf Erden schon, so intensiv geführt wie den heiligen Hieronymus.

Leben ohne Paula? Unfaßbar schien es dem großen Prediger des Zölibats. In so tiefe Traurigkeit habe ihn der Tod der Lebensgefährtin gestürzt, bekennt Hieronymus, daß er wie gelähmt gewesen sei. »So schwieg ich lange und verzehrte schweigend meinen Schmerz.«

Dann der Augenblick der Ermannung: Wieder etwas tun! Aber nicht irgend etwas. Etwas tun im Sinne der heiligen Paula. Genau das tun, was sie im Himmel oben von ihm erwartete. »Um die Seele der heiligen Frau zu erquicken«, übersetzt Hieronymus die Mönchsregel des Pachomius für den Westen ins Latein.

Bei allem Mitgefühl sei angemerkt, daß sich der heilige Hieronymus die Jahre zuvor nicht mehr allzusehr um die heilige Paula gekümmert hatte, dafür um so mehr um ihre Tochter Eustochium. »Keine stand dem Herzen des Hieronymus näher als sie« (Heinrich Bacht). Die vielen Briefe, mit denen Hieronymus Eustochium eingeweiht hat in die Geheimnisse der Keuschheit, zählen zu den aufschlußreichsten Dokumenten der Zölibatsgeschichte. Jetzt, nach dem Tod von Mutter Paula, hatte Tochter Eustochium die Leitung der frommen Frauen übernommen, die Hieronymus umschwärmten. Gleich ging alles drunter und drüber in Bethlehem. Nicht nur der Mutter zum Gedenken habe er die Pachomius-Regel übersetzt, schreibt Hieronymus, sondern auch »für ihre Tochter, die christusgeweihte Jungfrau Eustochium, damit sie etwas habe, um den Schwestern Weisungen zu geben für ihr Tun«.

Hieronymus hat es als erster erkannt, bald wird es der ganze christliche Erdkreis erkennen: Das Klosterwesen des heiligen Pachomius, diese Ausgeburt eines militaristischen Männergehirns, eignet sich fabelhaft für Frauenhäuser.

Von Anfang an, um Jesus zuerst, dann um Origenes, war die christliche Askese eine Sache, die Frauen stärker anzog als Männer. Im Abenteuer der Wüste erst war sie Männersache geworden. Aus physischen Gründen. Jetzt wird sie wieder zu dem, was sie von Anfang an war: Kloster ist eine Sache für die Frau.

Aus genauso physischen Gründen. Als Pachomius der Wüste den Rücken kehrte, hat er keineswegs, wie gern behauptet, um sich eine Gemeinschaft gesammelt. Die koptische Überlieferung stellt es anders dar: Als erstes habe Pachomius, noch immer allein, zur Maurerkelle gegriffen. Für die künftige Gemeinschaft zieht der gelernte Backsteinbäcker Pachomius unten am Nil als allererstes im Geviert eine Mauer hoch.

Mauer statt Wüste: das ist der erste Streich des heiligen Pachomius, die Engelsregel der zweite. Mauer plus Regel, das engt ein. Das schafft aber auch Sicherheit. Sicherheit brauchen Frauen mehr als Männer. Gleich nach der Gründung der ersten Männerklöster durch Pachomius entstehen, ganz in der Nähe, hinter gleichen Mauern und nach derselben Regel, zwei Frauenklöster.

Erst zwei. Aber schon in Bethlehem kehren sich die Verhältnisse um. Obwohl Hieronymus ausdrücklich sagt, er habe die Regel des Pachomius nicht nur für die Schwestern übersetzt, sondern auch für die Brüder in Bethlehem, scheint das ägyptische Kasernenideal in dem selekten Kreis von römischen und griechischen Intellektuellen um Hieronymus wenig Anklang gefunden zu haben. Als Hieronymus im Jahr 420, sechzehn Jahre nach Paula, in Bethlehem starb, war sein winziges Männerkloster von drei riesigen Frauenklöstern umstellt.

Wüstenmütter hat es keine gegeben. Mauermütter wird es geben ohne Zahl. Durch die ganze Geschichte der katholischen Kirche, bis heute, viel mehr Mauermütter als Mauerväter.

Hinter ihren Mauern werden im Mittelalter die Abteien der Benediktinerinnen, später die Klöster der Karmelitinnen zu Hochburgen weiblicher Macht. Das eindrücklichste Beispiel allerdings sind die Dominikaner. Dieser Orden hat in seiner Geschichte alles getan, wirklich alles, was Männer tun können, um Frauen abzuschrecken. Er ist der Orden der Inquisition und der Hexenverfolgung. Doch selbst der scharfe numerus clausus, mit dem sich das Generalkapitel von 1228 gegen den Zustrom der Frauen zu wehren suchte, blieb wirkungslos. Wie einst der heilige Hieronymus in Bethlehem sind heute die letzten 6000 Dominikaner von 36.000 Dominikanerinnen rettungslos eingekesselt.

Selber ganz gewiß nicht geahnt hat Pachomius die geographischen Konsequenzen seines Mauerbaus. Bei Grabungen auf Grönland haben dänische Archäologen die Mauerreste eines normannischen Klosters aus dem 14. Jahrhundert entdeckt. Darum herum die zerstreuten Gebeine der Mönche. Sie sind alle von den Eskimos erschlagen worden. Vermutlich haben die Eskimos nicht verstanden, was ein christliches Kloster auf Grönland soll.

Der heilige Antonius hätte das auch nicht verstanden. Sein Wüstenabenteuer war genuin und exklusiv ägyptisch. Unverwechselbar ägyptisch die politischen und sozialen Zwänge, unter denen er handelte. Gar nicht denkbar sein religiöser Aufbruch ohne das einzigartige Erlebnis ägyptischer Landschaft. Mochte die halbe Welt ihn bewundern, ihn besuchen in seiner Einsiedelei, Antonius blieb Ägypter. Ein Kopte in der Wüste war er und sonst nichts.

Jetzt kommt Pachomius. Mitten im grünen Niltal baut der gelernte Legionär und Backsteinbäcker seine Mauer. Klostermauern im Geviert. Mitten im dichtbesiedelten Tal das Kloster als kleine künstlich hergestellte Wüste. Mauer statt Wüste: Pachomius kann aus der ungeliebten Wüste zurückkehren an den Nil.

Aber warum nur ins Niltal? Eine Mauer hochziehen, das kann jeder überall. Auf der ganzen Welt. Das ist globalisierbar. Wenn's unbedingt sein muß – und wenn die Eskimos nichts dagegen haben – als Lebensweise aus Ägypten beliebig verschiebbar und versetzbar bis nach Grönland.

»Mauer statt Wüste«: das Prinzip des heiligen Pachomius löst die ägyptische Askese aus einer Landschaft, mit der sie eben noch unlösbar verbunden schien. Um Mauervater zu werden, brauche ich zur Maurerkelle hinzu nur eines noch: eine Regel. Mit seiner Übersetzung exportiert der heilige Hieronymus sie aus Ägypten in den lateinischen Erdkreis.

Griechische und syrische Übersetzungen verbreiten die Regel bis an die Grenzen Persiens. Die äthiopische Übersetzung macht sie weit hinein in den Osten Afrikas zur Norm christlicher Askese. Dank Hieronymus gelangt sie nach Rom, nach Africa (Tunesien und Algerien), nach Gallien. Sie wird zum Prototyp für alle künftigen Mönchsregeln des Westens.

Das heißt nicht, daß das westlichen Mönchtum, in seiner Entwicklung von Pachomius bis zu Ignatius, einer einzigen geraden Linie folgen wird. Gradlinige Entwicklungen gibt es in der katholischen Kirche nicht, im Mönchtum am allerwenigsten. Doch übertreibt Adalbert de Vogüé nicht, wenn er die Stiftung des Pachomius als »organizational model« des gesamten westlichen Mönchtums rühmt. Karl Heussi nennt sie von allen Lebensentwürfen der Wüstenväter »die Form, der die Zukunft gehören sollte«.

Unsere westliche Zukunft wohlgemerkt. In Ägypten selber haben die muslimischen Eroberer die pachomianischen Klöster – vermutlich wegen ihrer engen Verflechtung mit der byzantinischen Reichsverwaltung – allesamt dem Erdboden gleichgemacht.

Um den Einfluß des Pachomius bis in die westliche Moderne zu ermessen, genügt ein Blick in jedes deutsche Wörterbuch. Die Kernbegriffe aus dem Leben der ägyptischen Wüstenväter sind ja alle als Lehnwörter ins Deutsche eingegangen. Doch alle sind, im Sinn und Geist des heiligen Pachomius, aus ihrer ursprünglichen Bedeutung ins Gegenteil verkehrt. Am schlimmsten ist es dem Wort »Mönch« ergangen.

Ein »monachos« war Antonius. Das heißt: ein Single, ein radikaler Einzelgänger draußen in der Wüste. »Monos« heißt »allein«. Für heutiges deutsches Sprachempfinden jedoch ist der »Mönch« Insasse einer besonders streng integrierten und disziplinierten Anstalt. Der Duden definiert ihn als »Angehörigen eines katholischen Ordens mit Klosterleben«.

Angehöriger eines »Ordens«? »Ordo« heißt auf lateinisch »Ordnung«. Bei Antonius kommt das Wort nicht vor. Der »Mönch« als »Ordensmann«, als Mann des »ordo«: das ist der Kernbegriff in der Regel des Pachomius.

Oder das Wort »Zelle«. »kellion« bezeichnet in den »Vätersprüchen« eine einsam und allein dastehende kleine Hütte. Eine Einsiedelei. Für jeden deutschen Bienenzüchter, für jeden Biologen ist das heute, im Gegenteil, der Inbegriff uniform aneinandergereihter Behausung. Es ist die thebanische Kaserne des Pachomius.

Oder das Wort »Abt«. Der alte »abba« ist das aus der Wüste, ein Weiser, der Jünger vielleicht annimmt, ihnen aber grundsätzlich keine Befehle und keine Regeln gibt. Für heutige deutsche Begriffe ist daraus ein klösterlicher Autokrat geworden, an Weihe, Würde und Befehlsgewalt, mit Krummstab und mit Mitra, dem Bischof zum Verwechseln ähnlich.

»Pervertere« heißt auf lateinisch »ins Gegenteil verkehren«. Der Einfluß des heiligen Pachomius auf die Askese des Westens darf als pervers bezeichnet werden.

In seinem brillanten Essay über Pachomius stellt sich der französische Historiker Adalbert de Vogüé, selber Mönch, wie ein dankbarer Sohn vor den ägyptischen Stifter. Um so gravierender eine Nebenbemerkung, die ihm nach vielen Jahren der Forschung aller Bewunderung zum Trotz entfährt. Die Stimmung, die von Pachomius ausgeht, schreibt De Vogüé auf englisch, sei »aweful and sad« – von schaudernder Ehrfurcht und Traurigkeit geprägt. Dabei sei doch die Stimmung um Antonius ganz anders gewesen.

Immenses Staunen war um Antonius. Aber auch immenser Spaß, ja Gaudi um seine Heldenkämpfe wider die Dämonen. Hochgemut sein Aufbruch ins gänzlich Unbekannte. Und, unter dem Sternenhimmel der Wüste, göttlich seine Heiterkeit. »A note of exultation«, so formuliert es De Vogüé, war um Antonius.

Warum deprimiert Pachomius?

Emile Amélineau, das freche antiklerikale Maul unter den Pachomiusforschern, hat dafür eine erfrischend einfache Erklärung: Was sich noch dem modernen Leser aufs Gemüt legt wie Blei, wenn er die Pachomius-Chroniken liest, sei nichts anderes als der Mann selbst. Sein schauderhafter Charakter.

Zwei Züge sind es, die sich im Charakter des Pachomius, vom Anfang der Stiftung bis zu seinem frühen Tod, fortschreitend schärfer profilieren. Einerseits hat Pachomius immer größere Ekstasen. Eben jene enormen Visionen aus Himmel und Hölle, die sich die oberägyptischen Bischöfe einfach nicht mehr bieten lassen wollten. Parallel jedoch zur Größe der Visionen steigert sich die kleinliche Gehässigkeit, mit der Pachomius seine uniformierte, kasernierte Brüderschaft kujoniert. Besteht da vielleicht ein Zusammenhang?

Ja. Gewaltige Visionen und kleinliche Leuteschinderei, dieses beides, meint Amélineau, passe perfekt zusammen. Beides sei Ausdruck ein und derselben »monomanie«, in die sich gerade »ein borniertes Gehirn« nur allzuleicht steigere, schreibt der antiklerikale Franzose und fügt scheinheilig hinzu, er vertrete da nichts anderes als die Meinung der Bischofskonferenz von Latopolis.

Es wäre jetzt ein leichtes, darauf zu verweisen, daß das Mönchtum des Westens auch von ganz anderen Charakteren geprägt ist. Was hat ein Franz von Assisi mit Pachomius gemein? Was eine Theresia von Avila? Was ein Filippo Neri? Schon im 5. Jahrhundert wagt im nahen Syrien ein Mönch den Ausbruch aus der uniformierten Tristesse des pachomianischen Klosterlebens. Ein neues Modell des Mönchtums wird er schaffen, das an Individualität, an theatralischer Eigenwilligkeit selbst Antonius in den Schatten stellen wird.

Simeon der Große! Gleich werden wir, wie alles christliche Volk, staunend unter seiner Säule stehen.

Aber das ist halber Trost. Wohl wird Simeon wie Antonius weit berühmter als Pachomius. Die Realität des westlichen Mönchtums aber wird, in aller persönlichen Obskurität, der Abt von Tabennesi prägen. Mit seiner Regel und mit seinem Charakter. Hat der Mönch Martin Luther etwa nichts verstanden, als er die »Freiheit eines Christenmenschen« im selbsterlebten Klosterwesen begraben sah? Haben sie gar nichts verstanden, die französischen Revolutionäre, die österreichischen Aufklärer, die schweizerischen Demokraten, die alle im Namen der Freiheit aufrufen werden zum Klostersturm?

Im Anfang war ein Prototyp. Schade, daß es der Bischofskonferenz von Latopolis nicht gelungen ist, den heiligen Pachomius beizeiten zu ermorden.

Teil III

Simeon –
Einsamkeit als Schau

1. Kapitel: Der syrische Rebell

Im Kloster von Teleda, hoch in den Bergen Syriens, herrschte im Jahr 412 christliche Harmonie. Das war das Verdienst des Abtes. »Heliodorus den Wundervollen« nannten sie ihn, wundervoll vor allem deshalb, weil er – ganz im Sinne des heiligen Pachomius – schon im frühen, formbaren Alter von drei Jahren Mönch geworden war. So heilig war der wundervolle Heliodorus im Kloster von Teleda geworden, daß er einmal einen Gast fragte, was das eigentlich sei, »ein Schwein«. Er höre gelegentlich von einem Wesen reden, das so heiße. Aber er könne sich dieses Wesen nicht vorstellen, denn im Kloster von Teleda gebe es so etwas nicht, und über die Klostermauern hinaus habe er seit dem Alter von drei Jahren niemals mehr hinausgeschaut.

Die andern achtzig Mönche vermutlich auch nicht. Ganz eingeschworen auf das Ideal totaler Gemeinschaft, standen sie alle zu gleicher Zeit auf. Sangen alle die gleichen Gebete. Aßen die gleichen Kräuter und die gleichen Körner. Fasteten und büßten in gleicher Demut alle gleich. Unter der wundervollen Leitung von Abt Heliodorus waren sie, die achtzig Mönche von Teleda, alle gleich heilig.

Waren wirklich alle gleich heilig im Kloster von Teleda? Lange bevor einer es ausspricht, spüren in heiligen, oder, wie wir heute sagen würden, in politisch korrekten Gemeinschaften alle ein gleiches Mißbehagen. So auch im Kloster von Teleda. Noch sprach keiner es aus, doch alle spürten es: »Mit Bruder Simeon stimmt etwas nicht.«

Die Stimmung heiliger Correctness in einem antiken Bergkloster heute beschreiben zu wollen, mag verwegen scheinen. Doch wir haben einen Augenzeugen »von seltener Güte« (Hans Lietzmann). Das ist Theodoret von Cyrus, ein syrischer Bischof, zugleich ein Intellektueller von griechischer Bildung und somit von unstillbarer Neugier. Ein Reporter der religiösen Aktualität seiner

Zeit. Wo immer es im Syrien des 5. Jahrhunderts nach Heiligkeit roch, ist Theodoret sofort hingeritten, um seine Nase persönlich hineinzustecken. Er war jener Gast des Klosters von Teleda, der dem Abt Heliodorus die aufschlußreiche Bemerkung über sein Verhältnis zu den Schweinen entlockte. Auch mit den übrigen Mönchen hat Theodoret regelrechte Interviews geführt, immer mit der einen Frage: Was hat nicht gestimmt mit Bruder Simeon?

Bei Tisch war es zum ersten Mal aufgefallen. Pachomius hatte geboten, daß Mönche mit tief in die Stirn gezogener Kapuze essen sollten, damit keiner dem Nachbarn auch nur einen Bissen neide. Im Kloster Teleda fiel auf, daß Bruder Simeon seine Kapuze ungewöhnlich tief in die Stirn zog. Warum? Aß Simeon seinen Brüdern heimlich etwas weg? Achtzig Mönche schielten in einträchtigem Argwohn hinüber zu Bruder Simeon.

Und dann die erschütternde Erkenntnis: Bruder Simeon aß keinem etwas weg. Tief hinter seiner Kapuze tat er etwas viel Schlimmeres: Simeon aß weniger.

Es bedarf keiner Klostererfahrung, um zu ermessen, wie gespannt die Lage in Teleda jetzt war. In jedem Büro ist das so: Solange einer nicht so gut ist wie die andern, ist das kein Unglück. Er wird belächelt, ihm wird zugeredet. Schlimm aber wird es, wenn einer besser sein will als die andern. Das war das Schlimme an Bruder Simeon: daß er besser sein wollte als die andern. Besser in der Askese.

Nicht zufällig hatte der lateinische Westen das Wort »Asket« inzwischen übersetzt mit »athleta Domini«: »Spitzensportler Gottes«. Was ist ein Spitzensportler ohne Wettbewerb?

Der Eklat kam zur Fastenzeit. Dann aß der wundervolle Heliodorus nur alle zwei Tage etwas. Die andern achtzig Mönche genauso. Doch am Ende der ersten Fastenwoche kamen sie alle aufgeregt zu Abt Heliodorus gelaufen: »Seit sieben Tagen schon ißt Bruder Simeon überhaupt nicht mehr.«

Abt Heliodorus hielt Bruder Simeon eine Strafpredigt, die, nach Theodorets Ermittlungen, um den Begriff »hyper dynamin« kreiste. Wer das mit »hyperdynamisch« übersetzt, geht nicht ganz fehl. Eine Gemeinschaft, so Abt Heliodorus, sei nur dann heilig, wenn alle gleich heilig seien. Das aber setze voraus, daß alle »gleich denken und gleich handeln«. Daß vor allem keiner etwas tue, was »hyper dynamin«, »über die Kraft« der andern gehe. Simeons hyperdynamisches Fasten sei, so Heliodorus, gemeinschaftsschädigend und somit eine »ataxia«, eine schwere, sündhafte Unordnung.

Im Aufstellen von Regeln war der Syrer Heliodorus so streng wie der Ägypter Pachomius. Im Strafen dagegen war er langmütig. Immer wieder hat er Simeon väterlich ermahnt. Seine Geduld schien noch gar nicht erschöpft, als etwas Grausiges geschah:

Ein Bruder hatte es erspäht: an Simeons Rock rann Blut herunter. Ein schmales, aber stetiges Rinnsal Blut. Unverzüglich alarmierte er den Abt. Der ließ Bruder Simeon packen. Vor aller Augen befahl er ihm, den Rock auszuziehen. Simeon weigerte sich. Da befahl der Abt den umstehenden Brüdern, den Widerspenstigen mit Gewalt auszuziehen.

Über achtzig Lippen ging ein Murmeln des Entsetzens: Rings um die Lenden hatte Simeon sich heimlich selber einen Gürtel geflochten. Einen Asketengürtel aus messerscharf schneidenden Palmblättern. Die geringste Bewegung mußte höllische Schmerzen bereiten. Aus den Schwären troff das Blut.

Auf der Stelle befahl Abt Heliodorus Bruder Simeon, das unerlaubte, unvernünftige Marterzeug abzulegen. Wieder schüttelt Simeon den Kopf: »Ich empfinde keinerlei Schmerz.«

Für solche Fälle hartnäckig fortgesetzter »ataxia« hatte Abt Heliodorus eine neue Strafe erfunden, die, verglichen mit den alten groben Methoden des Pachomius, den doppelten Vorteil hatte, viel wirksamer zu sein und viel christlicher zugleich. Das war der Hinauswurf aus dem Kloster mit anschließender Begnadigung zum Schein-Hinauswurf.

Seufzend gab der Abt die Anweisung, Bruder Simeon Hemd und Rock wieder überzustülpen. Dann geleitete er den Unbelehrbaren zur Klosterpforte. Mit einem stummen Lächeln, das mehr besagte als Worte: »Auf Wiedersehen, Bruder Simeon, und alles Gute draußen im Leben!«

Der Rest war Routine. Alle wußten es im Kloster von Teleda: Keine zwei, drei Tage würden vergehen, auf der Schwelle zur Klosterpforte würde, in sich zusammengekrümmt, in Tränen aufgelöst, ein reumütiges Häuflein Elend liegen.

Und es ward Abend und Morgen, der erste Tag. Und es ward Abend und Morgen, der zweite Tag. Und es ward Abend und Morgen, der dritte Tag. Und es ward Abend und Morgen, der vierte Tag. Als es aber, Abend und Morgen, der fünfte Tag wurde, da ließ Abt Heliodorus sich eine Leiter bringen. Zum ersten Mal seit dem Alter von drei Jahren warf er einen Blick über die Klostermauer. Doch soweit er seine wundervollen Augen schweifen ließ, Heliodorus sah kein Schwein.

In diesem Augenblick verlor der Abt die Nerven. Über alle Weiden um Teleda schickte er – Matthäus 18, 12 – seine achtzig Mönche auf die Suche nach dem einen verlorenen Schaf.

Schafhirte war Simeon selber gewesen, bevor er, mit dreizehn, eintrat ins Kloster. Schafhirten waren es jetzt, die den verstörten Mönchen von Teleda die Spur zu ihrem verstoßenen Bruder wiesen. Noch bevor sie etwas sehen konnten, hörten ihn die Brüder singen.

Wie Barlach sie gemalt hätte, so beschreibt Theodoret die Szene: Singend saß Simeon, der verstoßene Klosterbruder, unten in einem ausgetrockneten Brunnen. Singend und jauchzend: »Kommet herzu, laßt uns dem Herrn frohlocken!« (Psalm 95, 1).

Und wie meistens, wenn einer singt, war, rings um den Brunnenrand, das Hirtenvolk in spenderhafter Laune. Nichts fehlte dem Verstoßenen. Bruder Simeon jauchzte.

Sofort befahl Abt Heliodorus, der skandalösen Vorstellung ein Ende zu machen, Simeon, koste es was es wolle, aus der Zisterne hochzuseilen und den Zwangsbegnadigten manu militari zurückzuschaffen in die alleinseligmachende Gemeinschaft. Die Operation, berichtet Theodoret, sei schwierig gewesen. Lag es daran, daß

Simeon sich sträubte oder daß das umstehende Hirtenvolk den unterhaltsamen neuen Brunnenheiligen so schnell nicht mehr hergeben wollte? »Herauf«, kommentiert Theodoret philosophisch, »geht es eben nicht so leicht wie hinab.«

Als Simeon der Unverbesserliche, wenige Tage später, das Kloster von Teleda zum zweiten Mal verließ, war alles anders. Im Morgengrauen, unbemerkt, wir würden heute sagen: »im gegenseitigen Einverständnis«, tat der Syrer mit 23 Jahren den endgültigen Schritt hinaus. Hinaus in ein Leben als deregulierter Mönch – als »monachus« wieder im echten, ursprünglichen Sinn. Als religiöser »Einzelgänger« wie Antonius.

Aus dem Kloster von Teleda zog er die Hügel hinauf bis zu einem Berg, an dessen Fuß das Dorf Telneschin liegt. Dem Dorfe nah, doch etwas außerhalb, wie Antonius in seinen Anfängen, baute sich Simeon, so schreibt Theodoret, einen »mikros oikiskos«, ein »winziges Häuslein«. Aus Lehm war diese selbstgebastelte Mikrozelle. Hinten mit einem verriegelten Türchen, vorne mit einer kleinen schneckenförmig gewundenen Durchreiche – schneckenförmig deshalb, damit Verehrer ihn versorgen, Gaffer aber ihn nicht sehen konnten. Eine kleine Traufe in der Mauer diente menschlicher Entsorgung. Um den Asketen Simeon wurde es drei Jahre lang unwahrscheinlich still.

Plötzlich die Sensation. Gestärkt durch dreijähriges Schweigen und Beten, gab Simeon dem staunenden Dorf bekannt, sei er jetzt entschlossen, eine »askesis« zu vollbringen, die außer ihm niemand noch vollbracht habe. Niemand außer Moses und Elias. Vierzig Tage lang werde er keinen Bissen essen, keinen Tropfen trinken. Und damit sich alle Welt mit eigenen Augen überzeugen könne, daß das kein frommer Schwindel sei, sondern eine echte asketische Spitzenleistung, bitte er die lieben Telneschiner, seine Mikrozelle hermetisch zuzumauern.

Groß war die Aufregung. Zu groß, meinte der Oberpriester Bassus, zu dessen Sprengel das Dorf gehörte, und bahnte sich, mühsam, einen Weg durch die Menge zu Simeons Gehäuse. Vor versammelter Gemeinde hielt er dem unsichtbaren Asketen durch die Versorgungs-Schnecke eine Standpredigt. Es ging, wie zu erwarten, um die Themen »hyper dynamin« und »ataxia«. Als Simeon mit keiner Silbe reagierte, steigerte sich Bassus in heiligen Zorn: Gott selber sei der Schöpfer des menschlichen Körpers. Sich zu Tode fasten sei Selbstmord und somit keine asketische Heldentat, sondern, im Gegenteil, »das schlimmste und erste aller Verbrechen«.

Aus dem Dunkel des Gehäuses kam, nach kurzem Schweigen, eine verblüffend demütige Antwort: »Aber Vater, legt mir doch, bevor ihr mich zumauert, zehn Brote in die Zelle und stellt einen Krug Wasser dazu. Wenn ich dann merke, daß der Körper es nötig hat, werde ich davon nehmen.«

So begann in Telneschin die spannendste aller Fastenzeiten. Mit angehaltenem Atem drückten Kinder, Frauen, Männer ihr Ohr an Simeons Gehäuse. Drinnen zuerst noch, gelegentlich, ein leises Rumoren. Dann nichts mehr als Stille. Totenstille lag über Telneschin, als nach vierzig Tagen Oberpriester Bassus zur Hacke griff. Vor aller Augen schlug er den Lehm vom Zellentürchen und kroch persönlich hinein.

Da lagen die zehn Brote. Unberührt. Unberührt ebenso der Krug Wasser. Daneben, reglos ausgestreckt auf dem Boden, Simeon. Bassus rief ihn beim Namen. Simeons Lippen regten sich nicht.

Unverzüglich begann Pfarrer Bassus mit der Wiederbelebung. Zuerst ließ er sich einen Schwamm hereinreichen und netzte damit Simeons Mund. Vergeblich. Dann die rettende Idee: Sie hätten ihn doch drei Jahre lang verköstigt, rief der Oberpriester den Dörflern zu. Ob es etwas gebe, was Simeon besonders möge? Wie aus einem Munde scholl es zurück: »Kopfsalat und Endivie!«

Kopfsalat und Endivie – die unwiderstehliche Diätkost für Asketen. »Dieses schlang er«, berichtet Theodoret wörtlich, »ohne zu kauen, nur so hinunter.« Oberpfarrer Bassos jedoch hielt eine triumphale Osterpredigt über den neuen Moses, den neuen Elias, der seinem Dorf erstanden war: »Du aber, Telneschin, bist keineswegs das geringste unter den Dörfern Syriens ...« (vgl. Micha 5, 1).

Eine einmalige Chance für Telneschin. »Als nämlich«, schreibt der Augenzeuge Theodoret, »Simeons Ruf nach allen Seiten drang, lief alles Volk zusammen, nicht nur die Nachbarn, sondern auch Leute, die mehrere Tagesreisen entfernt wohnten.« In Deir Samaan – so heißt das Dorf heute – stehen noch immer, bizarr verstreut in der karstigen Landschaft, die imposanten Ruinen zahlreicher spätantiker Hotels. Telneschin boomte.

Und dann die Hiobsbotschaft. Simeon, hieß es, wolle wieder weg. Weg aus dem unsäglichen Rummel um seine Einsiedelei am Dorfrand von Telneschin. Wegziehen wolle Simeon genauso wie einst Antonius weggezogen war aus seiner ersten Einsiedelei am Rand seines ägyptischen Dorfes. Weit weg wolle Simeon, allein, als neuer Antonius, hinaus in die Wüste.

Was den Bäuerinnen von Telneschin mit keiner Extraration Kopfsalat und mit keiner Extraration Endivie gelingen wollte, das gelang einem benachbarten Priester namens Daniel: Er stimmte Simeon um. Mit einem verführerischen Argument: Um wie Antonius allein zu sein mit Gott, müsse Simeon doch gar nicht hinaus in die Sandwüste. Hier dieser kahle Berg über Telneschin, der sei genauso geeignet. Vielleicht sogar besser. In Wind und Wetter, einsam und allein da oben auf dem Berg zu stehen – ob das nicht eine größere asketische Leistung wäre als das beschauliche, geborgene Leben des Antonius in seiner Höhle? Und er deutete hinauf zu jenem Berg, der in den zeitgenössischen Berichten seitdem nur als »der Berühmte Berg« bezeichnet wird. Das ist jenes »Schloß Simeons« (»Quala'at Samaan«), auf dem sich heute an Wochenenden die christlichen Autoausflügler aus Aleppo und aus dem Libanon drängen, multikulturell unter sie gemischt die Bildungspilgerinnen und Bildungspilger von »Biblische Reisen Stuttgart«. Alle genießen sie die grenzenlose Aussicht, die Simeon als erster von hier aus genossen hat. Tief unter ihm das menschliche Gewimmel. Über ihm nichts als der Himmel. In seiner zweiten Einsiedelei, hoch auf dem Berg bei Telneschin, war Simeon mit Gott allein.

Wie lange? Nicht länger als Antonius in seiner zweiten Einsiedelei bei Pispir. Bis nach Kleinasien, nach Arabien sogar verbreitete sich die Kunde, da oben, auf dem »Berühmten Berg« bei Telanissos – so hieß Telneschin inzwischen, weil berühmt geworden, auf griechisch – stehe einer ganz allein. Ein Einsiedler sei das, der noch strenger lebe als die ägyptischen Wüstenväter. Nicht einmal einen »mikros oikiskos« habe dieser neue Antonius mehr, nicht einmal eine Höhle. Nur mit einem Fell bekleidet wie einst Johannes der Täufer, mit einer schweren Kette angeschmiedet an den Fels trotze Simeon auf seinem Berg sommerlicher Glut und winterlichem Eis. Und wie er die Arme zum Himmel recke im immerwährenden Gebet, dieser syrische Antonius, sei eine göttliche Kraft in ihn herabgestiegen. Wer sein wundersames Fellgewand berühre, sei auf der Stelle von jeglicher Krankheit geheilt.

Als Theodoret, der bischöfliche Reporter aus Cyrus, selber nachschauen wollte, was los sei in Simeons neuer Höhen-Einsiedelei, geriet er, nach eigenem Zeugnis, »in schwere Gefahr«. Da komme ein Größerer als er, rief Simeon der Menge zu, die ihn umringte, ein Bischof sei das, zu dem sollten sie hin, der könne sie besser segnen als er. »Da drängten sie sich«, schreibt Theodoret, »nach Barbarenart um mich zusammen. Die einen drückten von vorn, die andern von hinten auf mich ein, wieder andere von den Seiten, und die Entfernteren stiegen über die Näheren, um ihre Hände nach mir auszustrecken. Die einen rissen mich an meinem Bart, die andern an den Kleidern. Hätte der Heilige sie nicht mit lauten Schreien auseinandergetrieben, ich wäre in dem fanatischen Getümmel erstickt.«

Inzwischen hatte sich herumgesprochen, Simeon zu berühren sei besonders gut gegen Rheuma. Doch genüge die Berührung nicht. Nur wer ein Haar des Einsiedlers besitze, nur der sei für alle Zeit vor Rheuma gefeit.

In seiner Verzweiflung schaffte Simeon sich Hunde an. Um seinen Gipfelstandplatz baute er eine schützende Mauer. Aber wer will schon, nach so langer Wallfahrt, wieder heim, ohne wenigstens dem Einsiedler ein wundertätiges Haar ausgerissen zu haben? Die frommen Pilgermassen drückten die Umfriedung einfach ein.

»Der Jünger ist nicht größer als der Meister« (Matthäus 12, 24). So wie Antonius hatte fliehen müssen vor der Menge seiner Verehrer, aus der zweiten Einsiedelei weiterfliehen in die dritte, so blieb jetzt auch Simeon in seiner zweiten Einsiedelei nichts anderes als die erneute Flucht.

Frage nur: Wohin fliehen?

Wohin er blickte, an allen Hängen rings um seine Gipfel-Einsiedelei unabsehbare Scharen von Wallfahrern. Nicht nach vorne konnte er fliehen, nicht nach hinten, nicht nach links und nicht nach rechts und nirgendwo in die Weite. So berühmt war er ja bereits im ganzen Orient, daß Christen und Heiden in vereinter Suche ihn überall aufspüren würden, selbst in der tiefsten Wüste. Wollte Simeon dauerhaft Ruhe finden vor dem, was er selber im Gespräch mit Theodoret »diese unsinnige Anstaunung und Belästigung« nannte, so gab es für ihn nur eine Möglichkeit: Flucht nach oben. Doch wie soll einer nach oben fliehen, der bereits auf einer Bergspitze steht?

»*So*«, schreibt Theodoret, »*kam ihm der Einfall, sich auf eine Säule zu stellen.*«

Nur drei Meter hoch war diese erste Säule. Doch die »unsinnige Anstaunung und Belästigung« hatte ein Ende. Leicht konnte keiner mehr den Einsiedler berühren. Trotzdem war die Menge der Wallfahrer begeistert. Keiner brauchte nämlich mehr den andern niederzutrampeln, um etwas von dem Gottesmann zu haben: Ihn sehen, Syriens neuen Antonius, mit Abstand ihn bewundern konnten jetzt alle mühelos. Frage nur: Sind drei Meter für einen »athleta Domini« hoch genug?

»Altius!« Auf Jahre hinaus verwandelte sich der Berühmte Berg bei Telneschin in eine permanente Baustelle. Nach der »Syrischen Vita« war die zweite Säule sechs Meter hoch, die dritte sodann neun Meter, die vierte stattliche elf Meter. Sogar das heikle Problem der Entsorgung asketischer Erdenreste war gelöst durch ein

Simeon der Säulenheilige
(syrisches Reliquiar, 6. Jh.)

kühnes, technisch für die Zeit höchst fortschrittliches Plumpsrohr entlang der Säule.

Aber sind elf Meter hoch genug für einen Simeon? Fünfzehn Meter schien ihm selber das richtige Format. Doch da stellten sich zum ersten Mal statische Probleme ein. Eine nach der andern gingen die neuen Säulentrommeln zu Bruch. Verzweifelt kamen die Bauleute zu Simeon und fragten, ob es noch einen Sinn habe weiterzumachen. »Macht die Säule nicht fünfzehn Meter hoch«, war Simeons Antwort, »sondern zwanzig.«

Im Leben der meisten Heiligen gibt es so etwas wie den Augenblick der Erfüllung. Nach langen Jahren des dunklen Dranges, der mühseligen Fehlschläge und der widersprüchlichen Experimente paßt mit einem Mal, wie von der Vorsehung gefügt, alles glücklich zusammen. Alles stimmt. Alles stimmte im Leben Simeons des Säulenheiligen, sobald er auf seiner zwanzig Meter hohen Säule stand.

Tief unter ihm, soweit sein Auge sah, ein unabsehbares Menschenmeer. »Nicht nur die Einwohner unseres Landes drängen sich auf Simeons Berg«, schreibt Theodoret, »sondern auch die Araber, die Perser, die von den Persern unterjochten Armenier, Homeriten auch und Völkerschaften, die weit im Inneren Asiens wohnen. Es kommen auch viele vom westlichen Rand der Welt, Spanier, Briten und Gallier. Von Italien brauchen wir nicht zu reden.« So in aller Munde war der syrische Säulenheilige im fernen Rom, daß dort in Werkstätten und Friseursalons, in Herbergen und Kneipen zu Schutz und Segen sein Bild hing. In unzähligen Wohnungen stand, aus Telneschin als Andenken heimgebracht, die christliche Familie segnend, auf einer Mini-Säule ein Mini-Simeon.

Hoch auf seiner Säule für alle sichtbar war er der Fernseh-Heilige des antiken world village. Doch zugleich war er ein »monachus« im ursprünglichen Sinn des großen Antonius. Wie Antonius in seiner Höhle am Roten Meer war Simeon auf der zwanzig Meter hohen Säule einsam und allein mit Gott.

Der Bannfluch traf ihn unerwartet. Den Berühmten Berg bei Telneschin heraufgepilgert kam, finsteren Gesichts, eine Abordnung nitrischer Eremiten. Im Namen aller Wüstenväter Ägyptens forderten sie Simeon auf, sofort von der Säule herunterzukommen. Zur Bekräftigung verlasen sie ein formelles Exkommunikationsschreiben. Und sie fügten zum Bann eine Drohung hinzu: Wenn er nicht sofort Schluß mache mit seinem »außerordentlichen Benehmen« und zurückkehre zur bewährten Zurückgezogenheit und Bescheidenheit aller Eremiten, dann würden sie, Ägyptens Wüstenväter, ihn von seiner syrischen Säule »mit Gewalt herunterholen«.

Es ist unklar, wie diese Machtprobe verlaufen ist. Evagrius Scholasticus stellt den Vorgang anders dar als Suidas, wieder anders Theodorus Lector. Vermutlich ist den Abgeordneten aus der ägyptischen Wüste erst auf dem Berühmten Berg klargeworden, welch immensen Publikumserfolg der Säulenheilige hatte, und daß sie, angesichts der – für antike Begriffe – großen geographischen Distanz keine Chance hatten, ägyptische Normen des Wüstenvätertums im Norden Syriens durchzusetzen. So machten die Ägypter kehrt.

Gut für Simeon, daß sie so schnell abgezogen sind. Sie hätten sonst leicht Verbündete gefunden. So maßlos die Begeisterung für Simeon im syrischen Volk war, so eindeutig war die Ablehnung unter den Gebildeten, den christlichen ebenso wie den heidnischen. Diese gebildeten Kritiker Simeons nennt Theodoret auf griechisch die »mempsimoiroi«. Auf deutsch: »die Klagemänner«.

Die herrschende Bildungsklasse! Seit der Antike hat sie sich kaum verändert. So wenig unterscheiden sich die antiken »Klagemänner« mit ihren Klagen über Simeons skandalöse Säule von der Denkart der heute herrschenden deutschen Bildungsklasse. Die zeitlose Bildungsklage lautet: »Darf das sein?«

Es darf sein, antwortet, höchst überraschend, Bischof Theodoret von Cyrus. Weil Gott anders ist als die »mempsimoiroi«. Gott, so Theodoret wörtlich, »liebt das Verblüffende der Erscheinung«. Die ganze Welt ist nichts anderes als Gottes »phantasia«. Gottes phantastische Vorstellung. Deshalb gefällt Gott auch bei Menschen das kräftige und ungenierte Schauspiel. »Wer staunt nicht, wenn er einen Menschen nackt daherkommen sieht?« Genau das aber habe Gott selber dem Propheten Isaias zu tun befohlen. »Und Isaias tat so, ging nackt und barfuß« (Isaias 20, 2). So auch habe er dem Propheten Oseas befohlen: »Gehe hin und nimm ein Hurenweib und Hurenkinder!« (Oseas 1, 2). Und so wenig wie den Skandal scheue Gott »das bizarre Schauspiel«. Warum sonst habe er dem Propheten Ezechiel befohlen, ein Schwert zu nehmen, »scharf wie ein Schermesser«, und auf sich aufmerksam zu machen durch eine verrückte Frisur (Ezechiel 5, 1)? Schreibt Theodoret von Cyrus, selber ein hochgebildeter Mann, doch ein Verräter seiner Klasse.

Und dann kam sie zu Simeon den Berg emporgepilgert, die Verräterin ihrer Klasse: Kaiserin Eudokia. In der Persönlichkeit vergleichbar Belgiens unvergeßlicher Königin Elisabeth war sie der Schrecken des Hofes von Byzanz. Ihre Leidenschaft war es, die ganze Bibel umzuschreiben in homerisches Versmaß: »Preise mir, Muse, den Helden!«. Entsprechend homerisch war auch Eudokias Begeisterung für den neuen Säulenhelden auf dem Berg bei Antiochien. Am liebsten hätte sie ihn, samt seiner Säule, im Triumph heimgeschleppt nach Byzanz.

Vorsichtiger war Kaiser Markian (der mit dem Konzil von Chalzedon). Zwar hielt auch er es in Konstantinopel vor Neugier nicht mehr aus. Aus Angst vor der herrschenden Bildungsklasse zog er es jedoch vor, sich, so berichtet Theodorus Lector, »en schemati idiotu«, das heißt: »als Privatperson getarnt«, unter die begeisterten Massen zu Simeons Füßen zu mischen.

Die Herzlichkeit Simeons im Umgang mit Pilgern, die seinesgleichen waren, mit Hirten und mit Bauern, heben alle Augenzeugen hervor. Doch einmal war er verletzend hart. Das war, als seine Familie ihn besuchen wollte, den weltberühmten Sohn. Die eigene Mutter hat er so schroff abgewiesen, wie Jesus Maria abgewiesen hat auf der Hochzeit zu Kanaa: »Frau, was habe ich mit dir zu schaffen!« (Johannes 2, 4). Es gibt keine Nachfolge Jesu Christi ohne Bruch mit der Familie. Und wie bei Jesus selbst war es bei Simeon ein Bruch mit der Mutter.

Seine ganze Liebenswürdigkeit galt hingegen der heiligen Genovefa in Paris. Dabei kam ihm der rege Handelsverkehr zwischen Gallien und Syrien zustatten. »Hin- und herreisend«, heißt es in einer gallischen Chronik, hätten die Kaufleute stets Simeon das Neueste von Genovefa berichten müssen. Und jedesmal habe er, der große Asket des Ostens, seine Grüße aufgegeben an sie, die große Asketin des Westens – »veneratione profusa«, »mit inniger Verehrung«.

In die vielgetadelte »ataxia« auf Simeons Berg kam mit der Zeit von selber so etwas wie ein geordneter Tageslauf. Aus den Herbergen strömte das Volk schon in der ersten Morgenstunde zum Gipfel, um staunend zuzuschauen, wie Simeon sich auf der Säule vor dem Allerhöchsten tief verbeugte. In rhythmischer Wiederholung. Theodoret schreibt, einer seiner Begleiter habe versucht, Simeons morgendliche Rumpfbeugen zu zählen und sei »bis 1244« gekommen. »Dann wurde mein Begleiter müde und stellte die Zählung ein.« Theodoret selber schätzt diese Übung als besonders asketisch ein und somit als besonders gesund: »So behält der Rücken seine leichte Beweglichkeit.«

Erst zur neunten Stunde, das heißt nachmittags gegen drei, war die Menge vollzählig. Dann hielt Simeon seine Predigt. Sein Lieblingsthema war das Geld.

Syrien, so predigte Simeon der Säulenheilige, werde aus der Wirtschaftskrise nie herauskommen, wenn sich nicht in der Geldpolitik etwas Grundsätzliches ändere. Zu diesem Zweck forderte er, von seiner Säule herab, strenge Strafen für jene, die Geld besitzen, aber es nicht ausleihen. Dabei seien die Zinssätze ohnehin viel zu hoch. Umgerechnet auf moderne Kalkulation lagen sie in Syrien damals bei 12 Prozent. Für beide Seiten gerecht, so Simeon, wäre dagegen ein Zinssatz von 6 Prozent. Mit steigender Spannung hörte das Volk zu. Alle wußten: Unmittelbar nach der Predigt finden die Wunder statt.

Simeon hat unglaubliche Wunder gewirkt. Die gleichen Wunder wie Jesus. Mit eigenen Augen, bezeugt Theodoret, habe er diese

Wunder erlebt. Doch scheue er sich, davon zu berichten, »aus Angst, es möchte sonst mein gesamter Bericht den Späteren als ein Mythos erscheinen, jeglicher Wahrheit bar«.

Keine Wunder also für uns »Spätere«? Gottlob geht dem Syrer dann doch die antike Lust am Erzählen durch. Aber ob das Wunder, das Theodoret mit so großem Vergnügen erzählt, bei dem sauerstrengen Geschlecht deutscher Religionspädagoginnen und Religionspädagogen Gnade finden wird?

Wie in Ägypten hat auch in Syrien das Christentum, seit seinen Anfängen, Frauen viel stärker angezogen als Männer. Nun aber mehrten sich im Pilgerstrom unter Simeons Säule die Männer. Männer die, wie Theodoret es umschreibt, »Väter werden wollten. Weil sie es aber nach dem normalen Verlauf nicht wurden, suchten sie es durch Simeon zu erlangen.«

Männer ohne Zahl starrten hoffnungsvoll empor zu dieser gewaltig starken, kerzengeraden, zwanzig Meter hohen Säule. »Und wie denn ihr Flehen erhört wurde, kehrten sie freudig heim, verkündeten die empfangenen Wohltaten und entsandten weitere Scharen mit gleichen Anliegen.«

Plötzlich verstehen wir, warum Kaiser Markian inkognito unter Simeons Säule gebetet hat. Jenen, die sich allzusehr genierten, selber zu der wunderwirkenden Säule von Telneschin zu pilgern, half das wunderbare, vom Heiligen selbst gesegnete »Simeonsöl«, das Maultiertreiber bis in die entfernten Steppen Asiens feilboten. Selbst dem bösesten aller Heiden, dem König von Persien, soll es geholfen haben. Die Königin der Ismaeliten kam sogar persönlich zu Simeon gepilgert, im Arm den langersehnten Thronfolger, den sie dem Simeonsöl verdankte: »Deine Gabe ist dieser Knabe. Unter Tränen habe ich selber die Saat des Gebets dargeboten. Du aber hast durch deine Fürbitte den Regen der göttlichen Gnade erwirkt und so die Saat zum Schößling werden lassen.«

Nach den Wundern dann, am späten Nachmittag, die Prophezeiungen. Wird es regnen oder nicht? In einem Land wie Syrien ist das für die Bauern eine Existenzfrage. Simeon, hoch auf seiner

Säule, brauchte den Finger nur in die Luft zu halten, um präzis festzustellen, woher die Winde wehten. Dürren, Hungersnöte, Heuschreckenschwärme, alles kündigte er präzis an. »Mir selber«, fügt Theodoret hinzu, »sagte er voraus, daß ein persönlicher Feind von mir in fünfzehn Tagen tot sein werde; in der Tat kam er ums Leben, und so bestätigte sich die Wahrheit der Prophezeiung.«

Nach den Prophezeiungen die Richtersprüche. Nicht etwa als weltlicher Richter betätigte sich Simeon, sondern, überraschend modern, als Mediator für alle jene, die zu weltlichen Richtern kein Vertrauen hatten. Selbst heidnische Stämme kamen von weither angepilgert, um sich durch Simeons Schiedsspruch von der Säule herab untereinander versöhnen zu lassen. Von Simeon väterlich ermahnt, »entsagen sie den Orgien der Aphrodite«. Und da der Säulenheilige selbstverständlich Vegetarier ist, entsagen sie auch gleich, ihm zuliebe, wenn nicht allem Fleisch, so doch »dem Fleisch von Wildeseln und Kamelen«. Wenn dann bei Einbruch der Dämmerung die bekehrten und versöhnten Völkerschaften einander in die Arme fallen, reckt Simeon schweigend die Arme zum Himmel und verharrt bis tief in die Nacht im ekstatischen Gebet.

Das war das tägliche Programm. Zur Fastenzeit wurde es ausgesetzt. Dann begann, jedes Jahr neu, jenes Wunder des vierzigtägigen totalen Fastens, das einst dem unbekannten Eremiten in seinem Mikro-Häuschen unten im Dorf ersten Ruhm verschafft hatte. Hoch oben auf seiner Säule, für alle sichtbar, von allen kontrollierbar, hat Simeon diese asketische Höchstleistung achtundzwanzig Jahre lang wiederholt.

Die ersten Fastentage pflegte er stehend zu verbringen. Wenn ihm dann, nach ein paar Tagen schwindlig wurde, betete er sitzend weiter. In den letzten Tagen war er gezwungen, sich oben, auf der Plattform seiner Säule, hinzulegen. Bis dann, am vierzigsten Tag, auf schwankender Leiter, Oberpfarrer Bassos, uns bereits bekannt, hochgeklettert kam, im Korb die bewährten Mittel der Wiederbelebung: Endivie und Kopfsalat.

Unter der Säule, in dem unabsehbaren Heer der Wallfahrer, waren manche der vierzigtägigen nervlichen Belastung nicht gewachsen. Besonders dann, wenn Simeon sich in den letzten Tagen hinlegte, wenn von unten nichts mehr zu sehen war außer den reglos ausgestreckten Füßen. Was, wenn sich der Heilige unbemerkt zu Tode gefastet hätte?

Simeon wußte praktischen Rat. Zu Beginn der Fastenzeit ließ er mitten auf seiner Säule einen Pfosten ins Dübelloch einrammen und sich selber daran aufrecht festbinden. Alle, die sich um sein Leben sorgten, konnten ihn so bis zum letzten Tag sehen. Auch die bösen Mäuler verstummten. Ob gläubig oder ungläubig, alle waren vierzig Tage lang Augenzeugen, daß er wirklich nicht einen Tropfen trank, nicht einen Brosamen aß.

»Askesis« heißt »Training«: Und es ist oft gesagt worden, daß sie, wie alles Training, am Anfang schwerfällt, zum Schluß leicht. Je öfter Simeon sich auf seiner Säule im vierzigtägigen Fasten trainierte, desto leichter fiel es ihm. Bis er sich endlich fähig fühlte zu einer allerhöchsten Steigerung. Den Pfosten, an dem er festgebunden worden war, ließ er wieder hinunterseilen, stellte sich vor der staunenden Welt auf seiner Säule unangebunden hin und kündigte an, er werde sich die ganze Fastenzeit weder setzen noch legen. So stand der alte Simeon vierzig Tage lang in Wind und Wetter, ohne Speise, ohne Trank, unbewegt zum Himmel schauend.

Unten, in der Masse der Pilger, verlor ein Mann aus Rabenna die Fassung: »Bist du eigentlich ein Mensch«, schrie er zur Säule hinauf, »oder ein körperloses Wesen?« Simeon gab das Zeichen, die Leiter anzustellen, und hieß den Mann zu sich hinaufsteigen. Er zeigte ihm seine Füße. Sie waren »zerfressen von grausamen Geschwüren«. Er ließ ihn in seine Augen schauen. Im gleißenden Sonnenlicht auf der Säule hatten Simeons Augen sich so entzündet, daß er erblindet war.

Siebzig Jahre alt war Simeon, als im Sommer 459 eine merkwürdige Unruhe Syrien erfaßte, ja über Syrien hinaus die Christenheit insgesamt. In der glühenden Sommerhitze nahm die Menge der

Pilger von Tag zu Tag zu. Unzählige Menschen, heißt es in der »Syrischen Vita«, waren getrieben von der gleichen beklemmenden Ahnung. Als wäre »die ganze Erde« getrieben vom Verlangen, »solange er noch lebte, Simeon die Ehre zu erweisen«.

Er selber nahm es nicht mehr wahr. Oft verweilte er jetzt mehrere Tage im Gebet, ohne zu predigen, ohne die Pilger zu segnen. So nahm auch niemand Anstoß, als er Ende August 459, an einem Freitag, sich an das Geländer lehnte und so auf der Säule reglos verharrte. Auch am Samstag rührte er sich nicht. Am Sonntag schließlich wagte es sein Jünger Antonius, ungeheißen die Leiter anzulegen und hinaufzusteigen. Hier sein Bericht:

»Obwohl er mit mir sonst gern redete, gab er mir keine Antwort. Da stieg in mir der Verdacht hoch, daß er tot sei. Sicher aber war ich nicht, auch hatte ich Angst, ihm ganz nahezutreten. Schließlich faßte ich Mut. ›Kyrie‹, sagte ich zu ihm, ›warum redest du nicht mit mir und sprichst nicht das gewohnte Gebet? Das Volk wartet darauf, daß du es segnest. Es ist schon der dritte Tag.‹ Eine Stunde lang blieb ich so. Dann sagte ich zu ihm: ›Kyrie, willst du mir keine Antwort geben?‹ Ich streckte meine Hand aus und strich durch seinen Bart. Da spürte ich, daß sein Körper nachgab. Und ich erkannte, daß er tot war.«

Umflutet von einem »pelagos anthropon«, von einem wahren »Menschenmeer« umbrandet, war Simeon auf seiner Säule, wie einst Antonius, allein und unbemerkt gestorben.

Kommt und schauet sie an: Sie leben in Gräbern wie Tote.
Schaut ihre nackten Leiber, bedeckt nur mit eigenem Haar.
Schaut sie des Nachts auf Steine gebettet.
Trifft sie ein Räuber, wirft vor Ehrfurcht er sich in den Staub.
Wilde Tiere ergreifen vor Wunder, vor Staunen die Flucht.
Bloßen Fußes zertreten sie Schlangen jeglicher Brut.
Höhlen sind ihre Wohnung, als wären es schöne Gemächer.
Berge sind ihre Mauern, Felsen sind ihre Burg.
Ihr Tisch steht immer bereit mit Wurzeln der Erde,
Ihre Tafel ist immer mit Kräutern der Wildnis gedeckt.
So ziehn sie wie wilde Tiere von Wüste zu Wüste,
Wie Hirsche schweifend von Weide zu Weide.
Wie Vögel so ziehn sie über die Berge hinweg.

Grandios sind die Hymnen, mit denen Ephräm der Syrer (306–373) die Wüstenväter seines Landes preist. Aus den gleichen religiösen und sozialen Motiven wie drüben in Ägypten war diese syrische Szene entstanden, auch fast zu gleicher Zeit. Auf dem Seeweg von Alexandrien nach Antiochien und über die Landbrücke von Palästina zum Sinai waren die beiden Länder ja eng miteinander verbunden.

Und doch sollte die syrische Askese eine verblüffend andere Entwicklung nehmen als die ägyptische. Wohl gab es auch über Syrien verstreut nicht wenige Klöster, die mit den pachomianischen Klöstern in Ägypten eng »verschwistert« waren (von »sister-houses« spricht De Vogüé). Teleda unter seinem wundervollen Abt Heliodorus ist dafür ein Beispiel. Doch haben solche Klöster die syrische Askese nicht dauerhaft zu prägen vermocht. Während das ägyptische Mönchtum sich militarisierte und kollektivierte, blieb das syrische Mönchtum ein Einzelgängertum »im Stadium ursprünglichster Freiheit und juridischer Formlosigkeit« (Chrysostomus

Baur). Mit einer so ungezügelten Chaotik des individuellen Ausdrucks, daß selbst die ägyptischen Wüstenvätern das Gruseln überkam.

Doch zuvor ein Blick auf die Landkarte: In Ägypten war der christliche Bruch mit der Welt eine geographisch eindeutige Sache gewesen. Da streckte sich von Süden nach Norden das grüne Band des Niltals. Das war die Welt. Links und rechts, soweit das Auge sah, nichts als Wüste. Dort hörte die Welt auf. Wer etwas anderes wollte als die Welt, der brauchte nur, wie Antonius, hinterm Dorf hinauszugehen in die Wüste. Er konnte auch nirgendwo anders hin als in die Wüste. So einfach war in Ägypten die Geographie.

Anders in Syrien. Innerhalb und außerhalb seiner wirr wechselnden Grenzen zerfiel Syrien in die widersprüchlichsten Zonen. Da waren im Norden jene kahlen Berge, um die sich heute Türken und Kurden streiten. Eine wüste Landschaft gewiß. Aber nicht im ägyptischen Sinn.

Das mußte der Wüstenvater Jakob erfahren, dessen asketische Heldentaten Theodoret von Cyrus aus unmittelbarem Augenschein beschreibt. Jakob hatte sich nämlich auf einem Berg gleich hinter Cyrus niedergelassen, nur dreißig Stadien (fünf Kilometer) von der Stadt entfernt.

Cyrus selber ist heute ein einsam romantisches Ruinenfeld unmittelbar an Syriens nördlicher Grenze. Der Berg dahinter, auf dem der heilige Jakob saß, liegt schon in der Türkei. Als ich ihn im Monat Februar, von Aleppo kommend, besteigen wollte, gelang mir das nicht. Zu hoch lag der Schnee. Ist es da verwunderlich, daß auch Theodoret, der Bischof von Cyrus, seinen asketischen Freund nicht immer fand? »Oft nämlich lag er drei Tage und Nächte im Gebet hingestreckt am Boden, vom frischgefallenen Schnee so tief verschüttet, daß man nicht einmal mehr die Lumpen sah, in die er gehüllt war. Die Nachbarn mußten dann mit Schaufeln und Pikkeln zu Hilfe kommen, um den Gottesmann aus den Schneemassen zu befreien und wieder aufzurichten.«

Ein syrischer Schneemann, ist das noch das gleiche wie ein ägyptischer Wüstenvater? Ja, meint der Syrer Theodoret: »Es glaube keiner, die Tugend sei an einen bestimmten Ort gebunden und nur die Wüste bringe sie hervor.« Und er spitzt sein Argument noch zu: »Laßt mich die bewohnte Landschaft schildern und zeigen, daß auch sie keinen daran zu hindern braucht, ein tüchtiger Asket zu werden.«

Die »bewohnte Landschaft«, damit gemeint ist Syriens Hauptstadt Antiochien, heute unter dem Namen Antakya ein türkisches Provinznest, damals eine der größten und schönsten Städte der Welt. Und um Antiochien, zur Küste hin, jenes mediterrane Syrien, wo sich die Libanonzedern im milden Zephyr wiegten, wo die Lebensart griechisch verfeinert war, wo in den bukolischen Wäldern des Amanus die reichen Familien aus Antiochien ihre Landhäuser hatten. In diesen Hausbergen der Großstadt Antiochien, schreibt Theodoret, hätten Einsiedler »in unbeschränkter Zahl« gelebt.

Waren es wirklich Einsiedler?

Eine »campagne de luxe« war das, in die sich die vornehmen Antiochener, wenn sie in die Jahre kamen, vor dem städtischen Streß durch Familie und Beruf zurückzogen. Zum »otium cum dignitate«, zum »Ruhestand in Würde«. Die neue Zeit bot jetzt Gelegenheit, die heidnisch hergebrachte Altherrenwürde ins Christliche zu steigern. Zum Vorruhestand in christlicher Würde. Und da es noch kein Fernsehen gab, dafür so etwas wie Bildung, widmeten die hochgebildeten alten Herren von Antiochien ihre Muße den neuesten Bestsellern aus Alexandrien.

Auf griechisch lasen sie Kassian, Evagrius Ponticus und Palladius. Immer wieder lasen sie den Klassiker Origenes. Auch lateinisch lasen in Antiochien viele. Von Hieronymus erfuhren sie alles über den ökospiritistischen Betrieb in den christlichen Landhäusern um Rom. Ehe sich die Familie in Antiochien versah, war Großvater draußen im Landhaus »Wüstenvater« geworden. Wie später noch einmal, im europäischen 18. Jahrhundert unter dem Einfluß Rousseaus, gewann in den romantischen Wäldern um

Antiochien, das bisher so banale Wochenendhaus die spirituelle Würde einer »Eremitage«.

Aber schon ein paar Dörfer weiter, östlich von Antiochien, begann ein gänzlich anderes Syrien. Wo die Hirten genausowenig Griechisch konnten wie der große Simeon. »Hier«, schreibt der Römer Hieronymus, »muß ich in meinem Alter noch eine barbarische Sprache lernen oder ich muß den Mund halten.« Dabei war er nur in der Wüste Chalkis. Weiter östlich noch, am Euphrat und am Tigris, in jenem östlichen Teil des Alten Syrien, der auch Mesopotamien genannt wird, hätte er eine Szene kennengelernt, die keines ägyptischen Modells mehr bedurfte. Die Geographie – die allmächtige Geographie – war ja hier der ägyptischen zum Verwechseln ähnlich: An beiden Ufern der Ströme Euphrat und Tigris begann die Wüste wie östlich und westlich vom Nil. Hier, in einer jener Wüste, wo sich das Alte Syrien grenzenlos öffnete zu den Ländern der Perser und der Inder, hat, eine Generation vor Simeon dem Säulenheiligen, ein noch älterer Wüstenvater namens Simeon gelebt. Nennen wir ihn Simeon den Alten.

Eines Tages erhob sich ein furchtbarer Sandsturm, gefolgt von schwerem Regen. Eine verzweifelte Karawane, die durch den Orkan von der Piste abgekommen war, traute ihren Augen kaum, als plötzlich, einsam mitten im Sturm, ein »vor Schmutz strotzender Mensch« auftauchte. Wüstenvater Simeon, I presume. Und er führte die erschöpfte Reisegruppe zu seiner Höhle.

»Wir sind Juden«, stellten sich die Fremden ihrem zerlumpten Gastgeber vor, »geschäftehalber unterwegs zu den festen Plätzen außerhalb Syriens.« Der Einsiedler bat die vornehmen Gäste, ein paar Kräuter und Körner, von denen er sich ernährte, mit ihm zu teilen. »Sobald der Sturm sich legt«, fuhr er fort, »gebe ich euch zwei Führer, die eure Kamele zurückbringen werden auf den Karawanenweg.«

Wie staunten die jüdischen Kaufleute, als, kaum war das Gewitter vorbei, zwei gewaltige Löwen am Eingang der Höhle erschienen. Simeons Befehlen demütig folgend, setzten sich die beiden christlichen Löwen an die Spitze der jüdischen Karawane und führten sie, geographisch und politisch korrekt, zur Piste zurück. So trugen die jüdischen Händler den Ruhm Simeons des Alten auf allen Karawanenwegen weit über Syriens Grenzen hinaus.

Zur Sache: Das Erstaunliche an der Geschichte Simeons des Alten sind nicht die beiden Löwen. Die sind ein legendäres Ornament, das auch in ägyptischen Wüstenvätergeschichten häufig wiederkehrt. Viel aufschlußreicher ist der Karawanenweg mit den jüdischen Händlern und mit einem christlichen Wüstenvater, der offenbar nicht allzuweit von dieser Piste entfernt in Syriens östlicher Wüste saß.

Das sind die uralten Handelswege von Syrien nach Persien, auf denen das frühe Christentum weit hinein nach Asien gelangte. Noch heute zählen sich jene uralten christlichen Kirchen, welche die Portugiesen im 16. Jahrhundert zu ihrer Verblüffung im Süden Indiens bereits vorfanden, zu den »Syrischen Kirchen«. Selbst auf der Insel Bahrein, weit draußen im Persischen Golf, sind um 370 ganze Kolonien von syrischen Wüstenvätern bezeugt. Und irgendwo auf halbem Weg zwischen Alexandria (am Nil) und Alexandria (am Indus) muß dann auch der Punkt gelegen haben, wo den fahrenden jüdischen Händlern nicht mehr klar war, wer sie da, am Wegrand hockend, so korrekt grüßte: War es noch ein syrischer Wüstenvater oder war es bereits ein indischer Sadhu?

Die blutigen Christenverfolgungen in Persien unter Schapur II. (309–379) haben die Landbrücke zwischen dem syrischen Christentum und Indien folgenschwer unterbrochen: Das Christentum, das dazu bestimmt schien, die Religion Asiens zu werden, weicht nach Westen zurück. Und doch braucht die historische Phantasie keine Computerspiele, um bildhaft ein Modell des Christentums zu entwerfen, das seine entscheidende Prägung nicht am Tiber erfahren hätte, sondern am Ganges. So weit war es ja gar nicht vom Euphrat zum Ganges und vom Ganges zum Euphrat zurück. Im Syrien des 4. und 5. Jahrhunderts hat es das wirklich gegeben: Ein Christentum ohne ordo und ohne disciplina, ohne

Rom und ohne Pachomius, eine katholische Szene von quasi-indischer Vielfalt, Individualität und Theatralik.

Ist »xeniteia« – freiwillige Heimatlosigkeit – überhaupt etwas spezifisch Christliches? Anders als die Wüstenväter Ägyptens ziehen die meisten syrischen Wüstenväter so heimatlos herum wie heute noch indische Sadhus. Ein paar Jahre nach jenem christlich-jüdischen Dialog im Wüstensturm kommt zum Beispiel eben jener alte Simeon mit der größten Selbstverständlichkeit und mit dem größten Selbstbewußtsein die prachtvollen Avenuen von Antiochien auf und ab gewandert.

Theodorets Mutter war von seiner religiösen Ausstrahlung hingerissen. Von seinem Erscheinungsbild aber nicht. Als »auchmonta kai rhyponta« hat sie ihn ihrem Sohn beschrieben. Das sind die krassesten Ausdrücke, die es im Griechisch gebildeter Damen für einen zerlumpten und verlausten Menschen gab.

Dabei stand im Leben Simeons des Alten die krasseste Begegnung erst bevor. Da er nämlich seinerseits keineswegs erbaut war über das gepflegte Erscheinungsbild christlicher Damen, zog Simeon mit einem andern Wüstenvater aus Antiochien wieder weg. Diesmal aber wählte er jene Karawanenstraße, die am Toten Meer vorbei von Syrien nach Ägypten führte. Zum Sinai wollten sie, sagten die beiden zum Abschied in Antiochien. Jedenfalls gelangten sie auf halbem Weg dorthin bis zur Wüste Sodom.

Mitten in der Wüste Sodom sahen sie plötzlich zwei menschliche Arme, die sich aus einer Delle im Sand reglos zum Himmel reckten. Nur diese beiden Arme. Sonst nichts. Dann, noch verrückter, waren die beiden Menschenarme plötzlich wieder weg.

Schaudernd traten Simeon und sein Gefährte näher. Zuerst sahen sie, mitten in der Delle, ein Loch, etwa von der Größe, wie es Füchse sich in der Wüste graben. Doch so sehr die beiden in das Loch starrten, erkennen konnten sie nichts. Deutlich konnten sie aber hören, wie in der Tiefe etwas rumorte. »Wer immer du seist, der du in diesem Loch steckst,« rief Simeon, »Mensch oder Dämon, komm heraus!«

»Sie leben in Gräbern wie Tote.«
Erdlochheiliger von Starnina
(Florenz, um 1400)

Heraus kam ein Mensch. Ein Mensch? Sagen wir: ein Wüstenvater: »Er war wild anzusehen, das Haar vor Dreck strotzend, das Gesicht zerfurcht, ausgedörrt der ganze Körper, gehüllt in elende Lumpen, die mit Palmfasern zusammengebunden waren.« So büßte er, tief in seinem Wüstenloch, für alle Sünden Sodoms und Gomorrhas.

Leider haben wir keine Zeit, Simeon den Alten bis zum Sinai zu begleiten. Dort nämlich, wo er selber herkam, weit im Osten Syriens an der Grenze zu Persien, ist inzwischen eine neue »stella deserti« aufgegangen. Das ist der heilige Julian. Julianus Saba. Unter all jenen Wüstenvätern, von denen Ephräm der Syrer sagt, sie seien »wie die Vögel hinweggezogen über alle Berge«, ist Julian der Wandervogel Gottes.

Vom Euphrat bis zum Tigris hatte er die Wüste im Nordosten Syriens durchwandert, um sich schließlich in der äußersten Wildnis in einer Höhle niederzulassen und dort eine eigenwillige vegetarische Kost zu entwickeln: Hirsefladen aus der Kleie, dazu Wildkräuter in Salzwasser mariniert. Quer durch alle Wüsten Syriens machte die neue Diät alsbald von sich reden und zog zahlreiche Jünger an. Julian wurde es unbehaglich.

Täglich verließ er seine drangvoll gewordene Höhle, um allein hinauszuschweifen in die Wüste. Manchmal wanderte er fünfzig Stadien (etwa neun Kilometer) weit, manchmal das Doppelte, um ganz allein »jene göttliche, unaussprechliche Schönheit zu betrachten«.

So fasziniert war Julian von der göttlichen Schönheit der Wüste, daß er nach einer Weile auch seine Schüler darin unterwies, nur die nächtlichen Gebete gemeinsam in der Höhle zu singen, dann aber »in der ersten Morgenröte zu zweit hinauszuwandern in die Wüste«. Weit draußen in der Einsamkeit sollten sie haltmachen und zu zweit den Psalter Davids singen.

Diese neue Art des Wandergebets in der Wüste zog allerdings noch mehr Schüler an als zuvor schon die neue Hirsediät. Um ihnen zu entgehen, dehnte Julian seine eigenen Wüstenwanderungen immer weiter aus, manchmal sieben Tage lang, dann sogar zehn.

Als sein Ruhm noch größer wurde, das Gedränge um seine Einsiedelei unerträglich, faßte Julian den Plan zu einer letzten, ganz großen Wüstentour. Nur zwei erfahrene und vertraute Wandermönche durften ihn auf dieser gefahrvollen Expedition begleiten. Denn es ging zum Sinai.

Schon wieder einer unterwegs zum Sinai. Gewiß gab es keine ausgeschilderten Wanderwege für Wandermönche. Aber offenkundig gab es doch zwischen allen Wüsten Syriens, Arabiens und Ägyptens vertraute Pisten, die ein Wüstenvater dem andern wies. »Keine Stadt, kein Dorf betretend, allein die ungangbare Wüste sich gangbar machend«, so zogen die drei syrischen Wandermönche vom Euphrat bis zum Roten Meer.

Was wir über ihre Ausrüstung erfahren, erinnert an modernes Trekking: »Die nötige Nahrung, Brotfladen und Salz, trugen sie auf ihren Schultern. Ferner hatten sie einen Becher aus Holz und einen Schwamm, der an einem Strick festgebunden hing. Wo sie in einer tiefen Spalte Wasser fanden, ließen sie den Schwamm hinab. Wenn er sich vollgesogen hatte, zogen sie den Schwamm hinauf und preßten das Wasser zum Trinken in den Becher.« So gelangten sie an den Golf von Akaba.

Von dort wanderten sie weiter ins Innere der Halbinsel Sinai bis zum Gebel Musa. Das ist der Berg, auf dem Moses das göttliche Gesetz empfangen hat. Wer die Einsamkeit liebt, tut heute gut daran, diesen Berg zu meiden. Schwitzend, kreischend, knipsend drängen sich auf dem Berg Mosis die barbarischen Horden der Baseballkappen-Touristinnen und Baseballkappen-Touristen.

Anders war die Stimmung im Jahr 362, als Julian der Wandermönch mit seinen beiden Gefährten nach monatelanger Fußwanderung durch alle Wüsten des Orients endlich dort stand, wo vor ihm der Wüstenvater Moses gestanden hatte. Alle Engel Syriens und Ägyptens haben mitgesungen, als Julianus Saba jenen Psalm anstimmte, den manche katholischen Mönche noch heute am

Sonntag zum ersten Licht singen: »In terra deserta et invia et inaquosa ...«

> »Die weglose, wasserlose Wüste ist dein Heiligtum.
> Dort habe ich deine Macht geschaut
> Und deinen strahlenden Glanz.«
>
> (Psalm 62 [63], 2, 3)

Nicht zufällig klingt der Begriff »Wandermönch« deutsch. Moderne deutsche Kirchenhistoriker um Adolf von Harnack haben ihn erst geprägt. In den griechischen Quellen kommt er nicht vor. Wohl schildert Theodoret einen Wandermönch nach dem andern, aber er nennt sie, merkwürdig allgemein, nur »monachoi«, oder schöner, aber leider noch allgemeiner, »philosophias athletai«. Woher diese Scheu?

Es gab ein Wort für sie, schon zur Zeit Theodorets. Aber das war ein Schimpfwort: »kykleutes monachos«. »Kyklos« heißt »Zyklus«, »Kreis«. Und ein »kykleutes monachos« ist ein in Kreisen, das heißt: sinnlos herumschweifender religiöser Vagant. Das Schimpfwort dürfte in den christlichen Salons von Antiochien entstanden sein. Oder draußen in jenen Luxus-Eremitagen, wo man gern mit der Welt brach – aber natürlich nur spirituell, bei einem guten Buch aus Alexandrien. Dieses Schimpfwort »kykleutes monachos« hat der Westen übernommen mit dem lateinischen »monachi gyrovagi« (»Herumtreibermönche«). Nur unter diesem Schimpfwort kannte Benedikt (480–547), der Klostergründer des Westens, die Wandermönche. Gleich im allerersten Kapitel der Benedikt-Regel ist das Wandermönchtum als schlimme Fehlentwicklung gebrandmarkt: »in jeder Hinsicht noch schlimmer als die Sarabiten«. Wer die Sarabiten waren, braucht uns nicht zu beschäftigen. Für Benedikt, dem die »stabilitas loci«, die »Stabilität am Ort«, als Anfang aller Klosterweisheit galt, für jenes westliche Christentum, das seine höchste Erfüllung in der Einrichtung eines unverrückbaren »Heiligen Stuhls« gefunden hat, waren die christlichen Wandervögel das Allerschlimmste. Keiner im Westen, Benedikt schon gar nicht, dachte daran, daß die geschmähten »Gyrovagen« die letzten waren, die das urchristliche Abenteuer der Religion als »xeniteia«, die radikale Heimatlosigkeit, ein letztes Mal gewagt haben – nicht spirituell, sondern real.

Für eine ganz bestimmte Sorte Wandermönche gab es übrigens in Syrien ein Wort. Kein Schimpfwort, aber doch ein sehr befremdliches Wort: »hoi boskoi« – »die Grasfresser«. Das war zuerst ein Begriff für wilde Tiere, die auf der Suche nach Gras ruhelos durch die Steppen schweifen. Zum Beispiel für jene Wüstenhirsche, an deren Behendigkeit der Prophet Isaias sein Gefallen fand: »Alsdann werden die Lahmen springen wie die Hirsche« (Isaias 35, 6).

Sogar Frauen, das behauptet jedenfalls der Syrer Evagrius Scholasticus, habe es in dieser »Grasfresser«-Szene gegeben, trotz ihrer extremen asketischen Härte: »Männer und Frauen ziehen fast nackt hinaus in die Wüste, unbekümmert um die Jahreszeiten, um glühende Hitze und beißenden Frost. Was andere Menschen essen, verschmähen sie und begnügen sich damit, wie Tiere zu weiden. Auch sonst sind sie im ganzen Benehmen den Tieren ähnlich. Sobald sie nämlich einen Menschen erblicken, ergreifen sie die Flucht, und wenn sie einer verfolgt, laufen sie mit unglaublicher Geschwindigkeit davon, um sich an unzugänglichen Orten in Sicherheit zu bringen.«

Das sind jene Wandermönche, die in Ephräms Hymnus »wie Vögel über die Berge ziehen«. Als klassisches Modell des christlichen Grasfressers galt lange Zeit Ephräms eigener Lehrer Jakob von Nisibis (gestorben 338). Theodoret schildert seine Lebensweise so: »Er wählte die Einsamkeit und Stille auf den Gipfeln der höchsten Berge. Im Frühling, Sommer und Herbst lebte er im Dickicht der Wälder. Sein Dach war der Himmel. Im Winter zog er sich in eine Höhle zurück, die etwas Schutz bot. Was mit Arbeit gesät und gepflanzt wird, wollte er nicht essen, sondern nur, was von selber wächst. Das heißt: Er sammelte Früchte von wilden Bäumen sowie eßbare, dem Gemüse ähnliche Kräuter. Auch davon gab er seinem Körper nur das zum Leben Notwendige, und zwar alles ungekocht.«

Im 6. Jahrhundert, als in Europa die Benediktiner längst die »gyrovagi« in Grund und Boden verketzerten, war in Syrien noch, nach dem Urteil von Jacques Lacarrière, ein »Goldenes Zeitalter für Grasfresser«. So locker wie heute einer daherkommt und sagt »Ich bin Vegetarier«, genauso selbstbewußt stellte sich dem syrischen Schriftsteller Johannes Moschos in tiefster Einsamkeit ein völlig verdreckter Gentleman vor: »Mein Name ist Petrus, ich bin Grasfresser und weide am Jordan.«

3. Kapitel: Die christlichen Fakire

In jenem Jahr, als Julian der Wandermönch den Sinai bestieg, im selben Jahr 362 betrat ein zweiter Asket namens Julian die religiöse Szene Syriens: Julianus Apostata. Der römische Kaiser in Person. Als »Abtrünniger« ist er ins christliche Gedächtnis eingegangen, weil er, ein sittenstrenger Jüngling, aus lauter Verachtung für das korrupte Politchristentum seines Onkels Konstantin zurückkehren wollte zur alten, anständigen heidnischen Askese.

Bei seiner Ankunft in der syrischen Kapitale Antiochien war Julian noch guter Dinge. Kam er doch aus dem sittenstrengen Lutetia Parisiorum (Paris), wo, so schreibt er selber, »die Kelten in ihrer rauhen Art mich und meine Art leicht ertrugen«.

Die Syrer nicht. Hier, stellt Julian grimmig fest, sei er in eine Welt geraten, »wo es mehr Schauspieler gibt als Bürger, und überdies nicht den geringsten Respekt für jene, die befehlen«. Wo von morgens bis abends nichts anderes im Schwange sei als »eleutheria«.

Das heißt »Freiheit«. Es kann auch »Sauordnung« heißen. »Soweit geht ihr«, heißt es in einem von Seiner Majestät persönlich verfaßten Pamphlet, »daß sogar eure Frauen sich selbst regieren. In völliger Freiheit tun und lassen sie vor euren Augen, was sie wollen.« Kein Wunder, daß die Stadt auch voll sei »von charmanten Knaben, die schöner sein wollen als Frauen, voll von rasierten Männern, rasiert nicht nur an den Wangen, sondern am ganzen Leib«.

»Mechri ton onon kai ton kamelon – selbst die Esel und die Kamele«, schreibt der Kaiser mit steigender Empörung, »haben hier nichts anderes im Sinn als eleutheria.« Auf den Alleen, ja sogar in den Säulenhallen Antiochiens, liefen sie frei herum, die syrischen Esel, die syrischen Kamele, ohne jede Disziplin.

Freiheit für Frauen, Knaben, Esel und Kamele – gibt es noch etwas Schlimmeres? Ja. Am schlimmsten, schimpft der heidnische Asket Julian, trieben es »hoi planetes«.

Ein »Planet« ist heute ein Stern ohne festen Standort. Im hellenistischen Griechisch war das ein Mensch ohne festen Wohnsitz. »Planet« wird das kaiserliche Schimpfwort für die christlichen Wandermönche.

Werfen wir, um Julians neuheidnisches Entsetzen zu teilen, einen Blick hinaus auf Antiochiens Straßen. Da ist gerade aus den Wüsten des Ostens eine neue Welle von christlichen »Planeten« angekommen. Noch skandalöser als alles Bisherige, im religiösen Charakter, auch im phantastischen Erscheinungsbild nur noch vergleichbar mit Indiens Fakiren.

»hoi syderophoroi«!

Die syrischen »Kettenheiligen«. »Eisenträger« wurden sie wörtlich genannt, weil sie sich freiwillig die gleichen eisernen Ketten aufbürdeten, wie sie einst die Märtyrer tragen mußten auf dem Weg zum qualvollen Tod in der Arena. Bis zur Erde gebeugt gingen manche. Und manche wurden vom Gewicht ihrer Ketten so erdrückt, daß sie nur noch auf allen vieren gehen konnten.

»Hochberühmt« war der Eisenträger Markanius. Er entstammte einer der vornehmsten syrischen Familien und stand darüber hinaus im Ruf, er sei »unter allen Zeitgenossen der größte und schönste Mann«.

Doch dann war Markian, von göttlicher Liebe entbrannt, in die Wüste von Chalkis gezogen. Eine Kette nach der andern hatte er sich dort aufgebürdet. Zur Sühne für die allzu vielen Sünden seiner schönen Jugend immer mehr Ketten. Vierzig Kilogramm Ketten waren es, in moderne Maße umgerechnet. In Scharen kam das Volk in Markians Einsiedelei gepilgert, um mit eigenen Augen zu erleben, wie er in Lumpen gehüllt daherkam, der einst so edle und reiche. Und wie er sich dahinschleppte, unter seinen vierzig Kilogramm Eisen, niedergedrückt bis zur Erde, siehe, da bewunderten ihn alle noch mehr, viel mehr sogar als damals, als er noch hochgewachsen war und schön.

So groß war die Bewunderung für Markian und seine vierzig Kilogramm Eisen, daß ihm die Jünger buchstäblich in Ketten nachliefen. Zuerst lief hinter ihm der heilige Agapitus her, freilich nur – aller asketischer Anfang ist schwer – mit 25 Kilogramm Ketten. Dann, hinter dem heiligen Agapitus, der ehrgeizigste, vielleicht ganz einfach der stärkste Hüne unter den Kettenheiligen. Das war der heilige Eusebius. 60 Kilogramm Eisen hatte er auf dem Buckel.

Es kam der Tag, an dem der hochberühmte Markian seine zeitlichen Ketten segnete. Schnell waren sich Agapitus und Eusebius einig, die vierzig Kilogramm Ketten des heiligen Markian lieber unter sich zu teilen, als sie irgendeinem hergelaufenen Möchtegern-Kettenheiligen zu überlassen. Somit trug jetzt Agapitus 45 Kilogramm, Eusebius sogar achtzig.

In seiner unglaublichen Stärke hat Eusebius den Agapitus überlebt und sich, selbstverständlich, bevor ein anderer Heiliger zugreifen konnte, auch noch die Ketten seines Freundes Agapitus über die eigenen geschlungen. Kann ein Mensch mit 125 Kilogramm Eisen noch aufrecht stehen? Nein. Lebendig begraben unter einem Berg von Ketten hockte Eusebius, von ehrfürchtig staunendem Volk umringt, tief unten in einem stillgelegten »lakkos«. Das heißt »Grube«. Es kann eine Jauchegrube gewesen sein oder eine Zisterne.

Wir dürfen jetzt den Überblick nicht verlieren. Wie die Simeone und die Juliane laufen nämlich in der syrischen Szene auch die Eusebiusse wirr durcheinander. So gibt es zum Beispiel neben diesem Eusebius im Güllenloch noch einen, den wir, zur besseren Unterscheidung, Eusebius den Büßer nennen wollen. Noch bevor er diesen zweiten Eusebius schildert, gerät Theodoret in eine Landschaftsschwärmerei, als wäre er kein antiker syrischer Bischof, sondern ein deutscher Dichter der Romantik: »Es ist ein Berg östlich von Antiochien …«

»Wie ein mächtiger Kegel« überragt dieser Berg alle umliegenden Höhen. »An seinem Fuß, nach Mittag hin, breitet sich eine Ebene aus wie eine weite Bucht am Meer, von zwei sanften Hügelketten zu beiden Seiten eingefaßt. Bis zur Reiterstraße hin erstrecken sich diese Hügel und nehmen beiderseits Wege auf, die von Süden nach

Norden führen. An diese Höhen angelehnt reihen sich große und kleine Dörfer. Vom Fuß des Berges geht es in ein waldiges Tal, nicht sehr steil, sondern, sanft nach jener Ebene geneigt, nach Süden schauend.«

In dieser sanftesten aller Landschaften Syriens saßen auf einem Felsen über dem Tal der heilige Ammianus und der heilige Eusebius, damals schon beide berühmte Eremiten. »Der eine las Geschichten aus den göttlichen Evangelien vor, der andere erklärte den Sinn der dunklen Stellen. Drunten in der Ebene aber pflügten einige Bauern ihre Felder und ihr Anblick fesselte den großen Eusebius.« Als Ammianus ihn nach ihrer Gewohnheit bat, die vorgelesene Evangelienstelle zu erklären, mußte Eusebius eingestehen, daß er nicht zugehört habe. Zu sehr hatte ihn »der Anblick der Pflüger ergötzt«.

Von Reue jäh überwältigt, tat der heilige Eusebius den Schwur, seinen Augen niemals mehr im Leben »einen Blick auf jene Ebene zu gönnen, noch sich zu ergötzen an der Schönheit des Himmels und am Chor der Sterne«. Um Hals und Hüften ließ er sich zwei schwere Eisenringe legen, die wiederum mit einer kurzen Kette so zusammengeschmiedet waren, daß er nur noch tiefgebeugt zu Boden blicken konnte. So hat der große Eusebius, in Ketten, vierzig Jahre lang gebüßt für den einen Augenblick, in dem irdische Schönheit vermocht hatte, ihn abzulenken von der Schönheit des Himmels und der Sterne.

Dank Theodorets Manie, seine fromme Nase an Ort und Stelle in alle asketischen Verrücktheiten zu stecken, wissen wir sogar über die Technik des Kettentragens im Detail Bescheid. Einmal nämlich, als er seinen Freund, den Wüstenvater Jakob, nicht im tiefen Schnee des Winters aufsuchte, sondern in der glühenden Hitze des syrischen Sommers, fand er den Heiligen, von Fieber verzehrt, dem Tode nahe. Zur Wiederbelebung legte er ihn auf den Bauch. »Wie ich nun mit der Hand unter seinen Mantel fuhr, um ihm den Rücken sanft zu reiben, stellte ich fest, daß er unter dem Kleid um Hals und Hüften schwere Eisenmassen trug, und zwar folgendermaßen: Von einem eisernen Ring um den Hals zu einem eisernen

Ring um die Lenden waren, vorn und hinten jeweils über Kreuz, zwei Ketten – nach Art des Buchstabens χ (chi) – gespannt. Ähnlich verkettet waren, zum Ellenbogen hin, seine Oberarme.«

Als die Nachricht von diesen syrischen Exzessen in die Wüsten Ägyptens drang, war die Empörung allgemein. Ähnlich wie das Säulenstehen haben die ägyptischen Wüstenväter das Kettentragen der Syrer schroff abgelehnt. »Die«, schimpfte in der Wüste bei Hermupolis in Oberägypten der achtzigjährige Wüstenvater Apollo im Gespräch mit Rufin, »die stellen sich doch nur zur Schau und gieren nach Menschengunst.«

In seiner Residenz zu Antiochien rief derweil Kaiser Julian der Abtrünnige alle Götter des Olymps um Hilfe an. Gekommen war er, um römische Ordnung und Disziplin in das syrische Chaos zu bringen. Jetzt mußte er erleben, daß in allen Theatern von Antiochien Stücke auf die Bühne kamen, in denen nicht nur sein römischer Ordnungswille veralbert wurde, sondern auch, ganz ungeniert, seine kaiserliche Person. Julian tat das einzige, was ihm in einer solchen Stadt zu tun übrigblieb: Er schrieb selber Satiren. Satiren über die christliche Großstadt Antiochien. Satiren über die christlichen »Planeten«.

Vielleicht hätte Julian, statt Satiren zu schreiben, den Aufenthalt in Antiochien besser dazu genutzt, mit den christlichen »Planeten« zu sprechen. Auch wenn sie nur ein schauderhaftes Pidgin-Griechisch radebrechten – sie hätten ihn doch verstanden. Und er vielleicht sie. So nahe waren sie einander, ohne es zu wissen, der neuheidnische Monarch und die christlichen Landstreicher, in der asketischen Revolte.

Er war ein »Apostat«, sie waren »Anachoreten«: Er war ein »Abtrünniger«, »Aussteiger« waren sie. Er war jener zeitlose Typ des nachdenklichen jungen Gebildeten, der sich in der Religion keinen Schwindel aufbinden lassen will. Das Wendechristentum seiner kaiserlichen Familie, seines Onkels Konstantin vor allem, hatte der ernste und intelligente Julian in seinem geraden Sinn als besonders widerlichen Schwindel durchschaut.

Nicht anders als dem jungen Julian mit seiner kaiserlichen Familie ging es den syrischen Wüstenvätern mit dem christlichen Betrieb in Antiochien. Seit ein oder zwei Generationen war die Stadt mehrheitlich christlich. An ihrem Lebensstil hatte sich deshalb nichts geändert. Wie zuvor als Heiden hatten die Antiochener jetzt als Christen in ihrer überwältigenden Mehrheit nichts anderes im Sinn als »tryphe«. Das heißt auf deutsch »Dolce Vita«. In die Arena, in die Bäder liefen sie, so wie heute junge deutsche Christen mit einem christlichen Silberkreuzchen im Ohr in die Disco laufen. Vor allem liefen sie ins Theater. Und lachten Tränen, wenn der junge Kaiser als »anaphroditos« verspottet wurde, weil er ohne Hetären, ohne Lustknaben, ohne Eunuchen in Antiochien angekommen war. Und bei alledem kamen sie sich fortschrittlich vor. Sie waren ja jetzt Christen. Noch heuchlerischer, noch verlogener als seine eigene Familie fand Julian die Christen Antiochiens.

Die christlichen Analphabeten aus den Dörfern im Inneren Syriens empfanden genau das gleiche wie der asketische junge Kaiser. Doch ihre Reaktion war – analphabétisme oblige – ungleich roher. Während er gegen die neuchristlich dekadente Stadt mit einem kleinen, demonstrativ ungepflegten altheidnischen Ziegenbärtchen protestierte, waren sie, hoi planetes aus der Wüste, von Kopf bis Fuß nichts als zerlumpter, schmutzstarrender, kettenklirrender Protest.

Aus dem Kopf eines wilhelminischen Gymnasiasten hätte das kaiserliche Ansinnen stammen können, der Glaubwürdigkeitskrise, die das Christentum durchmachte, seit es zur wohlfeilen Religion der vielen geworden war, mit der Restauration eines Heidentums beizukommen, das doch in Mythos und Moral noch viel jämmerlicher abgewirtschaftet hatte. Die Analphabeten aus den Dörfern Mesopotamiens dagegen reagierten nicht aus dem gebildeten Kopf, sondern aus dem proletarischen Bauch heraus. Mit einer christlichen Grassroots-Protestbewegung von plebejischer Phantasie und – bei aller Körperverachtung – von plebejischer Körperlichkeit: Freiwillig schleppten sie über die eleganten Avenuen der wendechristlichen Großstadt ein letztes Mal die Ketten des Martyriums.

Das syrische Volk verstand den Protest. Draußen auf den Dörfern waren die Kettenheiligen maßlos beliebt. Ketten galten, eine Weile jedenfalls, als das eigentliche Kennzeichen eines syrischen monachus. Sogar Frauen drängten danach, die Ketten der Märtyrer am eigenen Leib tragen zu dürfen.

Marana und Kyra waren zwei adelige Schwestern aus Beröa, einer Stadt im Inland, etwa achtzig Kilometer von Antiochien entfernt. »Mit eigenen Augen«, berichtet Theodoret, »sah ich sie Eisenmassen tragen, die selbst ein starker Mann kaum zu heben vermocht hätte.« Nicht nur um Hüften und Hals, sondern auch um Hände und Füße hatten Marana und Kyra Eisenketten geschlungen, »von solcher Last, daß es Kyra, die zart gebaut ist, bis zum Boden niederzieht und sie nicht imstande ist, den Körper aufzurichten«.

Der Anblick der beiden Büßerinnen erschütterte Theodoret so, daß er sie bat, wenigstens für den Augenblick ihres Gesprächs die Ketten abzulegen. Ihm zuliebe taten sie das willig. Doch kaum hatte der Bischof aus Cyrus ihnen den Rücken gekehrt, bürdeten sie sich ihre geliebten Ketten schon wieder auf. »So«, schreibt Theodoret, »lebten sie nicht etwa nur fünf, zehn oder fünfzehn Jahre, nein, 42 Jahre lang haben sie so gelebt.«

Winters wie sommers schutzlos unter freiem Himmel lebten diese beiden Kettenträgerinnen, allerdings am Rand der Stadt auf einem Feld, um das sie eine hohe Mauer hatten ziehen lassen, um sich vor männlicher Belästigung zu schützen. Für jene Mägde, die ihnen aus dem Palast ihrer Familie gefolgt waren, bauten sie an die Mauer ein Haus an. Auch war ein Fenster in der Mauer. Frauen aus ganz Syrien kamen jeweils zu Pfingsten zu diesem Freiluftkloster vor den Toren von Beröa gepilgert. Für ein paar Tage öffneten die beiden Asketinnen dann ihr Fenster und führten mit den Besucherinnen Gespräche von Frau zu Frau.

Manchmal geschah es, daß Marana und Kyra selber zu langen Wallfahrten aufbrachen. Einmal zum Heiligtum der heiligen Thekla in Isaurien, einmal nach Jerusalem. Staunend lief das Volk am Wegrand zusammen. Wohl gingen sie in Lumpen, die beiden hochadeligen Büßerinnen aus Beröa, doch »ohne Mißmut und ohne Jammern«. Wie andere Frauen das Geschmeide ihrer Liebhaber, so stolz trugen Marana und Kyra über ihren Lumpen, um Hals und Hüften, die Ketten des Gekreuzigten.

4. Kapitel: Von der Klause zur Säule – Simeons geniale Synthese

Roms berühmtester Stadtstreicher, der heilige Filippo Neri, wurde einmal gefragt, wie er es denn geschafft habe, ein so großer Heiliger zu werden. »Das ist ganz einfach«, gab er zur Antwort. »In meiner Nachbarschaft, gleich um die Ecke, wohnt der heilige Ignatius von Loyola mit seinen Jesuiten. Jedesmal, wenn ich etwas tun will, frage ich mich zuerst, was jetzt der heilige Ignatius täte. Und dann tue ich das Gegenteil.«

Wie im Rom der Renaissance, so im antiken Syrien. Wenn alle Heiligen wandern, kann es nicht ausbleiben, daß den heiligsten unter den Wanderern Bedenken kommen. Wie, wenn es die höchste Stufe der Askese wäre, auf das Wandern zu verzichten und zu erstarren in völliger Bewegungslosigkeit? »Inklusen« wurden sie auf lateinisch genannt, manchmal auch »Reklusen«, wörtlich »Eingeschlossene«, weil sie sich in einem möglichst engen Raum selber einschlossen. Simeon selber hat, nach seinem Ausbruch aus dem Kloster, drei Jahre lang am Dorfrand von Telneschin als »Inkluse« in einem solchen Büßergehäuse gelebt, das auf griechisch meist »oikiskos« genannt wurde, das heißt ganz einfach »Häuslein«. Es handelt sich um jene spitzkegeligen »Bienenkorbhäuser«, wie sie noch heute in der Gegend von Aleppo zu sehen sind. Diese Lehmhütten haben eine Tür, aber keine Fenster. Es genügte also, die Tür zuzumauern und der Inkluse saß in seinem finsterdunklen oikiskos wie Antonius in seinem Grab.

Wie Antonius in seinem Grab? Daß ein ägyptisches Hypogäum eine verhältnismäßig geräumige Felswohnung mit mehreren Zimmern war, wußten die Syrer so wenig wie jene italienischen Freskenmaler des Mittelalters, die glaubten, der Ur-Inkluse Antonius sei in einen Sarg gestiegen.

Je enger jedenfalls, desto heiliger, fanden die Syrer. Besonders eng wurde es dem heiligen Markanius, als er zu all seinen Ketten hinzu auch noch auf den Gedanken kam, Inkluse zu werden. Er war ja, wie wir wissen, nicht nur der schönste, sondern auch »der größte Mann« von ganz Syrien. Dieser Hüne kauerte jetzt in einem oikiskos: »Aufrecht stehen konnte er nicht, da die Decke ihm Kopf und Nacken beugte, ausgestreckt liegen konnte er auch nicht, da die Länge des Häuschens nicht der seines Körpers entsprach.« Davon war Markanius, als echter Inkluse, begeistert.

Blieb das Problem der Versorgung. Gelöst wurde es meist, wie bei Simeon in Telneschin, durch eine möglichst enge Durchreiche in der Form einer Schnecke. Asketischer Vorteil: So konnte die Welt den Einsiedler nicht sehen, und er selber sah nichts von der Welt. Zur Entsorgung irdischer Reste hatten die syrischen oikiskoi einen »sakkos«, das heißt eine einfache Jaucherinne nach draußen, ähnlich wie früher bei uns die Ställe.

Anders als die Wandermönche hatten die syrischen Inklusen einen ausgezeichneten Leumund im Ausland. In Ägypten vor allem, weil sie sich auf Antonius im Grab beriefen. Aber auch die westliche Christenheit wußte die Vorzüge des Inklusentums sofort hoch zu preisen. Muß man Benediktiner sein, um zu erkennen, daß ein Mönch, der sich selber einsperrt, leichter zu kontrollieren ist als ein Mönch, der wild über alle Berge zieht? Auch tiefenpsychologisch kam der östliche Drang, sich selber in ein heiliges Grab einzuschließen, dem westlichen Drang, sitzen zu bleiben auf einem »heiligen Stuhl«, in auffälliger Weise nahe.

So wurden die Inklusen im 6. Jahrhundert in Europa, in Gallien vor allem, große Mode. Noch im hohen Mittelalter gab es in manchen deutschen Städten Büßerinnen, die sich in die Stadtmauer einmauern ließen. Auch für diese »Klausnerinnen« blieb Antonius in seinem Grab bei Kome das Vorbild, und die feierlichen Gebete, mit denen sie bei der Einschließung geweiht wurden, ahmten den Begräbnisritus nach.

Beliebter noch als im Ausland waren die syrischen Inklusen daheim. Auf dem Dorf. So einen lebendigen Heiligen fest eingemauert zu haben, am Rande des Dorfes oder, besser noch, mitten im Dorf, begeisterte die Syrer. Mit seinem spektakulären Büßertum tilgte der Inkluse die – vermutlich ebenso spektakulären – Sünden des Dorfes und sorgte so für den Segen des Himmels, das heißt, nach der ganz physischen Vorstellung, die antike Bauern vom Himmel hatten, für gutes Wetter.

Wichtiger noch war der sichere, konkurrenzlose Vorausbesitz der künftigen Reliquien des Dorfheiligen. Jedesmal, wenn irgendwo weit draußen in der Einöde ein Wüstenvater starb, brachen aus den entferntesten Dörfern bewaffnete christliche Banden, oft auch heidnische Araberstämme auf, um sich die segenbringenden Reliquien vor den andern zu sichern. Eingemauert mitten im Dorf saß dagegen der künftige Dorfpatron schon zu Lebzeiten, mit all seinen kostbaren Knochen, in seinem lichtlosen Schrein wie in einem sicheren Safe.

Wie sicher?

In Kapersana, einem Fischerdorf am östlichen Ufer des Euphrat, war der heilige Salamanes zur Welt gekommen. Heilig geworden war er aber im Fischerdorf vis-à-vis, am westlichen Ufer des Euphrat. Dort hatte er sich einmauern lassen. Drüben in seinem Heimatdorf Kapersana am östlichen Ufer des Stroms, schwoll das böse Blut: »Das ist doch eigentlich unser Heiliger.«

In mondloser Nacht kamen sie aus Kapersana über den Euphrat gerudert, brachen blitzschnell das Büßerhäuschen des heiligen Salamanes auf und verschleppten ihn, »der sich weder widersetzte noch zustimmte«, heimwärts über den Euphrat. In einer sorgfältig nachgebauten, wir würden heute sagen: baugleichen Klause, wie er sie drüben gehabt hatte, mauerten sie ihn triumphierend wieder ein. Der heilige Salamanes sagte zu alledem als echter Heiliger kein einziges Wort.

In tiefem Schlaf lag Kapersana, als wenige Tage danach, bei Nacht und Nebel, das Retourboot aus dem vis-à-vis liegenden Fischerdorf über den Strom gerudert kam. Blitzschnell war die frech kopierte Klause demoliert, der gestohlene Inkluse aufs Boot gepackt, westwärts zurück über den Euphrat gesetzt. Noch in selbiger Nacht ward Salamanes im Triumph wieder eingemauert, drüben in seinem ursprünglichen, echten oikiskos. »Auch da kein Widerspruch. Er äußerte nicht den Willen zu bleiben noch Freude über die Rückkehr.«

Brauchte er etwas zu sagen? In beiden Dörfern, östlich und westlich vom Strom, war er gleich beliebt. An beiden Ufern tat man alles, damit er sich wohlfühlte in seinem engen, dunklen Kabüffchen. Soweit als möglich wohl. Gerstenbrei und Endivie, Hirsefladen und Lattich, all die Leckerbissen vegetarischer Kasteiung, sie kamen alle unaufgefordert an beiden Ufern des Euphrats durch die beiden baugleichen Spiralen. So karg und eng das Büßerleben eines Eingeschlossenen war, für jene Not des täglichen Lebens, die auf den syrischen Dörfern so bitter war wie auf den ägyptischen, hatte er mitten im Dorf als beliebter und geborgener Inkluse wortlos ausgesorgt.

So hätte die Geschichte der Einsiedler Syriens enden können wie die der deutschen »Klausner«: In der Spitzweg-Idylle harmloser Schrulligkeit. Aber ist es eine asketische Meisterleistung, wohlversorgt eingemauert zu sein? Peinlich spürten die syrischen Inklusen, daß sie, aller Popularität zum Trotz, im religiösen Wettstreit mit den Wandermönchen unterlagen.

Plötzlich begannen allerwärts in Syrien Inklusen die Kegeldächer ihrer winzigen Häuschen wieder abzureißen. Stolz verkündeten sie dem entgeisterten Dorf, sie seien jetzt »hypaitrioi« geworden. »Freiluft-Mönche«. Einerseits zur Buße eingeschlossen, anderseits aber doch Wind und Wetter obdachlos preisgegeben, fühlten sich die »hypaitrioi« als asketische Synthese zwischen Wandermönchen und Inklusen.

Aber ist ein »offen eingeschlossener« Mönch nicht ein Widerspruch in sich? Vom »oikiskos« übriggeblieben war ja nichts als ein rundes Mäuerchen, »thrinkion« genannt. Wer dächte nicht, beim Versuch, sich den Einsiedler in seinem thrinkion vorzustellen, an eine nette kleine runde Hotelbar? Übergroß war für den obdachlosen Inklusen die Versuchung, das heilige Schweigen, das er zuvor geübt hatte, zu brechen und, locker über die Mauer seiner abgedeckten Einsiedelei gelehnt, mit den Dörflern zu plaudern. Und mit den Dörflerinnen. Als Barman Gottes. Vor allem hinderte nichts den »Freiluft-Inklusen«, sich nachts über sein niedriges Mäuerlein zu schwingen. Die paradoxe Plage der »vagierenden Inklusen« begann, ganze Konzilien zu beschäftigen.

Allgemeines Lob erntete, unter solchen Umständen, der heilige Thaleläus. »Zwanzig Stadien vor dem lieblichen Städtchen Gabala«, berichtet Theodoret, »bezog Thaleläus einen Hügel, auf dem zuvor ein Dämonenheiligtum gestanden hatte, von den Gottlosen in alten Zeiten durch Opfer hochverehrt.« Auf diesem Hügel rammte Thaleläus drei hohe Holzstangen in den Boden. Nach Art eines Zeltgestänges verband er die drei Stangen oben durch feste Querbalken. Frei aufgehängt in diesem Gestänge sah der staunende Theodoret, als er den Hügel erklomm, von ferne schon eine Art Vogelbauer hangen. Dieser Freiluft-Käfig war aus zwei parallelen Rädern gezimmert. Rundum auf den Reifen waren diese beiden Räder durch kurze Bretter parallel miteinander fest verbunden. Eine Art waagrecht hangende Trommel also, jedoch mit der Besonderheit, daß zwischen den einzelnen Brettern Zwischenräume waren, durch die Theodoret wie durch einen Lattenrost in den Käfig hineinlugen konnte.

Er sah den heiligen Thaleläus reglos in sich zusammengekrümmt, den Kopf fest auf die Knie gepreßt. Die beiden Räder maßen nämlich im Durchmesser nur »zwei Unterarme«, also knapp einen Meter. Seit zehn Jahren schon saß Thaleläus so reglos zusammengekauert in seinem Vogelbauer. Mit dem Kinn auf den Knien las er das Evangelium. Von Zeit zu Zeit ließ er den Blick hinausschweifen in die Oliven- und die Feigenhaine, die seine Vogelbauer-Eremitage lauschig umgaben. Er schien guter Laune. Was alle im Sinn hatten, nämlich die »stabilitas loci« des Inklusentums zu verbinden mit dem Freiluftmönchtum der Wanderasketen draußen in der Natur, dem heiligen Thaleläus in seinem Vogelbauer war es vorbildlich geglückt.

Der heilige Thaleläus in seinem Freiluftkäfig
(französischer Stich, 18. Jh.)

Die nächste Stufe der Entwicklung gelang dem heiligen Baradatus. Zuerst hatte er sich auf einem Felsen hinter seiner Einsiedelei in einer Kiste eingeschlossen. »Diese Kiste war nicht ein geschlossenes Gefüge aus Brettern; die Wände waren vielmehr nach Art eines Lattenzauns gezimmert, mit recht breiten, fensterähnlichen Zwischenräumen. So bot diese Kiste weder Schutz vor strömendem Regen noch Deckung gegen sengende Hitze.«

Nachdem er zehn Jahre lang ähnlich wie Thaleläus in diesem selbstkonstruierten Vogelbauer gekauert hatte, kam Baradatus plötzlich vor den entgeisterten Augen der Bevölkerung aus seiner Kiste gekrochen. Wollte er weglaufen? Nein. Frei stellte er sich auf die Felsenspitze. Aufrecht, mit zum Himmel gereckten Armen, blieb Baradatus reglos stehen.

Die »Stasis« war erfunden, das reglose Gipfelstehen als vorläufig höchste Form der Askese. Ihrem Erfinder Baradatus scheint sie so wenig Mühe bereitet zu haben, daß er fähig war, in dieser Position auch noch als Talkshow-Star zu glänzen: »Sein Geist zeichnet sich durch großen Scharfsinn aus. Treffend sind seine Fragen und Antworten und seine Schlüsse nicht selten bündiger und zwingender als bei Leuten, welche die logischen Labyrinthe von Aristoteles studiert haben.«

Etwas von der enormen Begeisterung für das Experiment des heiligen Baradatus klingt nach in unserem Wort »Koryphäe«. »Koryphe« heißt »Gipfel«. Unbewegt auf seiner »koryphe« stehend, war Baradatus Syriens erste spirituelle Koryphäe.

Auf der Stelle wurde er kopiert. Und zwar von allen. Nicht nur Inklusen brachen aus ihren Hüttchen aus, um wie er, in freier Luft hoch über dem Dorf, als »Stationäre« reglos in den Himmel zu ragen, auch die Wandermönche, die bisher wild und frei von »koryphe« zu »koryphe« geschweift waren, blieben plötzlich, einer nach dem andern, auf einem dieser Gipfel reglos stehen.

Es muß ein eindrucksvolles Bild gewesen sein. Etwa so reglos wie heute Jesus auf dem Zuckerhut über Rio de Janeiro steht, so standen jetzt auf allen Gipfeln Syriens lebendige »Steh-Heilige«.

Um seine Versorgung brauchte sich kein Spitzenheiliger Sorgen zu machen. In hellen Scharen kam das Volk hochgelaufen zu den Gipfeln.

Diese Begeisterung war es, die dem heiligen Jakob zum Verhängnis wurde. Nicht dem älteren Jakob von Nisibis, der noch frei wie ein Vogel von Gipfel zu Gipfel schweifte, sondern jenem späteren Asketen namens Jakob, der reglos auf einem Gipfel nahe bei Cyrus stand und den wir dort bereits aus dem Schnee schaufeln mußten. »Das folgende Begebnis«, schreibt bedeutungsvoll Theodoret, »berichte ich nicht vom Hörensagen, sondern als Augenzeuge.«

»Vor vierzehn Jahren befiel ihn eine schwere Krankheit und plagte ihn wie eben einen Menschen von sterblicher Natur. Es war Hochsommer und weil die Winde ruhten und kein Lüftchen sich regte, brannte die Sonne unbarmherzig. Die Krankheit war ein Überschuß an Galle, die nach unten quälte und drängte, die Eingeweide preßte und mit aller Gewalt nach außen trieb.«

An solchen Koliken hatte Jakob wiederholt so furchtbar gelitten, daß er mehr als einmal dem Tod nahe schien. Und jedesmal kamen die Reliquienjäger aus weitem Umkreis herbeigerannt. Die Haare hatten sie dem bewußtlos Daliegenden ausgerissen. Jetzt war er wieder so schwach, daß er nicht mehr stehen konnte, sondern auf seinem Gipfel hockte, allen Blicken unbarmherzig preisgegeben.

»Da konnte ich die Seelenstärke des Mannes schauen. Aus allen Dörfern der Gegend drängten sich die Menschen um ihn in der Hoffnung, gegebenenfalls die Leiche des Helden an sich zu reißen. Er saß da in zwiefacher Not. Die Natur drängte zur Ausscheidung, die Scham, es vor so vielen Menschen tun zu müssen, zwang zu reglosem Beharren. Ich merkte das und richtete deshalb an die zusammengeströmten Menschen dringende Mahnungen, ja Drohungen. Den Befehl erteilte ich ihnen, wegzugehen. Schließlich mußte ich mit der Exkommunikation einschreiten. Aber erst am späten Abend brachte ich die Menge von der Stelle. Nicht einmal dann ließ sich der Mann Gottes von der Natur besiegen. Standhaft hielt er sich weiter zurück, bis tiefe Nacht die letzten Gaffer gezwungen hatte, nach Hause zu gehen.«

Daß die gläubigen Massen unbedingt erleben wollten, wie ein Heiliger sich erleichtert, das hat Jakob wortlos erduldet. Zudringlicher Gafferei war er gewachsen. Vielleicht hatte er sogar Verständnis dafür. Sie war ja ein physischer Exzeß. Physische Exzesse waren der syrischen Askese wesenseigen.

Etwas anderes jedoch ertrug Jakob nicht: spirituelles Geschwätz. Pilgerinnen und Pilger, in Scharen hergepilgert, wollten keinesfalls wieder heim, ohne vom heiligen Jakob »mit Gesprächen der göttlichen Weisheit bewirtet« zu werden. Bis selbst der Asket die Nerven verlor. Zwei Frauen, die ihn zur Mittagszeit mit spirituellem Geschwätz nervten, wollte Jakob mit Steinen verjagen. Im letzten Augenblick spürte er jäh, daß das eine Versuchung des Teufels war, »der mich in Verruf bringen wollte«. In hellem Entsetzen ließ Jakob die Steine wieder fallen.

Hoch oben auf seinem Gipfel wußte der Heilige nicht, was tun. Das zudringliche Geschrei und Geschwätz seiner Verehrerinnen und Verehrer störte ihn in dem einzigen, was er dem eigenen Bußeifer nicht opfern konnte. Theodoret nennt es »seine Liebe zur Einsamkeit und zum Schweigen«.

Wenn Theodoret das Wort »Liebe« verwendet, ist das ein Signal. Dann hebt er, aus hundert grotesken Histörchen, ab in den göttlichen Ernst. Nicht umsonst enden seine dreißig Porträts syrischer Asketen mit einem der großartigsten Texte der Antike: »Rede über die göttliche und heilige Liebe«.

»Io sono pazza di amore« wird Katharina von Siena sagen, die große Asketin des Westens: »Ich bin verrückt vor Liebe.« Verrückt waren auch die Asketen Syriens, vordergründig verrückt in ihren Bußübungen, wesenhaft verrückt in ihrer Liebe zu Gott. Wie vom Tonband notiert Theodoret ein Gespräch mit Jakob über die Unmöglichkeit, Gott zu lieben im Geschrei der Massen: »Von allen andern Gründen abgesehen, ist es das Eigentliche der Liebe, daß ein Mensch, dem, was er liebt, anhaftet und von nichts anderem mehr etwas wissen will. Nachts erscheint es ihm im Traum, den ganzen Tag über stellt er es sich vor. Daher der Ärger, wenn einer ständig aus der Betrachtung gerissen und gestört wird im Genuß der göttlichen Schönheit.«

Immer nach dem experimentellen Prinzip von »trial and error« hatte sich Syriens asketische Szene schrittweise entwickelt und gesteigert bis zur spektakulären Höchstleistung der Koryphäen. Doch der Erfolg war das Verhängnis. Die Massen drängten mit empor und verkehrten die göttliche Schau der Gipfel in eine »Bärg-Chilbi«, eine Bergkirmes voll glotzender Zudringlichkeit. Da half kein bußfertiges Erdulden: Wo keine Einsamkeit ist, da ist keine Schau der göttlichen Dinge. Und alle Askese war umsonst. Ratlos saß Jakob auf seinem Gipfel bei Cyrus.

Ein Größerer mußte kommen. Ein Genie des religious engineering: Simeon der Große. Fast alle Experimente der syrischen Askese hatte er persönlich erprobt. Nach seinem Ausbruch aus der klösterlichen Kaserne war er zuerst – länger wohl als seine Hagiographen wahrhaben wollen – ein religiöser Vagant. Dann hat er sich als Inkluse versucht, als Dorfheiliger im »oikiskos«. Später hat auch ihn erneut die Leidenschaft erfaßt, draußen zu sein, in Freiheit und mit Gott allein. So entwich er auf den Gipfel über dem Dorf: als Open-Air-Mönch und überdies angekettet als »Eisenträger«. Doch das Spektakel zog ein Volk von christlichen Paparazzi an. Aus war es mit der göttlichen Gipfelruhe. Noch weiter nach oben entweichen, dies schien allen gewiß, konnte keiner.

Simeon der Große, er ganz allein, konnte. »Künstlich«, schreibt der Historiker A. J. Festugière, »schuf er sich einen Gipfel über dem Gipfel, wo er endlich frei war.« Und die Menge tief unter ihm war außer sich vor christlicher Begeisterung.

War es wirklich christliche Begeisterung? Weit östlich von Simeons Säule, schon dem Euphrat zugewandt, lag die Stadt Hierapolis. Gewaltige Ruinen zeugen noch heute von der heidnischen Glorie dieser syrischen Stadt. Denn sie war dem Kult des Eros geweiht.

Aphrodite war die Göttin von Hierapolis. Auf syrisch wurde sie Atargatis genannt. Ihr zu Ehren reckte sich im Tempelhof von Hierapolis ein gewaltiger Phallus in den Himmel. 52 Meter hoch sei er gewesen, schreibt Lukian in seinem Buch »Über die syrische Göttin«. Das mag übertrieben sein. Präzis beobachtet aber wirkt Lukians folgende Schilderung über das Spektakel, wenn einmal im Jahr vor den Augen einer ungeheuren Menge ein Priester die aphroditische Säule bestieg, um dort sieben Tage zu bleiben:

»Um den Phallus und um seinen eigenen Körper legt der Mann eine weite Kette. Dann stemmt er sich mit den Füßen gegen hölzerne Sprossen, die an dem Phallus befestigt sind. Wer es nicht selber gesehen hat, der erinnere sich einfach, wie einer in Arabien, in Ägypten oder anderswo auf Palmen steigt, und er wird meine Schilderung verstehen. Oben angekommen auf dem Phallus, läßt der Priester eine zweite Kette hinunter und zieht alles hoch, was er jetzt braucht: Holz, Kleider, Behältnisse. Dies alles baut er zusammen zu einem Hochsitz, der aussieht wie ein Vogelnest.«

Wie ein Vogelbauer! »Die Masse«, schreibt Lukian, »ist überzeugt, daß dieser Mann von dieser hohen Stelle aus mit den Göttern Umgang pflegt, daß er von ihnen Glück und Reichtum für ganz Syrien erbittet und daß die Götter diese Bitte erhören, weil sie sie aus der Nähe zu hören bekommen.«

Das gesamte 19. Jahrhundert über, ja bis ins 20. Jahrhundert haben deutsche und französischen Historiker sich über diesen Text Lukians (wenn er denn von Lukian ist) gestritten. Die Deutschen, von Clausen bis Holl besessen von der protestantischen Zwangsidee, alle frühkatholische Heiligkeit sei »eigentlich heidnisch«, erklärten Simeon auf seiner Gipfelsäule bei Telanissos zu einer christlichen Kopie des Aphroditepriesters von Hierapolis. Die Franzosen, bemüht, das Erbe der katholischen Antike vor der deutschen Häme zu retten, gingen mit ungleich genauerer Forschung den Zusammenhängen nach. Hier das Ergebnis:

Als Simeon seine Säule bestieg, lag Hierapolis längst in Trümmern, der Phalluskult war erloschen, die Säule selber zerstört und –

in einem Land, wo Religion aus lauter Neuigkeiten bestand – vergessen. So vergessen, daß kein einziger von den zahlreichen christlichen Kritikern Simeons auf den Gedanken kam, dem Säulenheiligen den Vorwurf zu machen, er treibe da etwas Heidnisches.

Und doch. Es gibt so etwas wie ein Unterbewußtsein, besonders im Glauben, im Aberglauben ganz besonders. Aus den tiefsten Tiefen des syrischen Unterbewußtseins stieg die Begeisterung hoch, als mit Simeon zum ersten Mal ein christlicher Heiliger hoch auf eine Säule stieg, um dort oben, dem Himmel nahe wie in einem Vogelnest, für Syriens Reichtum zu büßen, zu beten für Syriens Glück.

Dann kamen sie alle gelaufen, die einst nach Hierapolis gelaufen waren: aus Persien, aus Arabien, aus Ägypten, aus Griechenland, aus Rom. Männer ohne Zahl, die sich aus Simeons Säule jene übernatürliche Kraft erhofften, die jeder braucht, der Aphrodites Anforderungen genügen will. So hat Simeon auf seiner Säule als erster den christlichen Traum vom »Leben mit den Engeln« wahrgemacht, wahrgemacht zugleich als letzter – coincidentia oppositorum – Aphrodites heidnischen Traum.

Tief unter ihm die uferlose Menge. Er oben auf der Säule allein. Auf seiner Säule gefangen wie ein Inkluse, doch zugleich wie ein Wandermönch in Wind und Wolken frei. Der erste Fernseh-Heilige der Menschheit: von keinem belästigt, doch in seiner Einsamkeit ein Spektakel für alle. Wer ihn mit Augen gesehen hat, schreibt Theodoret, den habe der Eindruck überwältigt, daß da oben einer jeden Augenblick die Flügel öffnen könnte, um sich mit Leib und Seele aufzuschwingen »in den Himmel«.

Wie ein Vogel »eis uranon«.

5. Kapitel: Alltag auf der Säule

Zur Zeit von Kaiser Konstantios II. (641–668), heißt es in der Chronik des Georgios Hamartolos, zog ein Sturm so wüst über das Byzantinische Reich hinweg, »daß Bäume und Einsiedlersäulen in großer Zahl umstürzten«. Einsiedlersäulen wie Bäume? Das Bild legt die Vermutung nahe, daß es im 7. Jahrhundert wahre Wälder von Säulenheiligen gab.

Wieviele es wirklich waren, ist umstritten. Fest steht, daß Simeon den Großen eine derartige Aura heroischer Einmaligkeit umgab, daß kein einziger es wagte, ihn zu seinen Lebzeiten schon zu kopieren. Nach seinem Tod allerdings, vermutet der belgische Historiker Hippolyte Deleheye, sei die Zahl der Nachahmer so zur »Legion« angeschwollen, daß, etwa vom 5. bis zum 11. Jahrhundert, der ganze christliche Osten »übersät war von Säulen, auf denen Mönche hausten«.

Für diese These spricht die Tatsache, daß in vielen Chroniken nicht nur zu Zwecken der religiösen Erbauung von Säuleneremiten die Rede ist, sondern auch in ganz alltäglichem Zusammenhang. Zum Beispiel, eben, in Wetterberichten.

So hören wir im 6. Jahrhundert von einem Säulenheiligen namens Simeon – einer von vielen, die Simeon heißen wollten –, den »vier Meilensteine vor Egea der Blitz erschlagen hat«. Vom Hagel erschlagen wurde dagegen im 9. Jahrhundert ein Säulenheiliger bei Beth-Kardagh in Mesopotamien. Auch er nicht ohne Grund. Kurz bevor die Wolken des Himmels sich zusammenballten, heißt es, habe dieser Säulenheilige es gewagt, den Bischof von Adiabene zu verulken.

Aufs höchste gefährdet waren Säulenheilige bei Erdbeben. Zum Beispiel jener namenlose Säulenheilige, der am 25. Oktober 986, nach der Chronik des Diakons Leo, »bei einem heftigen Erdbeben« samt seiner Säule ins Schwarze Meer stürzte, »von den entfesselten Wogen grausam verschlungen«.

Erdbeben, Hagel, Blitz und Sturm: alles ist vorgekommen, nur eines nicht: Niemals ist, den zeitgenössischen Berichten zufolge, ein Säulenheiliger einfach so, durch einen Fehltritt, von der Säule gestürzt. Dabei liegt doch – ein Beispiel nur – die Vermutung nahe, daß Simeon dem Großen bei seinem vierzigtägigen absoluten Fasten von Zeit zu Zeit schwindlig wurde. Warum ist er trotzdem nie von seiner Säule gestürzt?

In seiner »Orientalischen Reisebeschreibung« aus dem Jahr 1676 behauptet Franz Ferdinand von Troilo, er habe Simeons Säule noch intakt gesehen, wie sie in den Trümmern der um sie herum erbauten byzantinischen Basilika »ganz frey unter dem Himmel stehet«. Die antiken Angaben über ihre ursprüngliche Höhe weichen nur wenig voneinander ab: Mindestens 18 Meter muß sie hoch gewesen sein, nicht höher aber als zwanzig. Bis auf einen jämmerlichen Stumpf ist der eigentliche Säulenschaft inzwischen den Souvenir-Jägern zum Opfer gefallen. Doch der Sockel darunter ist noch ausmeßbar. Da die antiken Techniken des Säulenbaus bekannt sind, läßt sich aus den Maßen des Sockels und der bekannten Höhe des Schafts auch die Größe des Kapitells und somit der Plattform, auf der Simeon gestanden hat, errechnen. Sie hat mindestens vier Quadratmeter betragen.

Auf dieser geräumigen Plattform hat Simeon viele Besucher empfangen, Archimandriten, Bischöfe einen nach dem andern. Später, als die meisten Säulenheiligen zu Priestern geweiht wurden, fand die Weihe durch den Bischof auf der Säule statt. Da mußte Platz für einen Altar sein. Und Platz für den Bischof. Ein Bischof braucht immer viel Platz. Trotzdem ist keiner je heruntergefallen. Warum nicht?

Aus einer Zeit, in der Säulenheilige noch zu besichtigen waren, stammen die Miniaturen im »Menolog des heiligen Basilius« der Vatikanischen Bibliothek. Zwei der Bilder zeigen Säulenheilige, die im Kapitell ihrer Säulen etwas vertieft wie in einer Loge sitzen, rundum geschützt durch einen verblüffend deutsch wirkenden Jägerzaun. Das dritte Bild zeigt den Säulenheiligen ebenfalls vor

Stürzen wohlbewahrt in einer hölzernen Kanzel. Die berühmteste und zweifellos schönste Darstellung Simeons des Säulenheiligen, ein syrisches Reliquiar im Pariser Louvre, ist im 6. Jahrhundert entstanden. Nicht Simeon selbst, wohl aber spätere Säulenheilige muß der syrische Schöpfer dieses Reliquiars in nicht geringer Zahl mit eigenen Augen gesehen haben. Er stellt den Heiligen dar, wie er hoch auf dem Kapitell seiner Säule, von einem Drachen fürchterlich umzüngelt, friedlich, sicher und gelassen in einer Art Mastkorb sitzt.

Präziser als die Bilder geben die Texte Auskunft. Sie sprechen von einer »peribole« (»Geländer«). Bei berühmteren Säulenheiligen ist sie »xylu karyas« (»aus Nußbaumholz«). Bei weniger berühmten genügt ein »Eisengeländer um ihn herum« (»sidera perix autu«). Besonders fällt auf, daß Manuskripte in griechischer Sprache durchweg nicht vom Heiligen »auf«, sondern »in der Säule« (»endon tu stylu«) sprechen.

Was der Ausdruck »in der Säule« wirklich meint, geht am ehesten aus jenen byzantinischen Manuskripten hervor, denen zufolge auf der Säule eine »bute« saß. Das ist schlechtes Griechisch, aber gutes Kölsch: Der Heilige hat wirklich zuoberst auf der Säule in einer »Bütt« gestanden. Beim Predigen muß ihm das besonders zugute gekommen sein. Eine libanesische Ikone aus dem 17. Jahrhundert zeigt zwei Säulenheilige nebeneinander, jeden über seinem Kapitell in einer rundum geschlossenen Bütt.

In den wenigsten Fällen blieb es bei einer Bütt. Vom heiligen Alypius wird berichtet, daß er sich hoch auf seiner Säule ein Schilderhäuschen zimmern ließ, ein Häuschen also nur zum Stehen, nicht zum Liegen geeignet, oben überdacht und vorne offen. Vom heiligen Lazarus heißt es, er habe nacheinander zwei Säulenmodelle ausprobiert, ein Modell ohne Dach (»stylos astegos«) und ein Modell mit Dach (»stylos hypophorios«).

Es liegt nicht allein an der unbeschränkten Fähigkeit der griechischen Sprache zu Wortschöpfungen, wenn häufig zusammengesetzte Begriffe wie »enkleisterios stylos« auftauchen. Das heißt etwa »Häuschensäule« oder »Säuleneinsiedelei«. Franz Ferdinand von Troilo ließ sich im 17. Jahrhundert am Fuß der Säule Simeons des Großen von den Einheimischen folgendes erzählen: »Er hat ihm eine Hütten, wie ein Gebauer, darauf erbauet, und zwar so enge, daß er kaum sich darinnen hat rühren können, und hat daselbst Gott viel Jahre lang gleichsam in der Luft zu dienen sich beflissen.«

Für Simeon den Großen selber stimmt das gewiß nicht. Übereinstimmend heben alle Augenzeugen hervor, daß er 38 Jahre lang auf seiner Säule frei in Wind und Wetter stand. Was die arabischen Reiseführer des Freiherrn von Troilo in Erinnerung bewahrt hatten, war wohl die etwas weniger heroische Lebensweise von Simeons Nachfolgern in späteren Jahrhunderten. Hoch auf ihren Säulen haben sich die meisten in einer zwar engen, aber hübschen Eremitage mit Törchen, Fensterchen und, wenn möglich, Nußbaumgeländer ein wohnliches Nest bereitet. Im Grunde der alte »oikiskos«, das selbstgebastelte Einsiedlerhäuschen, jetzt freilich als Vogelhäuschen hoch auf der Säule. Ein Jahrhundert nach Simeon galt es jedenfalls in Antiochien als asketische Sensation, daß ein junger Stylit kein Häuschen auf seiner Säule haben wollte, sondern sich auf seiner Plattform oben mit einem schlichten »Zelt aus Schafpelzen« begnügte.

Von größter Wichtigkeit war die Leiter. Antike Säulen kannten noch keine Aufgänge im Innern. Wer Simeon den Großen besuchen wollte, und war er auch Bischof, mußte auf schwindliger, schwankender Leiter, Sprosse für Sprosse, zwanzig Meter durch die Lüfte klettern. Vor aller Augen. Auch wenn Bischöfe damals jünger waren als heute, bleibt es doch erstaunlich, daß nirgendwo von einem tragischen Unfall die Rede ist. Im Bau von Leitern war die antike Technik nämlich weniger fortgeschritten als im Bau von Säulen, und es wird vermutet, daß Simeon sich allein deshalb mit etwa zwanzig Meter Säulenhöhe begnügt hat, weil es nicht möglich war, eine längere Leiter stabil zu bauen.

Es sei denn, man hätte die Leiter fest mit der Säule verbunden.

Aber dazu hat kein Säulenheiliger sich bereit gefunden. Über ihren praktischen Zweck hinaus war die Leiter das eindrückliche Symbol jener ganz neuen Souveränität und Freiheit von Belästigungen, die Simeon sich als erster mit dem Säulenbau verschafft hat. Auch in späteren Chroniken ist es stets ein Moment erwartungsvoller Spannung, wenn ein Säulenheiliger den Befehl erteilt, die Leiter an die Säule anzulegen – oder auch nicht.

War die Leiter gnädigst angestellt, so gab es an ihrem Fuß meist lange Warteschlangen. Das lag daran, daß der Säulenheilige auf dem syrischen Land eine ähnliche Rolle spielte wie heute noch der indische Dorfguru: Die Leute suchten seinen Beistand in sehr persönlichen Nöten. Das aber sind zumeist Nöte finanzieller oder sexueller Art. Um so wichtiger war es, die Leiter hochzusteigen, um auf der allerobersten Sprosse dann das intime Gebetsanliegen dem Säulenheiligen möglichst leise ins Ohr zu flüstern.

Wo so gern geflüstert wird, ist wohl auch gelegentlich zuviel geflüstert worden. Betrüblich oft ist die Rede von Frauen, die nicht davor zurückschreckten, die Leiter hochzuklettern, um dem ahnungslosen Säulenheiligen jene Sorte Komplimente ins Ohr zu flüstern, für die der heilige Antonius von Padua im Beichtstuhl nicht mehr übrig hatte als ein unwilliges »Fahre fort, meine Tochter, ich höre schon«. Von einer Frau müssen wir hören, die sich sogar als Soldat verkleidet hat, um den heiligen Simeon näher kennenzulernen. Bei einem anderen Säulenheiligen ist die Rede von einer frommen Verehrerin, die seinen Beistand suchte, »jedoch sah, daß das Fensterchen zu war«. Der heilige Lazarus wurde von einer aus Ephesus hergereisten Verehrerin wiederholt so belästigt, daß er seine erste noch recht niedrige Säule im Schutz der Nacht heimlich verließ, um sich weiter oben im Gebirge auf einer sehr viel höheren Säule in Sicherheit zu bringen. Schließlich mußten die Behörden einschreiten. Nach den sogenannten Konstitutionen des Nikophorus (gestorben 815) werden Frauen, die es wagen, die Leiter hochzusteigen, um einen Einsiedler sexuell zu belästigen, mit fünf Jahren öffentlicher Schande bestraft.

Bei soviel weiblichem Interesse für die einsamen Männer auf der Säule mag es verwundern, daß Frauen selber nur selten das Büßerleben auf der Säule gewählt haben. Auf einem Grabstein aus der Landschaft Pontus an der heute türkischen Schwarzmeerküste wird an eine Maia oder Maria »asketria stylitesse« (»Säulenasketin«) erinnert. Mehr wissen wir nicht über sie. Von einer andern Stylitesse heißt es in der »Vita Sancti Lazari«, sie sei »auf der Säule eingeschlossen« gewesen, habe aber, als besondere Form der Buße, ihre Beine über den Rand des Kapitells herabbaumeln lassen. Auch über sie erfahren wir nicht mehr als diese Sonderbarkeit.

Der einzige etwas ausführlicher bezeugte Fall einer weiblichen Säulenheiligen stammt erst aus dem 10. Jahrhundert. Am Ölberg in Jerusalem, schreibt Epiphanios, lebe, streng geleitet von einem männlichen Säulenheiligen, eine Kolonie von hundert Stylitessen. Nach der vatikanischen Version seiner Chronik müssen die hundert Frauen auf hundert niedrigen Säulen gelebt haben, jede in einem kleinen Häuschen, dicht nebeneinander, überragt jedoch von einer viel höheren Säule, von der herab der geistliche Säulenherr seine hundert Säulenfrauen von Zeit zu Zeit »bepredigte« (»synomilon autas«).

Kein überzeugendes Beispiel für Gleichberechtigung auf der Säule. Schon die »Koryphäen«, die Gipfelsteher, aus denen sich die Säulenheiligen entwickelt haben, waren ja eine ausschließlich männliche Institution. Die Koliken des heiligen Jakob sind ein Exempel dafür, wie unerträglich die schamlose Zudringlichkeit der Menge selbst für Männer war; für Frauen wäre sie die Hölle gewesen. Das ist der naheliegende Grund, warum es kaum Frauen gab, die sich hoch oben auf einer Säule einsam und allein den Gaffern bei Tage auszusetzen wagten. Und dem Übermut der Kletterer bei Nacht.

Warum aber haben so viele Frauen das Risiko öffentlicher Schande nicht gescheut, um zu ihrem angebeteten Säulenheiligen hinaufzuklettern? Leichter und vernünftiger, menschlich normaler und gewiß charmanter wäre es doch gewesen, wenn er zu ihr hinabgestiegen wäre. Oder nicht?

Doch das war ausgeschlossen. So rege der Publikumsverkehr die Leiter hinauf war, niemand, weder Frau noch Bischof, konnte einen Säulenheiligen dazu bewegen, die Leiter herunterzukommen. Verhältnismäßig spät im Leben, als sie schon jahrelang auf der Säule standen, sind die meisten Säulenheiligen zu Priestern geweiht worden. Zu diesem Sakrament gehört unverzichtbar, daß der Bischof dem Weihling die Hände auflegt. Bei einem Säulenheiligen bedeutete das, daß der Bischof die Leiter hinaufmußte. Nicht jeder Bischof ist schwindelfrei. So gab es Bischöfe, die sich vor der Handauflegung auf der Säule drücken wollten und Säulenheilige im stark abgekürzten Verfahren weihten, durch bloßen Zuruf von unten: »Du bist Priester in Ewigkeit nach der Ordnung des Melchisedech!« Nach über einem Jahrhundert erregter Diskussionen faßte im Jahr 532 eine Synode jakobitischer Bischöfe den endgültigen Beschluß, derartige Tele-Priesterweihen für Säulenheilige seien eine »verbotene und völlig regelwidrige Sache«. Ob schwindelfrei oder nicht, der Bischof mußte hinauf. Eins wurde gar nicht erst ins Auge gefaßt: daß der Säulenheilige wenigstens für seine Priesterweihe, dem Bischof zuliebe, herunterkommen könnte.

Zu den Albträumen der vatikanischen Riten-Kongregation gehört bis heute die Frage, was alles an Unfällen passieren kann, nachdem der Priester in der heiligen Messe Wein und Brot verwandelt hat in den Leib und das Blut Jesu Christi. Für jeden denkbaren Notfall gibt es detaillierte Anweisungen, zum Beispiel für den Fall, daß, von der Kirchendecke über dem Altar herab, eine Spinne sich an ihrem Faden in den Kelch fallen läßt: Die Spinne wird verbrannt. Kein vatikanisches Horror-Szenario aber hat je die Katastrophen ins Auge gefaßt, die beim Umgang mit dem Allerheiligsten auf der Säule drohten.

Verhältnismäßig ordentlich verlief die Kommunion der Gläubigen am Schluß einer Messe, die der Säulenheilige hoch oben las. In geduldiger Schlange warteten Jünger und Pilger, bis einer nach dem andern die Leiter hinaufdurfte, um, angeklammert auf der obersten Sprosse, das Sakrament zu empfangen. Wie aber, wenn nicht der

Säulenheilige die Messe las, sondern, wie es häufig geschah, ein Priester oder Bischof, von Pilgern umringt, am Fuß der Säule?

Klar war, daß der Säulenheilige als erster kommunizieren mußte. Klar war ebenfalls, daß der zelebrierende Priester nicht mit den heiligen Geräten in Händen die Leiter hinaufsteigen konnte. Es war ja damals noch üblich, unter beiden Gestalten, Brot und Wein, zu kommunizieren. Unmöglich konnte der Priester den Kelch die Leiter hinauftragen. Beide Hände brauchte er, um sich an den Sprossen festzuhalten.

Die Lösung war der Warenkorb. Auch den wöchentlichen Bedarf an Körnern und Kräutern, Fladenbrot und Wasser, hob der Säulenheilige in einem Korb am Seil nach oben. Mag es heutigen vatikanischen Riten-Experten den Atem verschlagen, so besitzen wir doch detaillierte und glaubwürdige Schilderungen, wie syrische Priester am Schluß der Messe, ganz selbstverständlich, nicht nur das Brot, sondern auch den gefüllten Kelch in diesen Korb stellten und wie der Säulenheilige dann Leib und Blut Jesu Christi durch die Lüfte hochseilte.

Daß er ein entgegenkommender Mensch war, wird glaubhaft nur von einem einzigen Säulenheiligen berichtet. Das ist der heilige Abel, »qui columnam suam inclinavit dum in ea stat et Sanctum Xenaiam amplexus est«. Das heißt auf deutsch: Auf seiner Säule beim Kloster von Quartamin bekam der heilige Abel Besuch vom heiligen Xenaias. Der alte Xenaias war jedoch viel zu gebrechlich, um noch die Leiter hinaufzusteigen. Was tun? Dem heiligen Abel kam eine Idee. Da es einerseits ausgeschlossen war, daß er zu seinem Besuch hinabstieg, da er aber anderseits ein höflicher Mensch war, wirkte er ein Wunder. Als wäre sie aus Gummi oder besser: als wäre sie eine metallene Spirale, so beugte der heilige Abel mit übernatürlicher Kraft seine steinerne Säule zur Erde nieder, umarmte den alten Xenaias und gab ihm seinen Segen. Worauf die Säule dann, gehorsam den Gesetzen der Natur, samt dem Heiligen wieder hochschnellte.

Die Frage sei nicht länger aufgeschoben nach jenem Erdenrest, den zu entsorgen für Säulenheilige besonders peinlich sein mußte. Kein Gedanke, das allzu Menschliche im selben Körbchen niederschweben zu lassen, in dem das Allerheiligste hochgeschwebt kam. Die normale Säule war ausgerüstet mit einem »lakkos tu hydatos«, einem regelrechten Abflußrohr. Mit diesem Abflußrohr war es allerdings wie mit der Leiter. Je länger das Abflußrohr, desto leidiger die Probleme.

Am meisten zu leiden hatte der heilige Lazarus. In seinem »lakkos tu hydatos« hatten sich Ameisen eingenistet. Immer mehr Ameisen. Zuerst verstopften sie den lakkos von unten nach oben. Dann drangen sie sogar auf die Plattform vor. Zum Schluß hockte Lazarus hoch oben auf seiner Säule in einem riesigen Ameisenhaufen. Er betrachtete das als eine neue Form der Askese. Eins kam ihm nicht in den Sinn: zur Erde niederzusteigen, um sein irdisches Geschäftchen in aller Ruhe zu erledigen.

Von einem berühmten deutschen Chefredakteur hieß es, daß er niemals von seinem Chefsessel aufstehe. Darauf angesprochen gab er zur Anwort: »Bei dem Konkurrenzdruck in unserem Beruf bräuchte ich nur aufs Klo zu gehen, da säße schon, bis ich zurückkäme, ein anderer auf meinem Stuhl.« Die Frage ist erlaubt, ob nicht die sagenhafte stabilitas loci, die Treue zum angestammten Platz, unbeschadet aller Heiligkeit bei orientalischen Säulenheiligen damals ein ähnlich menschliches Motiv hatte wie heute bei deutschen Chefredakteuren.

Wandermönch zu werden war für einen jungen Syrer nicht schwer gewesen. Er brauchte nur den Eltern à Dieu zu sagen, vielleicht noch ein paar Ketten zu besorgen, sich jedenfalls nicht mehr zu waschen, hinauszuziehen in die weite Wüste und sich dann, wenn er in die Jahre kam, in eine Höhle zu verkriechen. Höhlen gab es in Syriens Wüsten und Bergen viele. Schöne Höhlen mit Palmen davor. Sie kosteten nichts. Auch Inkluse werden war weder schwer noch teuer. Noch war der Orient nicht übervölkert. So ein winzigkleines Rundhüttchen aus Lehm konnte sich jeder gratis in die Landschaft bauen. Es gibt im Prinzip nichts Billigeres als den Verzicht.

Simeons geniale Erfindung aber stellte Legionen junger Syrer, die von seiner Nachfolge träumten, vor ein paradoxes Problem: Wie komme ich zu einer Säule? So wirtschaftsenthoben sich, Max Weber zum Trotz, Asketen vorkommen, mit Frömmigkeit allein ist eine Säule nicht zu bauen. Nur siegreiche Feldherren haben sich in der Antike solche Säulen leisten können. Und steinreiche Familien für ihre Grabmäler.

Nullum problema für Simeon den Großen selbst. Als ihm der geniale Einfall mit der Säule kam, war er seine geistliche Bahn bereits gelaufen, vom davongelaufenen Klosterbruder zum beliebten Dorfklausner und dann zum vielbestaunten Gipfelsteher. Auf dem spirituellen Markt seiner Tage war er der globale Star. SponsorInnen, Architekten, Ingenieure, Bauarbeiter, alle standen ihm für alle drei Säulen zur Verfügung, fachkundig, diensteifrig, aus dem Überfluß der Spenden wohlbezahlt. Einen babylonischen Turm hätte Simeon sich leisten können. Er schon. Was aber sollte der unbekannte Jüngling tun, der irgendwo, weit hinten auf dem syrischen oder anatolischen Dorf von Säulenheiligkeit träumte, von Säulenruhm?

Es kann einfach nicht stimmen, was Delehaye behauptet. Nicht die Säulenheiligen waren »Legion«, sondern die Möchtegern-Säulenheiligen. Zwischen Traum und Wirklichkeit aber standen wie ein numerus clausus die extraordinären Kosten, die diese Art der Askese von allen andern unterschied.

Eine hochinteressante Fehlinformation findet sich in der »Syrischen Vita«, einem der drei alten Berichte über Simeons Leben. Zuerst, heißt es da, habe Simeon der Große gar nicht auf einer Säule gestanden, sondern »auf einem zwei Armlängen hohen Stein«. Und das »fünf Jahre lang«.

Historiker geben der ganz anderen Darstellung Theodorets den Vorzug und halten die Sache mit dem Stein für eine Legende. Dennoch ist die Legende aufschlußreich. Dem Verfasser der Syrischen

Vita dürfte das so in die Feder geflossen sein, weil er es so vor Augen hatte. Was blieb den vielen jungen Männern, die sich, von Simeons Beispiel fasziniert, zu Säulenheiligen berufen fühlten, anderes übrig, als sich fürs erste schon mal irgendwo am Straßenrand vor dem Dorf auf einen »zwei Armlängen hohen Stein« zu stellen. Wenn's sein mußte, »fünf Jahre lang«. In der bangen Hoffnung, daß jemand kommt und guckt.

Paul von Latros war einer von Unzähligen, die sich in den Kopf gesetzt hatten, koste es, was es wolle, Säulenheiliger zu werden. Immerhin war er vorsichtig genug, sich Rat zu holen bei Athanasius, einem besonders lebenserfahrenen Asketen in seiner Nachbarschaft. Statt einer Antwort führte ihn der Alte hinaus in die anatolische Natur. Dort zeigte er ihm einen steilen Felsen. Ob der nicht genausogut sei wie eine Säule, fragte der alte Mönch den jungen Möchtegern-Säulenheiligen bedeutungsvoll. Ob so ein Fels nicht reiche?

Offenbar war dieser anatolische Felsen etwas steiler als jener syrische Felsen, auf dem der heilige Baradatus mit der Kiste experimentiert hat. Und er hatte wunderbarerweise ganz zuoberst eine Nische. Dort oben, wohlgeschützt, in der asketischen Nische auf der Ökosäule, ist Paul von Latros heilig geworden. Und sogar berühmt. Er mag als Stammvater jener Meteorenmönche gelten, die sich später auf griechischen Nadelfelsen ganze Klöster bauten. Den Titel eines Säulenheiligen, eines echten Säulenheiligen, hat allerdings auch die Ostkirche dem Paul von Latros nie zugestehen mögen.

Schlauer war der heilige Alypius. Niemand verstand so recht, warum er einsam und allein über alle Friedhöfe des Orients schweifte. Bis er nicht weit von seiner Vaterstadt Hadrianopolis fand, was sein Herz suchte: ein vorchristliches Grabmal mit hoher einladender Säule. Oben auf dem Kapitell saß freilich, in Stein gehauen, ein heidnischer Löwe. Als unerschrockener »athleta Christi« kletterte Alypius die Säule hinauf, stürzte den heidnischen Löwen vom Kapitell und stellte sich an seiner Stelle triumphierend auf die Friedhofssäule. Und wie er so auf seiner Säule saß, ein christlicher Samson, da mußte allen, die ihn sahen, sofort klar sein, daß Sankt Alypius von dieser Säule nie wieder heruntersteigen würde. In ähnlicher Weise wurden etwas später in Konstantinopel nicht nur Grabsäulen, sondern auch militärische Triumphsäulen von kletterlustigen jungen Säulenheiligen regelrecht gesquattert.

»Viele sind berufen, wenige aber auserwählt« (Matthäus 20, 16). Den vielen blieb nur eines: warten. Am Fuß einer Säule warten. Wartend hinaufblicken zu dem Auserwählten, der, langsam alternd, oben stand. Ist Warten nicht eine genuin religiöse Beschäftigung?

Es fügte sich, daß jeder Säulenheilige, weil er ja selber nicht heruntersteigen konnte, dringend angewiesen war auf einen, der an seinem Sockel aufwartete. In der Vita Lucae iunioris wird im Detail geschildert, wie dieser jüngere Lukas einem obskuren Provinz-Säulenheiligen zehn Jahre lang ganz allein aufgewartet hat. Als regelmäßige Pflichten des jungen Säulenheiligen in spe zählt das Manuskript unter anderem auf: »Holz sammeln«, »Wasser tragen«, »Kochen«, »den Tisch decken«, »die Netze flicken« und – logisch, aber doch merkwürdig für den vegetarischen Haushalt eines Säulenheiligen – »Fische fangen«.

Daß ihn sein einziger Jünger hilflos auf der Säule sitzen ließe, war eine Sorge, die sich kaum ein Säulenheiliger zu machen brauchte. Die Zahl der frommen Jünger, die zum Wartedienst am Fuß der Säule drängten, war im Gegenteil erschreckend groß.

Da war der Jüngste oder besser: der zuletzt Gekommene. Wir wollen ihn uns vorstellen, wie er pflichteifrig den »lakkos tu hydatos« von der Verstopfung durch Ameisen freikratzt. Andere sind mit Wasserkübeln unterwegs zum fernen Brunnen. Eine Gruppe schweift Holz suchend durch den nahen Wald. Einer versucht, Feuer zu machen, einer putzt für den Säulenheiligen Lattich und Endivie, einer wird für alle Linsen kochen. Ein anderer spricht den Gläubigen Geduld zu, einer nimmt die Almosen entgegen. Und einer unter den Jüngern, einer nur ist der erste. Der erste in der Hackordnung und der oberste auf der Warteliste. Stellen wir ihn uns vor, wie er von Zeit zu Zeit die Leiter hochklettert, um leise flüsternd unter vier Augen mit dem Meister das Wichtigste zu besprechen.

Bei Simeon dem Großen war das sein Lieblingsjünger Antonius. Wenn der alte Simeon in seinen letzten Jahren schwer erkrankte, legte der junge Antonius die Leiter an, setzte sich auf die oberste Sprosse und kam nicht wieder hinab, ehe denn Simeon, allen Befürchtungen zum Trotz, gesundete. Tausende von Pilgern sahen bewundernd zu, wie Antonius sich um seinen kranken Meister sorgte. Vielleicht gab es noch ein zweites Motiv, warum sich Antonius, wenn das Leben des Meisters in Gefahr war, auf die oberste Sprosse setzte und keinen anderen an sich vorbei auf die Plattform ließ.

Wichtig wurde es bei dem Gedränge, die dauerhaft am Säulensockel wartenden Jünger klar zu trennen von der Masse der nur gelegentlich in der Schlange unter der Leiter wartenden Gläubigen. In den Chroniken taucht das Wort »mandra« auf. Das heißt »Stall«. »Pferch« kann es auch heißen. Den erhaltenen Schilderungen zufolge muß es sich in den Anfängen noch nicht um Bauten gehandelt haben, sondern um ein Gemäuer, das im weiten Rund die Säule umschloß. Außerhalb dieser Mauer drängten sich die Gläubigen vor einer Art Schleuse (»prothyra«), durch die es hernach zu der Stelle ging, wo die Leiter angestellt war. Innerhalb der Mauer, stets der Leiter nahe, drängten sich die Jünger. Voller Verehrung blickten sie zum Meister empor. Voll stiller Hoffnung.

Da konnten sie lange warten. Soviel wir auch glaubhaft erfahren über die stets heldenhaften, ja oft unmenschlichen Kasteiungen der großen Säulenheiligen, eins steht fest: Lebensverkürzend hat sich Askese bei ihnen so wenig ausgewirkt wie bei den Wüstenheiligen Ägyptens. 37 Jahre hat Simeon der Große damit verbracht, auf seiner Säule fast nichts zu essen; mit dieser Diät wurde er immerhin über siebzig. Etwa fünfzig Jahre lang haben die Jünger des heiligen Agathon zu ihrem Säulenmeister aufblicken dürfen. 69 Jahre lang haben die Jünger des heiligen Alypius unter jener Friedhofssäule hoffnungsvoll gewartet, bis er endlich mit 99 herabsank in sein Grab. Jahre zuvor schon war Alypius an den Beinen gelähmt. Herunterbringen ließ er sich trotzdem nicht. In keinem einzigen Falle ist bekannt, daß Krankheit, Alter oder Gebrechen einen Säulenheiligen bewogen haben, die Säule vorzeitig einem Jüngeren zu überlassen. Gevatter Tod persönlich hat die Leiter hinaufsteigen müssen. Hoch oben auf der Säule hat er sie alle geholt.

Das endlose Warten unter der Säule bedurfte auf die Dauer der festen Organisation: Zusammen arbeiten, zusammen singen, zusammen fasten, zusammen beten, zusammen dem da oben gehorchen, zusammen heilig werden. So steigt das Wort »mandra« langsam aber stetig in der Bedeutung. Zum Schluß ist es gleichbedeutend mit »Kloster«. Und der »Archimandrit«, ursprünglich nur der »Stallmeister« über die »Stalljungen«, wird ein so verehrungswürdiger Oberer wie ein Benediktinerabt. Auch andere Wörter kommen in Gebrauch, zusammengesetzte Begriffe, die man ebensogut mit »Säulenkloster« oder mit »Klostersäule« übersetzen kann. Nicht immer ist dabei klar, ob ursprünglich ein Säulenheiliger zweiter Klasse die schützende Nähe eines Klosters gesucht hat oder ob sich das Kloster erst nachher um einen Säulenheiligen erster Klasse herum entwickelt hat.

Aufschlußreich sind die Organisationsprobleme auf dem Friedhof des heiligen Alypius. Nach anfänglich bedenklicher Unordnung hat Alypius hoch von der Säule herab seinen Friedhof geteilt: in eine Hälfte für Jünger und in eine Hälfte für Jüngerinnen. Daraus entstand eines jener Doppelklöster, wie sie auch im deutschen Mittelalter üblich waren. In der Mitte, unmittelbar am Fuß der Säule, hatte jahrelang die Mutter des Alypius ein Zelt aufgeschlagen, in dem sie nachts schlief. Tagsüber stand sie auf dem Sockel der Säule, unverwandt – stabat mater gloriosa – emporblickend zu ihrem hohen Sohn.

Ein Kloster entstand auch um die letzte der drei Säulen des heiligen Lazarus. Dabei wurde die Kirche ganz nahe an die Säule gebaut, mit einem Fenster, das Lazarus, von der Säule herüberlehnend, aufmachen konnte, sei es, um an der Messe teilzunehmen, sei es, um seine Jünger beim Psalmenbeten zu überwachen und ihre Chöre zu dirigieren. So wurde aus dem normalen Säulenjünger im Wartestand genau das, was einst der große Simeon auf keinen Fall bleiben wollte: ein namenloser Klosterbruder, dirigiert und kontrolliert, eingeordnet in lebenslang nicht endende Gemeinschaft.

Nicht alle Brüder in den Säulenklöstern haben ihr Leben damit verbracht, den lakkos tu hydatos zu fegen, Holz zu hacken oder den Warenkorb zur Säule hochzutrüllen. Es gab da auch sensiblere Naturen. Junge Männer, die spürten, daß die Zeit gekommen war, etwas Wichtigeres zu tun: Hymnen dichten auf griechisch und auf syrisch. Chroniken schreiben zum Lobpreis des großen Alten auf der Säule. Seinen Ruhm im Lande mehren und dadurch, zu gleicher Zeit, die künftige Existenz des Säulenklosters als Wallfahrtskloster sichern.

»Viele sind berufen, wenige aber auserwählt« (Matthäus 20, 16). Das klingt beängstigend. Aber warum nur? Ist es nicht die göttliche Vorsehung, die zu viele beruft? Absichtslos wird sie das nicht tun. Sind nicht die vielen Berufenen dazu da, die wenigen Auserwählten zu preisen?

Die Geschichtsschreibung beginnt. Sie singt das Lied der Sieger. Mühsam nur, aus Nebenbemerkungen, läßt sich das Schicksal der vielen erschließen, die im gnadenlosen Konkurrenzkampf um die viel zu wenigen Säulen Verlierer blieben. Ein Glück, daß wenigstens der heilige Lukas einen Chronisten hatte, der den großen Säulenheiligen von Chalzedon nicht nur während seiner lichtvollen Jahre auf der Säule, sondern auch in seinen dunkleren Lehr- und Wanderjahren mit einer Unbestechlichkeit porträtiert, die etwas ahnen läßt vom glanzlosen Schicksal der vielen, die ihr Leben damit zugebracht haben, auf eine Säule zu warten.

Ums Jahr 897 im tiefsten Anatolien geboren, versucht sich Lukas mit achtzehn als Soldat. Im Feldlager freundet er sich mit zwei anderen Soldaten an, die ihn einführen in erste asketische Übungen.

Nach der schrecklichen Niederlage des byzantinischen Heeres gegen die Bulgaren will jung Lukas dann vom Krieg nichts mehr wissen. Er wird Diener eines Säulenheiligen. Der unterweist ihn im Fasten und im Kettentragen, denkt aber nicht daran, ihm seine Säule zu überlassen. Nach sechs Jahren Warten unter der Säule läuft Lukas wieder weg, wird überraschend zum Priester geweiht und kehrt in die kaiserliche Armee zurück. Diesmal als Feldkaplan.

Als Feldkaplan gescheitert, begibt sich Lukas erneut auf Wanderschaft und pilgert zum Olymp. Nicht zum griechischen, sondern zu jenem kleinasiatischen Olymp, den die Türken noch heute »Keschisch Dagh« (»Mönchsberg«) nennen. Im Kloster zum Heiligen Zacharias fällt ihm das vielseitige Amt eines Kellermeisters zu. Aus dem dunklen Klosterkeller klettert er dann, immer noch an den Abhängen des Olymp, hinauf ins lichtvolle Geäst eines Baumes. Als fleißig betender »Dendrit« (»Baumheiliger«) erregt er Aufmerksamkeit. Um jedoch »der Versuchung des eitlen Ruhms zu entfliehen« steigt er wieder herab – und wird Schweinehirt in Lagaina.

Irgendwann, im mittleren Lebensalter schon, geht es dann wieder heimwärts mit dem Schweinehirten in re und Säulenheiligen in spe. Heim ins anatolische Dorf, wo er sich hoch oben am Bergeshang in eine dunkle Höhle vergräbt. Eine »Vielzahl von Flöhen« fällt dort über ihn her. Lukas kratzt sich so lange, bis grausige Schwären ihn wieder ans Tageslicht treiben. Er ist schon über fünfzig.

Im anatolischen Familienrat setzt sich eine Idee durch: Wenn unser Sohn keine Säule findet, warum ihm dann nicht selber eine bauen? So entsteht »im väterlichen Garten« eine etwa sechs Meter hohe Privatsäule. Auf dieser Home-Säule im väterlichen Garten steht Lukas drei Jahre lang, ohne daß sich der erhoffte Zulauf einstellt. Dafür frieren ihm im schlimmen Winter 933 die Zehen ab. In großer Not hört er eine himmlische Stimme: »Lukas, mach dich wieder auf und besteige die Säule, die im Hafen von Chalzedon deiner wartet, im Stadtteil des Eutropius.«

Wer gerne glaubt, möge glauben, daß ausgerechnet am Bosporus, an einem so prominenten Ort wie Chalzedon, eine Säule leer herumstand und darauf wartete, daß ein doch schon recht angejahrter Möchtegern-Säulenheiliger mit erfrorenen Zehen aus dem hintersten Anatolien angehumpelt kommt. Die Vermutung sei gestattet, daß der heilige Lukas, durch die vielen Wechselfälle seines Lebens hart geworden, einen anderen Säuleneremiten oder Säulenkandidaten von dieser höchst begehrenswerten Säule am Bosporus vertrieben hat. Solches oder ähnliches geschah am 11. Dezember 935.

Und es ist, als beginne erst jetzt, mit 56 Jahren, das Leben des heiligen Lukas. Hoch auf seiner Säule im Hafen von Chalzedon heilt er den Patriarchen von der Gicht, flüstert gar dem politisch ratlosen Kaiser Ratschläge ins Ohr. Für weniger prominente Pilger, die sich am Ufer drängen, zerschneidet er sein Handtuch in schmale Streifen, die dann, über Kreuz zusammengenäht, im ganzen byzantinischen Reich große Wunder wirken. Von seiner

Höhepunkt einer Karriere:
Lukas auf seiner Säule im Hafen von Chalzedon
(aus dem Menolog Basilius' II., 11. Jh.)

Säule herab erteilt der heilige Lukas fernen Verehrern die Absolution per Post.

Der Vatikan hütet übrigens eine Ikone, die vermutlich noch auf Anschauung beruht. Sie zeigt Lukas, wie er auf der Säule im Hafen von Chalzedon steht. Mit der Uferkapelle verbunden ist die Säule durch eine schmale Passerelle. Eine gewisse Ähnlichkeit mit der Freiheitsstatue im Hafen von New York ist dem Säulenheiligen von Chalzedon nicht abzusprechen. Nur daß der heilige Lukas, wie er so, von Wellen umspielt, herunterblickt von seiner byzantinischen Säule, ungleich eleganter wirkt.

Von allen im Bild festgehaltenen Säulen ist dies die weitaus schönste. Verständlich, daß der heilige Lukas sich weigerte, jemals wieder herabzusteigen. Eine unabsehbare Menschenmenge säumte klagend das Ufer, als Sankt Lukas der Ältere, über hundert Jahre alt, auf seiner Säule selig starb.

6. Kapitel: Trier ist nicht Konstantinopel

Jäh scheute das Pferd des Kaisers, stieg steil in die Luft und schleuderte Leo I., den Großen, den Herrscher von Byzanz, rücklings in den Straßenstaub. In dem entgeisterten Gefolge des Kaisers wagte keiner eine Erklärung. Doch eins wußten sie alle, die Höflinge von Byzanz: Das Pferd des Kaisers war das Orakel des Reiches. Wenn Leos Pferd auch nur wieherte, konnte das Unglück bedeuten oder Glück für Byzanz. Nun aber war das Unvorstellbare geschehen: Das frömmste aller Pferde hatte den frömmsten aller Herrscher, »Leo den Allergläubigsten«, hingeworfen in den Staub.

Gut, daß der Kaiser vorsichtig genug war, zu Pferd stets die Krone aufzusetzen. Wie einen gewöhnlichen Reiter der Helm, so hatte ihn jetzt die Krone vor schwerster Verletzung bewahrt. Zerbeult lag sie auf der Erde, die Edelsteine weithin zerstreut. Doch war er mit der Stirn am Bogen des Sattels aufgeschlagen. Bewußtlos lag der Kaiser am Boden.

Als er wieder zu sich kam, war Leo selbst der erste, der das Unglück klar zu deuten wußte: Nicht zufällig, sagte er, sei es ihm zugestoßen auf dem Ritt von Anaplus heim nach Konstantinopel. In Anaplus war er, nach seiner Gewohnheit, hochgeklettert zu Daniel dem Säulenheiligen, um dessen erleuchteten Rat ehrerbietig einzuholen. Gleich danach hatte er einen Frevel begangen. Unmittelbar unter der Säule, unter den Augen des Säulenheiligen selbst, hatte sich der Kaiser auf sein Pferd geschwungen. Nicht in böser Absicht hatte er es getan, nur aus Gedankenlosigkeit. Aber ist es nicht stets ein Frevel, wenn ein Knecht in Gegenwart seines Herrn aufs Pferd steigt, statt sich zuerst demütig zu Fuß außer Sichtweite zu begeben? Nun zürnte der Himmel dem Reich.

Im Staub neben seinem Pferd bat der Kaiser von Byzanz kniefällig um Vergebung. Und er schickte seinen Obersten Kammerherrn Kalapodios zurück, damit er Daniel anflehe um Verzeihung für den

Frevel eines Kaisers gegen einen Säulenheiligen – eines Knechts gegen seinen Herrn.

Daniel, der Rasputin unter den Säulenheiligen, hat das Licht der Welt ums Jahr 409 erblickt, wie Simeon der Große irgendwo auf dem syrischen Dorf. Meratha hieß es und lag bei Samosata. »Meratha« heißt auf deutsch »Höhle« oder »Loch«. Vor der Höhle seiner Eltern hat jung Daniel die Herde gehütet, dem heiligen Simeon gleich ein syrischer Hirtenbub. Doch als er zwölf Jahre alt war, lief Daniel Jesus gleich – Lukas 2, 43 – den Eltern davon, »ohne ein Wort zu sagen«.

»Willst du dich scheren lassen?« fragten zehn Meilen weiter die Mönche eines Klosters belustigt den kleinen Ausreißer. Daniel nickte, und so wurde er Klostermönch. Später bekam er Gelegenheit, seinen Abt zu begleiten zu einer Konferenz von Äbten, die der Erzbischof von Antiochien »in drängender kirchlicher Not« einberufen hatte. Es fügte sich, daß die Äbte in Antiochien Lust auf ein Freizeitprogramm bekamen und spontan beschlossen, die nahe Säule Simeons zu besuchen.

Unter Simeons Säule kam es dann zu einem höchst modern anmutenden Disput. Einige Äbte, heißt es, waren des Lobes voll, weil der Säulenheilige viel beitrage zur Erbauung einfacher Menschen, die nun mal Sensationen bräuchten; die meisten Klostervorsteher aber rümpften die gebildete Nase, sprachen von einem »befremdenden Spektakel« und sagten laut, dem Mann da oben fehle das Allerwichtigste: »die christliche Demut«.

Simeon reagierte mit entwaffnender Freundlichkeit. »Kommt hoch«, rief er hinab, »und schenkt mir euren Kuß.« Wörtlich fährt der zeitgenössische Bericht der »Vita Danielis« fort: »Die aber hatten Angst und wollten nicht die Leiter hinauf, der eine wegen des Alters, der andere wegen Krankheit, der dritte hatte einen wehen Fuß, und sie sagten untereinander: Wie können wir den küssen, den unsere Lippen eben noch geschmäht haben?«

Here comes Daniel. Wortlos tritt er vor. Steigt allein die Leiter empor. Empfängt allein, auf der obersten Sprosse stehend, Simeons Segen. Jung Daniel empfängt des alten Simeon verheißungsvollen Kuß.

Alsbald erging es ihm in seinem Kloster wie Simeon in Teleda: »Als er in der Askese immer weitere Fortschritte machte, konnte er den Tadel und das Lob des Abtes und der ganzen Brüderschaft nicht mehr ertragen.« Er war 37, als er aus der Gemeinschaft entwich.

Zuerst versuchte er es als einer von vielen im »Stall« unter Simeons Säule. Doch nur vierzehn Tage lang hielt er es im Gedränge der Mandra aus. Als freier Wandermönch zog er fünf Jahre lang durch alle Wüsten Syriens. Dann, in einer Vision, hat er die große strategische Idee: »Auf ins neue Jerusalem! Auf nach Byzanz!«

Auf einen zerlumpten syrischen Vaganten hatte in Byzanz keiner gewartet. Wochenlang sehen wir Daniel durch die Weltstadt Konstantinopel irren, immer nur auf der Suche nach einem, der genug Syrisch versteht, um ihm ein bißchen weiterzuhelfen. Zur Not.

Ein Immigrant kommt um, oder er macht sich nützlich. Durch Drecksarbeit. Gab es in Konstantinopel, der Stadt der tausend Kirchen, Klöster und Reliquienschreine, eine religiöse Drecksarbeit, die kein einheimischer Mönch übernehmen wollte?

Bei Anaplus, einem Vorort von Konstantinopel, war die Strömung im Bosporus gefährlich. Woran lag das? Auf der Klippe bei Anaplus stand ein verlassener Tempel. Heidnische Dämonen hausten dort und machten sich einen teuflischen Spaß, Schiffe in die Tiefe zu ziehen. Kein Christ getraute sich in diesen Tempel hinein. Daher die vielen Schiffskatastrophen vor Anaplus.

Unerschrocken Psalmen auf syrisch singend, schritt Daniel auf den byzantinischen Dämonentempel zu. Dem entsetzt zurückweichenden Volk ließ er übersetzen, er sei aus Syrien gekommen, um in dem Tempel von Anaplus mit den Dämonen zu kämpfen – als neuer Antonius, genauso siegreich wie einst der berühmte Antonius in seinem Wüstengrab bei Kome. Dann schloß der Syrer todesmutig die Tür des Tempels von Anaplus hinter sich zu.

Präziser gesagt: Er ließ die Tür einen Spaltbreit offen. Was das Volk durch diesen schmalen Spalt sah, spottete der Beschreibung: Durch die Düsternis des verlassenen Tempels kamen heulend riesenhafte Spukgestalten geflogen. »Wo bist du hergekommen, Mensch?« brüllten die Dämonen von Anaplus, »wir wohnen schon lange hier!« Steine flogen wirr durch die heidnische Dunkelheit des Tempels. Und wieder heulten die Dämonen: »Fremder, wir zerhacken dich in Stücke. Fremder, wir schleifen dich dorthin, wo wir die Schiffer ersäufen.«

Noch ausländerfeindlicher als die Dämonen waren die Mönche im benachbarten Kloster Sankt Michael. Dem Erzbischof Anatolios bestellten sie wörtlich: »Da ist ein Mensch, woher er kommt, wissen wir nicht, der hat sich in unserer Nähe eingeschlossen. Die ganze Stadt läuft ihm zu und um uns kümmert sich keiner. Sektiererisches treibt er und ist nicht richtig katholisch. Ein Syrer ist er überdies, und wir können nicht mit ihm reden.«

Ein religiöser Immigrant setzt sich durch in Konstantinopel: Wer nämlich fähig ist, Dämonen zu besiegen, der ist auch fähig, Dämonen auszutreiben. Dämonen gab es viele in Byzanz. Am meisten Dämonen gab es am kaiserlichen Hof. Eine nach der andern kamen die kaiserlichen Hofdamen und führten Daniel ihre besessenen Töchter zu. Daniel heilte sie alle, freilich in christlicher Klugheit nur durch einen winzigen Spaltbreit seiner Tempeltür.

So hat er neun Jahre lang im Tempel von Anaplus gehaust und wurde täglich berühmter. Jetzt, mit 51, galt der Syrer im ganzen Römischen Reich als »Antonius von Konstantinopel«. Doch statt mit dem Erreichten zufrieden zu sein, war Daniel erfüllt von tiefer Unruhe. Antonius? Wirklich nur Antonius?

Am 2. September 459 wurde Daniel im Tempel zu Anaplus dem irdischen Leib entrückt. Und siehe, er sah eine hohe Säule, nicht aus irdischem Marmor oder Stein, sondern eine himmlische Wolkensäule. Hoch auf dieser Wolkensäule aber stand der große Simeon: »Komm zu mir herauf!« rief er Daniel zu. Und zwei Engel in strahlenden Gewändern schwebten hernieder und hoben Daniel auf die Wolkensäule zu Simeon empor.

In aller Heimlichkeit begannen in den Weinbergen von Anaplus die Arbeiten für eine byzantinische Kopie von Simeons syrischer Säule, allerdings vorerst »nur zwei Mannslängen hoch«. »Und sie gingen in die Stadt zum Platz der Drei Kreuzchen, bestellten ein Geländer und nahmen es mit. Und sie schoben das Geländer auf die Plattform.« Dies geschah um Mitternacht. Ohne Wissen des Grundstückseigentümers. »Als es Morgen wurde, kamen die Bauern, sahen Daniel auf der Säule und erschraken. Denn es war ein ungewohnter Anblick.« Vor allen Dingen: Wo war die Baugenehmigung?

Gelanios hieß der Chef der kaiserlichen Baupolizei. Auf der Stelle ordnete er den behördlichen Abbruch der ungenehmigten Säule an. Doch als das Abrißkommando Daniel von seiner Säule zerren wollte, stieß dieser eine furchtbare Drohung aus: »Wahrlich, wahrlich ich sage euch, in wenigen Tagen kommt Kaiserin Eudokia.«

Entsetzt wichen die Knechte zurück. Entsetzt eilte Baupolizei-Chef Gelanios selber zur Säule, erteilte rückwirkend die Baugenehmigung, bat Daniel kniefällig um Verzeihung und versprach, ihm auf seine eigenen privaten Kosten noch eine zweite, viel höhere Säule zu bauen. Wenn er ihn nur nicht bei der Kaiserinwitwe verklage!

Kaiserinwitwe Eudokia ante portas! Die Ketten des heiligen Petrus hatte sie entdeckt und die Gebeine des Erzmärtyrers Stephanus. Mit einem ganzen Schiffsbauch voll Reliquien hatte sie jetzt in Nordafrika die Segel gesetzt, heimwärts nach Konstantinopel. Was alle wußten, wußte auch Gelanios: Die »christusliebende Eudokia« war eine glühende Verehrerin syrischer Säulenheiligkeit.

Konstantin der Große hatte die Hauptstadt des Römischen Reichs nach Osten, nach Konstantinopel, verlegt und im selben Zug eine neue östliche Religion, das Christentum, angenommen. Seine Mutter Helena hatte danach in Jerusalem das heilige Kreuz entdeckt und andere bislang verschollene Reliquien in legendärer

Fülle. Alles fortan Staatsreliquien, die dem neuen östlichen Reich den Schutz der neuen östlichen Religion garantieren sollten.

Quer durch den Orient ständig neue Staatsreliquien zu entdekken war seither das byzantinische Damen-Programm. Daher die Faszination, die Eudokia damals empfunden hatte, als sie unter der Säule Simeons des Großen stand. Was sie da hoch über sich sah, war eine Reliquie ganz neuer Qualität. Eine lebendige Reliquie. Eine Idee begann in ihr zu keimen. Kaiserinmutter Eudokia war gefürchtet ob ihrer Ideen.

Kaum hatte sie jetzt den kaiserlichen Fuß in Konstantinopel an Land gesetzt, ließ sich die allergläubigste Eudokia nach Anaplus kutschieren. Um Simeons gottverheißenen Nachfolger mit eigenen Augen zu bewundern. Um ihm zu huldigen, Sankt Daniel, dem Reichs- und Staatssäulenheiligen von Byzanz.

Vornehmste Aufgabe eines Reichssäulenheiligen ist ohne Zweifel, den Fortbestand der Dynastie zu sichern. Der allergläubigste Leo, in andern Dinge »der Große« genannt, hatte in dieser Hinsicht seine kleinen Schwierigkeiten. Zwischen der Jungkaiserin Verania und der Kaiserinwitwe Eudokia kam es darüber zu einem vertrauensvollen Gespräch von Frau zu Frau.

Tags darauf war in Anaplus derart hoher Besuch angesagt, daß die Leiter im voraus angestellt wurde. Und siehe, neun Monate danach gebar die Kaiserin. »Sofort«, meldet der Chronist, »sandte der Kaiser hin und ließ den Grund legen für eine dritte Säule.« Eine Super-Säule von wahrhaft kaiserlichem Format, höher noch als Simeons Säule bei Antiochien befahl der Kaiser zu bauen. Aus statischen Gründen wurde sie von den kaiserlichen Architekten als Doppelsäule konzipiert.

So wuchs, unmittelbar neben jener Säule, auf der Daniel immer noch stand, die größte Säule aller Zeiten aus den Weinbergen von Anaplus empor. Die Kaisersäule. Wer hörte schon auf die paar witzereißenden Besserwisser, die hinter vorgehaltener Hand flüsterten, es gebe so etwas wie Statik und so hoch bauen könne kein seriöser Architekt. Sie konnten das Monument byzantinischer

Frömmigkeit nicht aufhalten, die neunmalklugen Spötter. Doch als sie vollendet in den Himmel ragte, die Super-Doppelsäule von Anaplus, stellte sich den Hofarchitekten ein allerletztes Problem: Wie steigt ein Staatssäulenheiliger von einer Säule auf die andere um? Heruntersteigen – und sei es nur um umzusteigen – war, wie wir wissen, ausgeschlossen.

»Dies ist der Tag, den der Herr gemacht!« In feierlicher Prozession, an der Spitze Kaiser und Erzbischof, brach »fast die ganze Stadt Byzanz, ja sogar die Bevölkerung vom jenseitigen Ufer« auf in den Weinberg von Anaplus. Unter dem feierlich schwellenden Gesang der byzantinischen Chöre begann die Überführung des größten Säulenheiligen aller Zeiten auf die größte Säule aller Zeiten.

Gebannt sah das Volk zu, wie die kaiserlichen Gerüstebauer an den beiden nebeneinanderstehenden Säulen, der alten und der neuen, Leitern befestigten, dergestalt, daß die eine Leiter die alte Säule überragte und so den Höhenunterschied ausglich. Zwischen diese beiden Leitern bauten sie dann waagrecht eine Passerelle. Eine byzantinische Luftbrücke. Unter dem tosenden Beifall einer unabsehbaren Menge schritt der heilige Daniel beherzt über den schwindlichten Abgrund hinüber auf die Kaisersäule. Überirdisch wie ein Engel schwebte er.

Was dann geschah, schildert am besten der byzantinische Chronist mit eigenen Worten: »Es brach ein schweres Gewitter los. Und weil die Säule durch ich weiß nicht welchen Berechnungsfehler nicht gesichert war, rutschte sie durch die Gewalt der Winde auf beiden Seiten aus dem Sockel und wurde nur noch durch die Verbindungsstange in der Mitte gehalten. Und man sah diese hohe Doppelsäule mitsamt dem Heiligen hierhin und dorthin wanken. Wenn der Sturm von Süden blies, neigte sie sich auf die linke Seite, blies der Sturm von Norden, wankte sie nach rechts. Unter der losgerissenen Basis aber quoll in Strömen das Wasser hervor, denn zu den furchtbaren Winden hinzu waren Wolkenbrüche gekommen. Als jetzt Daniels Jünger eiserne Notstützen unter den Sockel schoben, zertrümmerte ein Ruck die Säule.«

Durch Gottes wunderbare Fügung blieb Daniel selber unverletzt. Dafür erteilte der Kaiser zornentbrannt den Befehl, den schuldigen Architekten auf der Stelle hinzurichten. Daniels inständige Fürbitte rettete dem Unglücklichen das Leben. Wie es danach weiterging, deutet der Chronist auffällig wortkarg an: »Der Kaiser befahl, die Säule auf ein sicheres Fundament zu stellen, und so geschah es denn auch.« Offenbar erstand aus den Ruinen ein von Grund auf sanierter Neubau, deutlich bescheidener in den Proportionen. Auf eine zweite Einweihungsfeier wurde verzichtet.

Dafür erhielt der neue Hofarchitekt einen weiteren anspruchsvollen Auftrag: In allernächster Nähe zu Daniels sanierter Säule durfte er für Kaiser Leo und Kaiserin Verania einen zweiten Palast bauen: »Dort brachte Leo fortan die meisten Tage zu. Und er wurde unzertrennlich von dem Säulenheiligen.«

Es fehlte jetzt nur noch eines. Immer wieder flüsterte Daniel es Kaiserin Verania zu. Bis Kaiser Leo den Befehl erteilte. Mit byzantinischem Gepränge wurden die Reliquien Simeons des Säulenhei-

Daniel, der Reichssäulenheilige von Byzanz
(aus dem Menolog Basilius' II., 11. Jh.)

ligen überführt von Antiochien nach Konstantinopel. In einem wunderbaren Reliquienschrein (»Martyrium«) voller Pfeiler und Wölbungen wurden sie unmittelbar unter Daniels Säule gestellt. Zur öffentlichen und feierlichen Bestätigung der Säulen-Sukzession. In rastloser Bautätigkeit entstand, rings um Reliquienschrein und Säule, ein veritabler Säulen-Vatikan.

Die gedemütigten Antiochier rächten sich, indem sie vor den Toren ihrer Stadt eine noch höhere Säule bauten. Dem Berg, auf dem die Säule stand, gaben sie einen Namen, der lange nachhallen sollte: »Oros Thaumaston«. »Zauberberg«. Auf dem Zauberberg bei Antiochien hat Simeon der Jüngere versucht, Daniels byzantinischen Ruhm zu übertreffen, indem er von seiner Säule herab am laufenden Band Tote auferweckte.

Daniel selber dagegen fand, auf der sicheren Höhe seiner Macht, zurück zu erstaunlicher Bescheidenheit. Dem Gerücht, er sei kein Mensch mehr, sondern, allen menschlichen Bedurfnissen entrückt, ein reiner Engel, trat er mit Gelächter entgegen: »Ich esse und trinke nicht viel, aber doch soviel wie zum Leben nötig ist. Denn ich bin kein Geist, sondern ein Mensch im Fleisch.« Bedeutungsvoll wies er mit dem Finger auf den »lakkos tu hydatos« an seiner Säule: »Ja, auch das muß ich. Allerdings ist mein Kot etwas anders als der Kot eines gewöhnlichen Menschen. Weil ich nur hartes Brot esse, gleicht mein Kot in der Form eher dem Kot eines Schafs.«

Im Januar 474 blies aus den Steppen Sarmatiens, das heißt: Rußlands, der Boreas so eiskalt, daß er dem Säulenheiligen das Fell vom Leib riß wie Werg. Nackt auf seiner Säule harrte Daniel unerschütterlich aus. Doch den allergläubigsten Kaiser Leo in seinem Palast raffte der Nordwind dahin.

Es war die Stunde der Finsternis. In einer wahrhaft byzantinischen Intrige riefen verbrecherische Höflinge den ruchlosen Ketzer Basiliskus zum Gegenkaiser aus.

In diesem Augenblick äußerster Not geschah das Unfaßliche: Um die katholische Kirche zu retten, stieg Gottes Stellvertreter Daniel von der Säule herab.

Muß ich lange erzählen, wie der feige Ketzerkaiser Basiliskus samt seinem verlogenen Kanzler Strategios (so hieß er wirklich) auf ein Schiff fliehen und in der Vorstadtfestung Hebdomon Schutz suchen mußte vor dem empörten Säulenheiligen und vor dem entfesselten christlichen Volk? Wie Daniels Gebet, den Trompeten von Jericho gleich, genügte, damit der Turm dieser Festung in sich zusammenstürzte? Wie Basiliskus sein Leben nur noch zu retten vermochte, indem er sich bäuchlings vor dem zur Erde herabgestiegenen Säulenheiligen im Staube wälzte? Wie Daniels eigener Favorit, der rechtgläubige Zeno und an seiner Seite Leos allerfrömmste Tochter Ariadne mit Daniels Segen zurückkehrten auf den byzantinischen Thron?

Daniels Triumphzug durch Konstantinopel aber wurde zur via dolorosa. Mühselige und Beladene ohne Zahl hatten nur eines im Sinn: ihn, den endlich Herabgestiegenen, den endlich anfaßbar Gewordenen, anzufassen. Umarmen wollten ihn Hunderttausende. Als sie ihn am Goldenen Tor zu Tode umarmen wollten, suchte er Zuflucht in einer Kirche. Jetzt begann das Volk zu rasen: »Daniel, wenn du uns verläßt, stecken wir sofort die Kirche in Brand!« Auf verzweifelten Irrwegen durch Privathäuser, über Hinterhöfe und mit Kähnen, so schafften ihn seine Jünger »in großer Not und unter schwerer Gefahr« zurück nach Anaplus und hinauf auf die rettende Säule.

Die Leitung seines Säulen-Vatikans übertrug der heilige Daniel, seiner Zeit weit voraus, einer Frau. Herais hieß sie und wurde »die ruhmwürdigste Magd Gottes« genannt. Im Byzantinischen Reich war sie eine der Reichsten. In ihrer Jugend hatte Daniel für sie, die Unfruchtbare, gebetet, und siehe, die Unfruchtbare gebar. Später, als christliche Witwe, hatte sie sich und ihr enormes Vermögen ganz in den Dienst des Säulenheiligtums von Anaplus gestellt. Daniel lernte ihre lautere Frömmigkeit schätzen. Und den nüchternen Verstand, mit dem sie Ordnung brachte in die abenteuerlichen Finanzen des Heiligtums. So war Herais herangewachsen zur Frau – nicht an seiner Seite, doch immerhin an seinem Sockel.

Jetzt vertraute er ihr die Aufgabe an, ihn wahrhaft würdig vom Himmel unter die Erde zu bringen. War ihm doch Simeon der Große im Traum erschienen und hatte ihm verheißen: »Bald wirst du bei mir sein auf der ewigen Wolkensäule.«

Als Daniel mit 84 Jahren, nach 33 Jahren und drei Monaten, seine irdische Säule segnete, erließ die ruhmwürdigste Herais den Befehl, den Leichnam vorerst auf der Plattform oben ruhen zu lassen und zur Sicherheit die Leiter zu entfernen. Der aufkeimenden Hysterie im Volk machte sie ein Ende, indem sie »eine unermeßliche Menge Öl und Gold für die Armen« auszuteilen gebot. Dann ließ sie »viele Ladungen von Holzstangen« herbeischaffen »sowie geschickte Handwerker«.

Die geschickten Handwerker bauten ein hohes Gerüst rings um die Säule bis hinauf zum Kapitell. In dieses Gerüst hinein wurde eine »schneckenförmige Treppe« gebaut, die wiederum noch oberhalb der Erde überging in einen hohen Steg bis hinein ins nahe Martyrium. So konnte der Leichnam des Heiligen von seiner Säule aus die geweihte Gruft erreichen, ohne daß auch nur die Träger jemals irdischen Staub berührten. Kaiser Anastasius selber spendete »viele tausend Kerzen«, welche die Wendeltreppe vom Kapitell bis ins Martyrium erstrahlen ließen in überirdischem Licht.

Und dann, schon wieder, eine unfaßbare Katastrophe: Im Augenblick, als die höchsten Würdenträger des Reiches den schweren Bleisarg mit Daniels heiligem Leichnam behutsam von Stufe zu Stufe die Wendeltreppe hinuntertragen wollten, stürzte das byzantinische Schneckengerüst vor den Augen Seiner Kaiserlichen Majestät, mit gewaltigem Krach alles unter sich begrabend, zusammen.

Als man dies in Rom erfuhr, war von Trauer keine Spur. Hatte man das nicht immer gewußt im christlichen Westen, daß ein heiliger Stuhl etwas unvergleichlich Solideres ist als eine heilige Säule?

Gewiß haben sich, nach dem Tod Simeons des Großen, die Säulensteher rasch durch den ganzen christlichen Orient verbreitet. Besonders dicht standen sie in Syrien und Mesopotamien, aber auch in Kleinasien und in Palästina, schließlich, nach dem heutigen

Griechenland übergreifend, in Thrazien, und weiter westlich noch auf dem Berg Athos. 1526 noch hat Sigismund Baron von Herberstein im Südwesten Rußlands ganze Kolonien von Säulenheiligen bestaunt.

So hat, auf den ersten Blick, das Prinzip Säule mit dem Prinzip Mauer etwas gemein: Es hat eine ursprünglich nur lokale Form der Askese, diesmal die syrische, weit über die Grenzen des Landes hinaus exportfähig gemacht. Um so mehr fällt, auf den zweiten Blick, der Unterschied ins Auge: Ausgerechnet in jene christliche Stadt, in der heute noch die weitaus meisten antiken Säulen stehen, ist nie ein Säulenheiliger vorgedrungen. Nicht einen einzigen Säulenheiligen gab es in Rom.

Bezeugt ist, daß fromme Römerinnen und Römer ihr christliches Heim oder ihre christliche Werkstatt mit Bildchen von syrischen Säulenheiligen schützten. Und in der Vita Simeonis iunioris heißt es, nicht nur Griechen und Barbaren, sondern sogar »hoi Romaioi« seien zu dem Wunderknaben auf dem Zauberberg bei Antiochien in Scharen hingepilgert. Doch es blieb beim Devotionalienhandel und beim Tourismus. Rom, die Stadt der Synthese zwischen östlichem Mysterium und westlicher Vernunft, hat sich fast alles zu eigen gemacht, was an asketischen Innovationen aus Ägypten und aus Syrien kam. Nicht die Säulenheiligen. Wie hoch sie auch standen, sie standen jenseits der äußersten Grenze dessen, was an östlicher Ekstase integrierbar war in die lateinische Nüchternheit. Während das pachomianische Kasernenmodell zur religiösen »Regel« des Westens wird, hat es in ganz Italien, in Iberien, in Gallien, in Germanien nie einen einzigen Säulenheiligen gegeben.

Wirklich keinen?

Ums Jahr 565 herrschte im bischöflichen Palast zu Trier helle Aufregung. Ausgerechnet da, wo sonst nie etwas los war, hieß es, sei etwas Ungeheuerliches im Gang: Weit hinten in den Ardennen sei ein Zauberberg nach syrischem Modell im Entstehen. Ein echter Zauberberg mit einem echten Säulenheiligen im Bistum Trier! Aus Tours sei er gekommen, hieß es weiter, Wulflaicus nenne er sich und sei vermutlich Lombarde. Jedenfalls handle es sich um einen leibhaftigen Säulenheiligen. Ohne den zuständigen Bischof von Trier um Erlaubnis zu fragen, habe dieser Wulflaicus sich einfach so, mitten in den Ardennen, mitten im Winter, auf eine Säule gestellt. Und das Volk, wohlgemerkt: das ungetaufte Hinterwäldlervolk, laufe aus Eifel und Ardennen in hellen Scharen herzu.

In jähem Zorn gab Bischof Magnerich den Befehl, sein Roß zu satteln.

Eben erst war er Bischof von Trier geworden. Dank seiner engen Verbindungen zum merowingischen Königshaus – Magnerich war der Taufpate Theoberts II. – stand er im Begriff, einer der mächtigsten Kirchenfürsten im Frankenreich zu werden. Wenn jetzt jeder hergelaufene Wandermönch einfach so daherkommen und, ohne ihn zu fragen, im Bistum Trier zum Säulenheiligen aufsteigen konnte, dann, das sah Bischof Magnerich klar, würde er bald selber so demütig unter der Säule knien müssen wie der Kaiser in Konstantinopel. Er und knien vor einem Säulenheiligen? Auf der alten Heeresstraße von Trier nach Reims gab Bischof Magnerich seinem Roß die Sporen.

Etwa da, wo heute an der belgischen Grenze das französische Städtchen Carignan liegt, bog Magnerich auf ein diverticulum, eine römische Nebenstraße, ab. Der Verkehr auf dem diverticulum war so lebhaft, daß sich der Bischof nur mit Mühe einen Weg bahnen konnte. Dann stand er vor dem skandalösen Spektakel: Auf einer heidnischen Säule, die zuvor der Jagdgöttin Diana gewidmet war, stand, unglaublich aber wahr, der heilige Wulflaicus.

Was tat er da? Das hat Wulflaicus selber, zwanzig Jahre später, dem Historiker der Franken, Gregor von Tours, folgendermaßen erzählt: Ursprünglich sei er Wandermönch gewesen. Von Tours kommend sei er durch die Ardennen gewandert bis hoch zu jenem »Zauberberg«, auf dem das schnöde Heidenvolk aus Eifel und Ardennen zur Jagdgöttin Arduina alias Diana um Segen bei der Wildschweinjagd flehte. Wichtig zu wissen: Seit alters hat Diana die schönsten Wunder gewirkt, wenn man sie auf einer Säule verehrte.

Und jetzt die große Idee des Wandermönchs Wulflaicus. Wie, wenn er sich selber an Dianas Statt auf jene Säule stellen würde? Er, Wulflaicus, als neuer christlicher Patron der Wildschweinjagd in Eifel und Ardennen?

Auf Dianas Säule habe er gestanden, als der Winter hereinbrach. Der nordische Winter in Eifel und Ardennen. Wulflaicus wörtlich zu Gregor von Tours: »So eiskalt wehte der Nordwind um meine bloßen Füße, daß mir die Zehen erfroren und die Nägel abfielen. Eiszapfen so lang wie Altarkerzen hingen hinab von meinem Bart.«

Aber hatten nicht der heilige Daniel in seinem byzantinischen Weinberg, der heilige Jakob auf seiner syrischen Bergspitze ähnlich eisige Martern siegreich erlitten? Wulflaicus beschloß auszuharren. Aus dem ganzen Bistum Trier lief das staunende Volk auf den alten Zauberberg der Diana, um das neue Wunder eines christlichen Eiszapfen- und Wildschwein-Heiligen auf der Säule zu bestaunen.

In heiligem Grimm bahnte sich Bischof Magnerich einen Weg durch jene heidnische Menge, die vermutlich – nach alter Heidenvätersitte – an heiligem Ort wild betrunken war. Was der Trierer Oberhirte dann, unter der Säule angelangt, zu dem erstarrten Eisheiligen hinaufschrie, davon überliefert Gregor von Tours einige Kernsätze in direkter Rede: »Ignobilis! Du Tölpel! Hältst du dich für den heiligen Simeon?« Und weiter: »Was Simeon getan hat, war einmalig, es ist nichts für einen wie dich. Es gehört in den Osten, mit unserem Wetter und mit unseren Sitten hier im Westen paßt es nicht zusammen.« Zum Schluß ein bischöfliches Machtwort: »Mach, daß du herunterkommst, und geh ins Kloster!«

»Unter Tränen«, schreibt Gregor von Tours, habe Wulflaicus sich noch nach zwanzig Jahren an das herrische Gebrüll des Bischofs von Trier erinnert. Doch gezögert habe er nicht lang: »Ich hatte Angst«, sagte Wulflaicus zu Gregor, »daß man mich des Verbrechens bezichtigen könnte, einem Bischof den Gehorsam verweigert zu haben. So kam ich herunter, ging mit und ließ mich bewirten.«

Das war sein größter Fehler. Während der ahnungslose Wulflaicus sich beim bischöflichen Gelage aufwärmen ließ, schickte Magnerich seine Knechte zurück und ließ die Säule nicht nur umstürzen, sondern gleich noch die Trümmer »mit Brecheisen, Sägen und Hämmern« in kleinste Stücke hacken. Wulflaicus zu Gregor von Tours: »Als ich am folgenden Morgen zurückkam, sah ich, daß alles zerstört war. Bitter habe ich geweint. Wieder aufbauen aber wollte ich meine Säule nicht, aus Angst, mich am Gehorsam gegen den Bischof zu versündigen.« Patron der christlichen Wildschweinjagd in Eifel und Ardennen aber wurde bald danach an Stelle des abenteuerlichen Säulenheiligen Wulflaicus ein ordentlicher, braver Bischof und Familienvater: der heilige Hubertus.

So endet in den Wäldern hinter Trier die Geschichte vom einzigen Säulenheiligen des Westens. Mit Lukans Worten gesagt: »Etiam periere ruinae«.

»Es bleiben nicht einmal Trümmer.«

Nachwort: Wir Wüstenväter

Gescheitert in den Wäldern hinter Trier – so enden die Darstellungen der Wüstenväter-Geschichte im allgemeinen nicht. Üblich ist jene glorreiche Perspektive, die ich einmal in einer italienischen Abtei als Wandbild hangen sah:

Ein gewaltiger Baum. Die Wüstenväter als tiefe, knorrige Wurzeln. Dann der unerschütterliche Stamm des benediktinischen Mönchtums. Darüber, weitverzweigt bis ins sattgrüne Laub, alle großen Schulen westlicher Spiritualität. Von Franz von Assisi bis zu Theresia von Avila die halbe europäische Kultur. Alles fruchtbar erwachsen und erblüht aus der »Weisheit der Wüste«.

Mir sagt die Torheit der Wüstenväter mehr. Und ihr frühes Scheitern. In der Verwahrlosung gescheitert sind die frühen Eremiten um Antonius. Im Militarismus gescheitert ist Pachomius. In der byzantinischen Groteske gescheitert sind die Jünger Simeons. Aber spricht das gegen sie?

Gescheiterten Experimente verdanken Wissenschaft und Wirtschaft allen Fortschritt. Warum soll ausgerechnet in den göttlichen Dingen, die doch ganz ungewiß sind, nichts anderes gelten als die zwangsneurotische Erwartung des Fehlerfreien? Warum soll ein moderner Mensch nicht, um »zu sich selbst zu kommen«, so viele Experimente wagen dürfen wie ein frühkatholischer Wandermönch?

Wie in der Religion, so in der Sexualität. Darf Männlichkeit wirklich nur bestehen im ach so bemühten Streben nach »echter Partnerschaft«? Warum nicht Männlichkeit experimentell? Männlichkeit als Freiheit und als Abenteuer? »Fliehe den Bischof und die Frau!«

Das beste an den Experimenten der Wüstenväter ist, daß sie historisch weit von uns entfernt sind. Zwanghaft kopieren können wir sie gar nicht mehr, dafür haben sich die Lebensumstände zu sehr verändert. Um so anregender ist das antike Abenteuer für das freie Spiel moderner Lebensphantasie.

Eine Prognose: Die Zukunft gehört dem Modell Simeon. Der Papst bei uns oder die großen protestantischen Fernseh-Prediger in Amerika sind als TV-Kultfiguren vermutlich nur die Vorläufer einer kommenden Generation von gigantischen Medienheiligen, unter deren elektronischen Säulen sich, wie einst unter Simeons Säule, ein »Ozean von Menschen« drängen wird. Einsamkeit eines Stars als Spektakel für alle. Das ist, vermutlich, das Zukunftsmodell.

Persönlich halte ich es mit dem Archetyp Antonius: Alleinsein als ungezähmtes Abenteuer, Religion als elementare Begegnung mit einem Älteren, der im sokratischen Umgang mit sich selbst etwas mehr Erfahrung hat als ich. Hätte jeder von uns gelegentlich in seiner Nähe einen »Abba«, einen etwas erfahreneren Menschen, der kolossale Betreuungsbetrieb der christlichen Kirchen wäre so überflüssig wie der uferlose Jahrmarkt esoterischer Sinntiefe.

Mir selber hat es genügt, ein einziges Mal einem solchen Abba zu begegnen. Ein alter Franzose war das, ein Mitbruder im Dominikanerorden, über achtzig schon. Da mir sein gallischer Schädel gefiel, trat ich an ihn heran.

Wäre ich ein junger Ägypter des 3. Jahrhunderts gewesen, so hätte ich nur gesagt: »Abba, gib mir ein Wort!« Da ich aber ein junger Europäer des 20. Jahrhunderts war, begann ich, ihm meine »religiösen Probleme« zu erzählen. Mit spürbarem Verdruß hörte mir der Alte zu. Schließlich unterbrach er mich: »Du bist einer, der wenig kann und wenig weiß. Mach es deshalb wie ein Handwerker, der wenig kann und wenig weiß. Beschränke dich auf das Allereinfachste und auf das ganz Elementare.«

In der Nachfolge der Wüstenväter beschränke ich mich auf das Allereinfachste und ganz Elementare: Ich versuche, Antonius von Ägypten nachzufolgen in die gleiche Landschaft und in den gleichen Tod.

Die klassischen Wüsten Ägyptens sind heute, bis auf erbärmliche Reste, zerstört. Auch der sakrale Betrieb in den koptischen Klöstern ist, freundlich gesagt, meine Sache nicht. Aber warum denn nach Ägypten?

Großartig sind die modernen Möglichkeiten, den Wüstenvätern nachzufolgen ins landschaftliche Erlebnis der Gottheit. In der Sahara und in Namibien, in Arizona, in Alaska, in Australien, in Tibet habe ich fast alle Wüsten der Erde so erlebt wie Charles de Foucauld: »Ich kann nicht hinsehen, ohne Gott anzubeten.«

In sommerlichen Nächten lege ich mich daheim aufs flache Dach meines Hauses und schaue hinauf in die grenzenlose Weite des Himmels. Mit Augen. Wie Antonius, wenn er vor seiner Höhle über dem Roten Meer saß. »Mir genügt die Physis der geschaffenen Dinge« (Antonius). Ganz physisch ist der Himmel ein Schauspiel Gottes. Er ist maßlos schön.

Allerdings bin ich nicht der einzige, dem in der lebenslangen Beschäftigung mit Antonius ein Verdacht gekommen ist. War er wirklich »der Große«? Wie, wenn wir die wirklich Großen unter den Wüstenvätern gar nicht kennten?

Noch war der Orient, verglichen mit heute, wenig bevölkert, die Wüste unerforscht und grenzenlos. Wer wirklich wollte, konnte ganz verschwinden. Ohne Knäckebrot-Spuren. Ohne Fan-Gemeinde. Ohne als »der Große« gefeiert zu werden. Er konnte leben, wie Antonius gestorben ist.

Im Land des denkbar größten Totenkultes, im Ägypten der Mumien und der Pyramiden, stirbt Antonius als erster, spurlos und anonym, den modernen Tod.

Unter vielen Milliarden Mitmenschen *müssen* wir heute so sterben: Wir verschwinden spurlos und anonym. Antonius ist uns vorausgegangen ins Namenlose und Unbekannte, nicht bedrückt und verzweifelt, sondern freiwillig, bewußt und gelassen.

Persönlich stärker bewegt als die große »Vita Antonii« des Athanasius hat mich deshalb die kleine Geschichte einer Nonne, die Palladius in der Historia Lausiaca erzählt:

In einem der beiden Frauenklöster des Pachomius, Tabennesi gegenüber am andern Ufer des Nils, lebte »eine Nonne, die Torheit und Besessenheit vorgab«. Nur die gemeinsten Arbeiten durfte sie verrichten und nicht mit den anderen zusammen essen. Nach den

Mahlzeiten gehörte es zu den Vergnügungen der anderen Nonnen, »über die Spinnerin das Spülwasser auszugießen«. Doch der Eremit Piterum erkannte, daß dies die einzige Heilige in jenem Kloster sei. Er ging hin und fiel ihr zu Füßen: »Segne mich!«

Jene aber ertrug diese Ehrung nicht. Wenige Tage später verließ sie das Kloster. »Wohin sie gegangen ist«, schließt Palladius, »wo sie sich versteckt hat, und welches ihr Ende war, weiß niemand.«

Keine Bibliographie für Fachhistoriker

Zwölf weiterführende Bücher für den interessierten Laien

Die Literatur über die Wüstenväter, urteilt der französische Historiker Jacques Lacarrière, »ist außerordentlich dürftig«. Das stimmt so nicht. Ein winziger Kreis von Mönchen und Professoren produziert eine staunenswerte Fülle unlesbarer fachhistorischer Geheimliteratur. Fast unauffindbar sind dagegen, jedenfalls auf deutsch, Bücher, die der Allgemeinheit etwas sagen wollen oder gar können.

I. Antike Originalliteratur auf deutsch

Palladius: Historia Lausiaca. Die frühen Heiligen in der Wüste. Herausgegeben und aus dem Griechischen übertragen von Jacques Lager. Zürich 1987.

Das ist der leicht und geistreich geschriebene Bericht über die Wüstenväter, den Palladius um 420 für den byzantinischen Hofkämmerer Lausus verfaßt hat. Dank ausgezeichneter Übersetzung ein großer Lesespaß.

Wer Sinn hat für die Schönheit des Gruseligen, ruhe nicht, bevor er die Regel des heiligen Pachomius gelesen hat. Aber Achtung: Übersetzung kann schönen. Jesuitenpater Bacht übersetzt »nates« mit »die Oberschenkel«, obwohl zwei lateinische »nates« in alle Ewigkeit nichts anderes sind als ein deutscher »Arsch«:

Die Regel des Pachomius (lateinisch-deutsch), in: Heinrich Bacht: Das Vermächtnis des Ursprungs. 2. Band: Pachomius – Der Mann und sein Werk. Seiten 9–288. Würzburg 1983.

Von allen antiken Quellen heute noch am spannendsten sind die Reportagen des Syrers Theodoret über die Wüstenväter seines

Landes. Die Übersetzung ist ältlich, um so köstlicher dafür die Einführung durch einen deutschen Benediktiner der Kaiserzeit:

Theodoret von Cyrus: Historia religiosa oder Geschichte der Gottesliebe. Unter dem Titel »Des Bischofs Theodoret von Cyrus Mönchsgeschichte« als Band 50 in der BKV 2 (Bibliothek der Kirchenväter, neuere Reihe) erschienen. Einführung von Chrysostomus Baur. München 1926.

II. Moderne Literatur über die Wüstenväter

Allgemeinverständlich schrieben früher wilhelminische deutsche Professoren, heute nur noch einige französische Historiker. Jacques Lacarrière, ein Atheist, erzählt brillant die große byzantinische Legende der Wüstenväter. Die religiöse und soziale Realität kümmert ihn etwas weniger:

Jacques Lacarrière: Les hommes ivres de Dieu. Paris 1975. Auf deutsch erschienen unter dem Titel: Die Gott-Trunkenen. Wiesbaden 1967.

Eine ideale Ergänzung zu Lacarrière ist das gleichfalls hervorragend lesbare Buch des Benediktiners Lucien Regnault über den »Alltag der Wüstenväter in Ägypten im 4. Jahrhundert«:

Lucien Regnault: La vie quotidienne des pères du désert en Egypte au IVe siècle. Paris 1990.

Von den Klassikern der evangelischen deutschen Geschichtsschreibung verdient trotz seiner berüchtigten Trockenheit als erster gelesen zu werden:

Karl Heussi: Der Ursprung des Mönchtums. Tübingen 1936.

Die neueste Forschung über die Wüstenväter ist unter dem Stichwort »Koptologie« zu suchen. Sie steht stark im Zeichen der Archäologie sowie einer ägyptozentrischen Variante der Befreiungs-

theologie. Ein sehr guter Überblick (mit Bibliographien) findet sich in einer umfangreichen Doppelnummer einer französisch-ägyptischen Fachzeitschrift:

Le monachisme égyptien (dossier), in: Le Monde copte. Revue semestrielle de culture égyptienne. Nr. 21–22. Limoges 1993.

Eine kauzige Synthese aus Common sense und Fachwissen ist einem britischen Historiker gelungen:

Derwas J. Chitty: The Desert a City. An Introduction to the Study of Egyptian and Palestinian Monasticism under the Christian Empire. Oxford 1966.

Zu Pachomius und den ersten Klöstern gibt das bereits erwähnte Werk des deutschen Jesuiten Heinrich Bacht den heutigen Stand der Forschung umfassend und zuverlässig wieder. In Details überholt, dafür unübertrefflich klar, aufgeklärt und kurz schreibt ein wilhelminischer Protestant:

Georg Grützmacher: Pachomius und das älteste Klosterleben. Ein Beitrag zur Mönchsgeschichte. Freiburg i. B. 1896.

Syrien war französisches Mandatsgebiet. Deshalb stammen die beiden einzigen wirklich aufschlußreichen Untersuchungen über die Säulenheiligen von französischen Historikern:

Hippolyte Delehaye: Les saints stylites. Brüssel und Paris 1923.

Ferner:

A. J. Festugière: Antioche païenne et chrétienne. Paris 1959.

Wer zum Schluß die Nase voll hat von Asketen, Wüstenvätern, Mönchen und Säulenheiligen und sich nach sexual correctness zurücksehnt, der lese zur antiklerikalen Erfrischung und Erbauung:

Peter Brown: Die Keuschheit der Engel. Sexuelle Entsagung, Askese und Körperlichkeit im frühen Christentum. München 1994.

Zeittafel

Das Zeitalter der Wüstenväter

STAAT UND KIRCHE:	WÜSTENSZENE:
249–251 Decius Kaiser. Christenverfolgung	251 Antonius von Ägypten geboren
	271 Antonius wird Asket
284 Diokletian wird Kaiser	285 Antonius in Pispir (2. Einsiedelei)
	292 Pachomius geboren
303–311 Letzte römische Christenverfolgung	313 Antonius in der Höhle von Kolzim (3. Einsiedelei)
313 Edikt von Mailand	320 Pachomius gründet das Kloster Tabennesi
324 Konzil von Nizäa. Konstantin Alleinherrscher	330 Amun und Makarius in der Nitrischen Wüste
328 Athanasius Erzbischof von Alexandrien	345 Mordanschlag auf Pachomius
337 Konstantins Taufe und Tod	346 Pachomius stirbt an einer Seuche
	356 Tod des Antonius
	357 Athanasius schreibt die Vita Antonii
361–363 Julianus Apostata Kaiser	
373 Erzbischof Athanasius stirbt	373–375 Melania und Rufin reisen nach Ägypten
386 Augustinus bekehrt sich	383 Paula und Hieronymus reisen nach Ägypten. Evagrius Ponticus reist nach Ägypten. Kassian reist nach Ägypten
392 Kaiser Theodosius verbietet alle heidnischen Kulte	389 Simeon der Säulenheilige geboren
	394 Griech.-röm. Wüstenexpedition (lateinischer Bericht von Rufin)

STAAT UND KIRCHE:	WÜSTENSZENE:
410 Die Westgoten plündern Rom	404 Hieronymus übersetzt die Regel des Pachomius
	407–408 Verwüstung Nitriens. Moses ermordet
	412 Simeon der Große bricht aus dem Kloster aus
431 Konzil von Ephesus	419 Reisebericht des Palladius (Historia Lausiaca)
	421 Kassian beginnt seine Buchserie über die Wüstenväter
451 Konzil von Chalzedon. Attila auf Katalaunischen Feldern besiegt	450 Theodorets Buch über die syrischen Wüstenväter
	451 Daniel der Säulenheilige kommt nach Byzanz
455 Die Wandalen plündern Rom	
457 Leo der Große wird Kaiser	459 Simeon der Säulenheilige stirbt
	493 Daniel stirbt auf der Säule in Byzanz
529 Kaiser Justinian schließt die letzte heidnische Philosophenschule in Athen	529 Benedikt gründet Kloster Monte Cassino
	565 Bischof Magnerich von Trier zerstört die Säule des Wulflaicus
	Nicht zu vergessen: 570 Mohammed geboren

Bildnachweis

S. 24, 58, 112, 118, 151	Alain et Evelyne Chevillat, Lyon
S. 109, 212	Archiv für Kunst und Geschichte, Berlin
S. 193	Rembrandt, Der hl. Hieronymus am Fuße eines Baumes lesend, Öffentliche Kunstsammlung Basel, Kupferstichkabinett, Foto Martin Bühler
S. 269, 278	Biblioteca Vaticana

Andere Abbildungen privat

Trotz intensiven Bemühens ist es nicht bei allen Abbildungen gelungen, Rechteinhaber zu ermitteln. Sie werden gebeten, eventuelle Ansprüche geltend zu machen.

Hans Conrad Zander
Joachim, mir graut´s vor dir

Über die unwiderstehliche Komik der Religion
Gebunden

Zwischen dem Kölner Erzbischof Joachim Kardinal Meisner und seinem erklärten Erzfeind, dem Kölner Autor Hans Conrad Zander, tobt ein epochaler Streit. Die neue Gretchenfrage lautet:
Wie hältst du´s mit dem Lachen in der Religion?
Zum Lachen bringen uns beide. Aber nicht auf die gleiche Art. Meisner macht unfreiwillige Witze. Zander macht freiwillige – und führt für seine These, dass Religion wesenhaft komisch sei, die größten Spötter der Christenheit als Zeugen an: von Erasmus bis Voltaire, von Boccaccio bis Wilhelm Busch. Überraschender noch: Er beruft sich auf die heiligsten Autoritäten der europäischen Kultur: auf Martin Luther und Sigmund Freud, auf George Bernard Shaw und Heinrich Böll.
Das Buch führt über alle Höhen der klassischen religiösen Satire und durch alle Abgründe des aktuellen Frömmigkeits- und Comedy-Betriebs. Ein Feuerwerk diabolischer Frechheit und zugleich ein Buch von schwerelosem Ernst und göttlichen Spaß.

www.kiwi-koeln.de VERLAG KIEPENHEUER & WITSCH

Jean-François Revel
Matthieu Ricard
Der Mönch und der Philosoph
Buddhismus und Abendland
Ein Dialog zwischen Vater und Sohn

KiWi 760
Aus dem Französischen von Christoph Vormweg

Wie sollen wir leben? Was ist Glück? Und gibt es die absolute Wahrheit? Das Gespräch zwischen dem französischen Philosophen Jean-François Revel und seinem Sohn, dem buddhistischen Mönch Matthieu Ricard, ist eine faszinierende gemeinsame Suche nach dem, was unser Leben ausmacht. Es ist eine Begegnung von östlichen Lebensweisheiten und westlichem Denken, in einem fesselnden wie persönlichen Dialog.

»Ein wunderbares Buch, bei dem jeder Absatz zum Innehalten und Weiterdenken einlädt.« *Time Out*

KiWi
Paperbacks bei Kiepenheuer & Witsch

Alice Schwarzer (Hg.)
Die Gotteskrieger und die falsche Toleranz

KiWi 683
Originalausgabe

Auch nach dem Ende des Afghanistan-Krieges wird das Problem brennend bleiben. Längst sind die islamischen Fundamentalisten global vernetzt, was nicht nur die Gottesstaaten, sondern auch westliche Demokratien möglich gemacht haben. Und seit Jahren gilt Deutschland als die »europäische Drehscheibe des islamischen Terrorismus« – unbehelligt dank Ignoranz und falsch verstandener Toleranz. Wie konnte es so weit kommen? Warum hat niemand diesen Kreuzzug unter der Flagge des Kopftuches und im Namen Allahs ernst genommen, solange »nur« Frauen die Opfer waren? Und was haben die Schläfer in Hamburg eigentlich mit dem Kosovo zu tun?
Die AutorInnen u.a.:
Alice Schwarzer: Die falsche Toleranz
Gabriele Venzky: Die Talibanisierung Asiens
Johannes von Dohnanyi: Das Einfallstor Balkan
Wolfgang Günter Lerch: Die Islamisierung Tschetscheniens
Bassam Tibi: Die deutsche verordnete Fremdenliebe
Elisabeth Badinter: Der verschleierte Verstand